Actimath pour se qualifier +4

4 périodes/semaine
Réseau libre

Maryse Bams
Michaël Chevalier

Coordination
Philippe Ancia
Aline Want

van in

 **Udiddit**, la plate-forme d'apprentissage en ligne pour les élèves et les enseignants

La plate-forme *Udiddit* te donne, par exemple*, accès à :
- des exercices en ligne pour t'entraîner,
- un aperçu de tes progrès et de tes résultats,
- du matériel de cours,
- des jeux captivants,
- et bien plus encore...

* En fonction de la méthode

Crée-toi un compte sur www.udiddit.be et accède à ton contenu à l'aide du code d'activation ci-dessous :

VI97XXJ3TXFEB9EJG

Cette licence est valable pendant 1 an à partir de la date d'activation.

Composition d'**Actimath pour se qualifier + 4** (Réseau libre - 4 périodes/semaine)

Pour l'élève	un livre-cahier
	un accès à à des exercices supplémentaires via *Udiddit*
Pour le professeur	un accès au contenu de *Udiddit* comprenant :
	– le corrigé du livre-cahier
	– le Manuel Numérique
	– des exercices supplémentaires

Actimath pour se qualifier + 4 (Réseau libre - 4 périodes/semaine)

Auteurs :	Maryse Bams et Michaël Chevalier
Coordination :	Philippe Ancia et Aline Want
Couverture :	Alinea Graphics
Mise en page :	Alinea Graphics

Les photocopieuses sont d'un usage très répandu et beaucoup y recourent de façon constante et machinale.
Mais la production de livres ne se réalise pas aussi facilement qu'une simple photocopie. Elle demande bien plus d'énergie, de temps et d'argent.
La rémunération des auteurs, et de toutes les personnes impliquées dans le processus de création et de distribution des livres, provient exclusivement de la vente de ces ouvrages.
En Belgique, la loi sur le droit d'auteur protège l'activité de ces différentes personnes.
Lorsqu'il copie des livres, en entier ou en partie, en dehors des exceptions définies par la loi, l'usager prive ces différentes personnes d'une part de la rémunération qui leur est due.
C'est pourquoi les auteurs et les éditeurs demandent qu'aucun texte protégé ne soit copié sans une autorisation écrite préalable, en dehors des exceptions définies par la loi.
L'éditeur s'est efforcé d'identifier tous les détenteurs de droits. Si, malgré cela, quelqu'un estime entrer en ligne de compte en tant qu'ayant droit, il est invité à s'adresser à l'éditeur.

© Éditions VAN IN, Mont-Saint-Guibert – Wommelgem, 2017

Tous droits réservés.
En dehors des exceptions définies par la loi, cet ouvrage ne peut être reproduit, enregistré dans un fichier informatisé ou rendu public, même partiellement, par quelque moyen que ce soit, sans l'autorisation écrite de l'éditeur.

1re édition, 6e réimpression : 2023

ISBN 978-90-306-8284-4
D/2017/0078/253
Art. 569711/07

Introduction – Mode d'emploi

Voici ton nouveau livre-cahier de mathématiques. Il fait partie de la collection ACTIMATH POUR SE QUALIFIER + que tu as peut-être déjà utilisée en 3e année.

Voici les objectifs qui ont motivé notre travail.
Consolider l'usage des notions mises en place au premier degré et en 3e année.

- Construire de nouveaux outils à partir de l'étude de situations concrètes et te permettre d'appliquer ces connaissances nouvelles.
- Développer tes capacités de raisonnement et encourager ta participation active.

Actimath pour se qualifier + 4 comprend huit chapitres divisés en activités. L'ordre dans lequel tu parcourras les différents chapitres du manuel dépend de ton professeur.

Chaque chapitre commence par une page de garde sur laquelle sont notés les compétences à développer ainsi que les processus (connaître, appliquer, transférer) à mettre en œuvre dans les activités. Ton professeur te fera cocher ceux (celles) que tu auras rencontré(e)s lors des différents exercices solutionnés en classe.

Chaque activité est construite de la même manière.

- Une mise en situation tirée, le plus souvent possible, de la vie de tous les jours ou d'un défi mathématique te permet de découvrir de nouvelles notions.
- Ensuite, un pavé théorique (sous fond orangé) énonce les notions que tu viens de découvrir.
- Enfin, des exercices de fixation te permettent d'assimiler celles-ci.

Les notions développées dans certains chapitres ont débouché sur des exercices supplémentaires nécessitant davantage de recherche et de réflexion.

Les mathématiques sont souvent proches de la réalité quotidienne, mais tu ne le vois pas toujours. Si tu veux utiliser ton cours de mathématiques pour mieux comprendre le monde qui t'entoure, tu devras étudier les notions reprises dans les pavés théoriques et vérifier que tu sais refaire les exercices vus en classe.

Ta calculatrice sera, dans certains cas, un outil performant pour explorer les différentes notions abordées dans ton livre-cahier.
De même, l'utilisation d'un logiciel (traceur de courbes, tableur…) te sera parfois conseillée pour procéder à des vérifications de solutions d'exercices.

N'oublie pas de te servir de l'index figurant à la fin du livre (pp. 203-204); il t'aidera à retrouver les mots importants.

Pour mener à bien ton travail, ton professeur sera un guide précieux. N'hésite donc pas à lui poser des questions sur les points de matière qui te semblent difficiles à maîtriser.

Les auteurs – Les coordinateurs

Table des matières

Mode d'emploi 3
Table des matières 4

Chapitre 1 • Notions de statistiques **7**
    Activité 1   Traitement de données 8
    Activité 2   Classement et représentation de données dans le cas des
                    variables qualitative et quantitative discrète 16
    Activité 3   Classement et représentation de données dans le cas d'une
                    variable quantitative continue 28

    Exercices supplémentaires 34

Chapitre 2 • Valeurs centrales **35**
    Activité 1   Valeurs centrales d'une série discrète 36
    Activité 2   Valeurs centrales d'une série continue 49

    Exercices supplémentaires 56

Chapitre 3 • Indices de dispersion **57**
    Activité 1   Quartiles et boîte à moustaches d'une série discrète 58
    Activité 2   Schématiser une série continue – Boîte à moustaches ... 65
    Activité 3   Indices de dispersion 69
    Activité 4   Réalisation d'une enquête 84

    Exercices supplémentaires 94

Chapitre 4 • Fonctions du second degré et caractéristiques de leurs graphiques **95**
    Activité 1   Découverte de graphiques de fonctions du second degré 96
    Activité 2   Caractéristiques de la fonction $f : x \to y = ax^2$ 103
    Activité 3   Caractéristiques du graphique de la fonction
                    $f : x \to y = a(x - \alpha)^2 + \beta$ 106
    Activité 4   Formes de l'expression analytique de la fonction du second
                    degré 118
    Activité 5   Caractéristiques de la parabole d'équation $y = ax^2 + bx + c$ 121

Chapitre 5 • Équations du second degré **127**
    Activité 1   Produit nul 128
    Activité 2   Produit nul et équations particulières du second degré 130
    Activité 3   Résolution de l'équation générale $ax^2 + bx + c = 0$ 138
    Activité 4   Plan de résolution d'une équation du second degré 146
    Activité 5   Forme factorisée de l'expression du second degré 149
    Activité 6   Problèmes simples 159

    Exercices supplémentaires 164

Chapitre 6 • Étude de la fonction du second degré **165**
    Activité 1   Étude de la fonction $f : x \to y = ax^2 + bx + c$ 166
    Activité 2   Problèmes d'optimisation 174

    Exercices supplémentaires 178

Chapitre 7 • Inéquations du second degré **179**
    Activité 1   Signe de la fonction du second degré 180
    Activité 2   Inéquations du second degré 188

    Exercices supplémentaires 194

Chapitre 8 • Fonction x^2 et sa réciproque **195**
    Activité 1   Fonction « carré » et sa réciproque 196

Index **203**

Chapitre 1
Notions de statistiques

Compétences à développer

- Lire et construire un tableau de nombres, un graphique, un diagramme relatif à un ensemble de données statistiques.

Processus

Connaître
- Expliquer en situation le vocabulaire caractérisant un ensemble de données statistiques.
- Lire les informations fournies par une représentation graphique liée à un ensemble de données statistiques.
- Identifier les différents types de variables statistiques et décrire les informations graphiques et numériques qui peuvent y être associées.

Appliquer
- Construire un tableau à partir de données brutes ou recensées.
- Construire des représentations graphiques liées à un ensemble de données statistiques.
- Extraire des informations d'une représentation graphique de données statistiques.

Transférer
- Commenter des représentations graphiques liées à un ensemble de données statistiques.
- Traiter des données statistiques en utilisant l'outil informatique (tableur).

1 Notions de statistiques

Activité 1 • Traitement de données

Une société a réalisé une enquête portant sur l'ensemble des élèves des écoles secondaires wallonnes. Celle-ci a pour sujet la pratique sportive des élèves en dehors du cadre scolaire. Faute de budget et de temps, elle a interrogé 700 élèves, parmi lesquels on compte 400 filles et 300 garçons. Voici les résultats obtenus.

❶ **Temps hebdomadaire moyen consacré au sport**

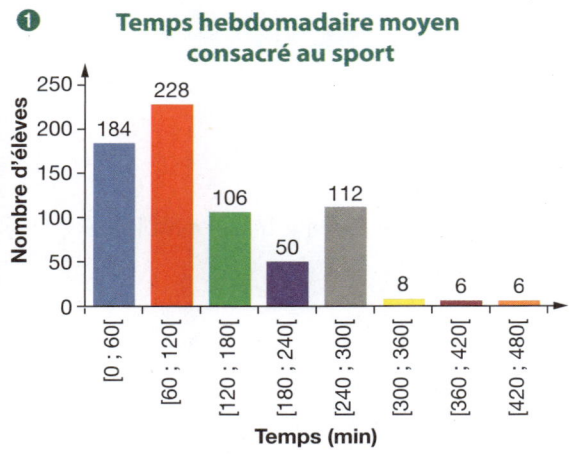

❷ **Sport principal pratiqué**

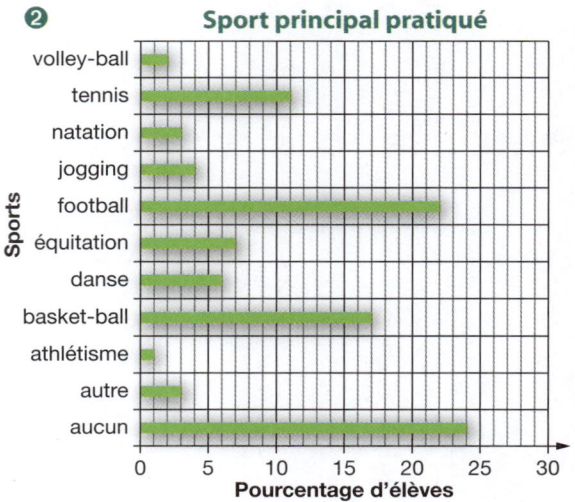

❸ **Affiliation à un club des élèves pratiquant du sport**

❹ **Motivation principale des élèves pratiquant du sport**

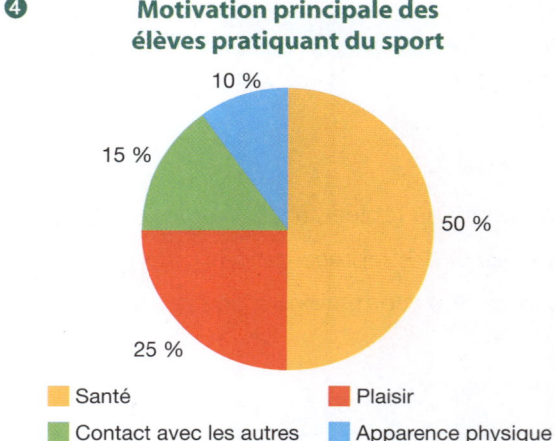

❺ **Argent dépensé par mois pour la pratique du sport**

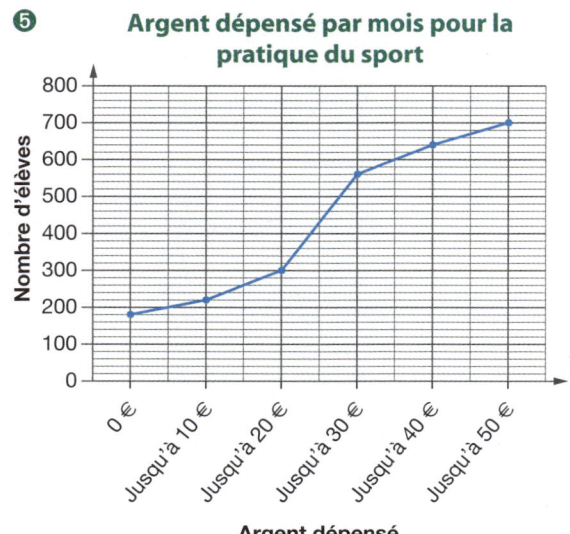

❻ **Nombre de sports pratiqués**

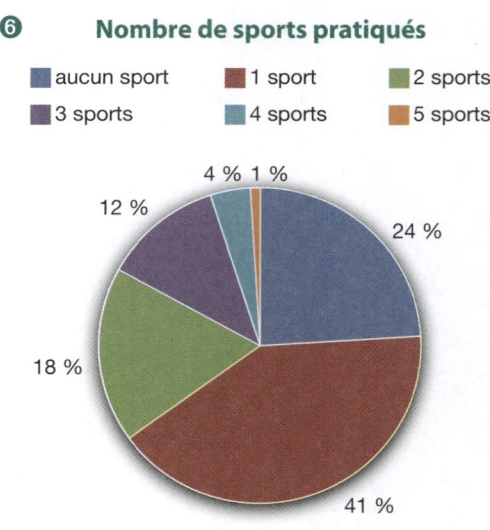

Notions de statistiques

1 a) Dans le tableau ci-dessous, note les nombres d'élèves concernés.

	Garçons	Filles	Tous
Font partie de l'enquête			
Font du sport			
Ne font pas de sport			

b) Quel graphique t'a permis de réaliser ces calculs ?

....

2 En t'aidant du tableau de la question 1, réponds aux questions ci-dessous et indique si un autre graphique t'a été nécessaire pour trouver la solution.

			n°
(1)	Quel pourcentage d'élèves pratique une activité sportive ?		
(2)	Quel pourcentage de filles ne fait pas de sport ?		
(3)	Combien d'élèves ont le basket-ball comme sport principal ?		
(4)	Combien d'élèves consacrent plus de 30 € par mois à la pratique d'un sport ?		
(5)	Combien d'élèves pratiquant un sport en font moins d'une heure par semaine ?		
(6)	Combien d'élèves pratiquent deux sports ?		
(7)	Combien d'élèves pratiquent leur sport principalement pour le plaisir ?		
(8)	Quel pourcentage d'élèves pratiquant un sport dépense plus de 20 et moins de 30 € par mois pour la pratique de celui-ci ?		
(9)	Quel est le sport le plus populaire auprès des élèves ?		
(10)	À combien s'élève le budget maximal des 220 jeunes qui dépensent le moins pour la pratique d'un sport ?		
(11)	Combien d'élèves pratiquent plus de 5 h de sport par semaine ?		
(12)	Quelle est la motivation principale de la pratique d'un sport la moins souvent citée par les élèves ?		
(13)	Combien de sports pratique la majorité des élèves ?		

1 Notions de statistiques

3 Vrai ou faux ? Justifie et indique le numéro du graphique que tu as utilisé.

Les trois sports principaux les plus pratiqués regroupent plus de 45 % des élèves.	……	…………………………………… …………………………………… ……………………………………	……
La majorité des garçons est affiliée à un club.	……	…………………………………… …………………………………… ……………………………………	……
La majorité des élèves pratique moins de 2 h de sport par semaine.	……	…………………………………… …………………………………… ……………………………………	……
La moitié des élèves dépense jusqu'à 20 € par mois pour la pratique d'un sport.	……	…………………………………… …………………………………… ……………………………………	……

4 a) Quel est l'**échantillon** de cette enquête sur le sport, c'est-à-dire l'ensemble des individus interrogés ?

……

b) Quelle est la **population**, c'est-à-dire l'ensemble des individus sur lequel porte l'étude ?

……

5 a) Complète le tableau en indiquant le type de graphique et la **variable statistique** étudiée ; précise si cette dernière est **qualitative** (Q) ou **quantitative** (q).

	Type de graphique	Variable statistique	Q ou q
❶	…………………………… ……………………………	…………………………… ……………………………	……
❷	…………………………… ……………………………	…………………………… ……………………………	……
❸	…………………………… ……………………………	…………………………… ……………………………	……
❹	…………………………… ……………………………	…………………………… ……………………………	……
❺	…………………………… ……………………………	…………………………… ……………………………	……
❻	…………………………… ……………………………	…………………………… ……………………………	……

Notions de statistiques 1

b) Complète le tableau ci-dessous afin de préciser si la **variable** est **continue** ou **discrète**.

	Ta réponse	Quelques réponses des élèves de ta classe	Variable qualitative ou quantitative	Nombre de réponses possibles	Variable continue ou discrète
Quelle somme dépenses-tu en moyenne par mois pour pratiquer du sport ?	....	....	....	....	....
Combien de sports pratiques-tu ?	....	....	....	....	....
Quel sport principal pratiques-tu ?	....	....	....	....	....

Traitement de données

A. Définitions

La statistique est une science qui a pour objet la collecte, le traitement, l'interprétation et la présentation d'ensembles d'observations relatives à un même phénomène et pouvant être quantifiées.

Exemples d'études statistiques
   Une enquête sur le sport et les jeunes
   Une enquête sur les smartphones vendus en Belgique

La population est l'ensemble des individus (personnes ou objets) sur lequel porte une étude statistique.

Exemples
   L'ensemble des élèves des écoles secondaires wallonnes
   L'ensemble des smartphones vendus en Belgique cette année

Un échantillon est un ensemble d'individus représentatifs d'une population.
On choisit un (des) échantillon(s) lorsque, pour diverses raisons, il est impossible d'effectuer l'étude sur toute la population.

Exemples
   Les 700 élèves interrogés, représentant les élèves des écoles wallonnes
   Les 2500 smartphones des personnes ayant répondu à l'enquête, représentant les smartphones vendus en Belgique cette année

La variable statistique (ou le caractère) est la caractéristique étudiée sur une population.

Exemples
   Le nombre de sports pratiqués
   Le temps hebdomadaire consacré au sport
   La marque de smartphone

1 Notions de statistiques

Une **série statistique** est la liste complète des valeurs que prend la variable statistique.

Exemples : le nombre de sports pratiqués : 1, 1, 2, 3, 1, 2, 1, 3, 1, ...
le temps consacré au sport (min) : 60, 180, 270, 180, 120, 120, ...
la marque de smartphone : Motorola, Samsung, Samsung, Apple, Sony, Samsung, Apple, Samsung, ...

B. Types de variables statistiques

Une variable statistique **qualitative** est une variable dont les différentes valeurs ne sont **pas mesurables** ; le plus souvent, ces valeurs sont exprimées par des **mots**.

Exemple : la marque de smartphone

Une variable statistique **quantitative** est une variable dont les différentes valeurs sont **mesurables** ; ces valeurs sont exprimées par des **nombres**.

Une variable quantitative **discrète** possède un **nombre limité** de valeurs.

Exemple : le nombre de sports pratiqués

Une variable quantitative **continue** possède un **nombre illimité** de valeurs.

Exemple : le temps hebdomadaire consacré au sport

En résumé :

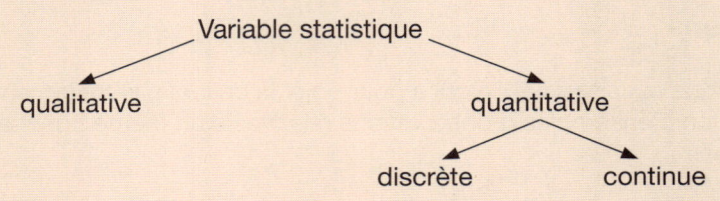

```
              Variable statistique
              /                  \
       qualitative            quantitative
                              /           \
                          discrète       continue
```

Exercices

Pour chaque étude statistique, retrouve la population et la variable étudiée.
Indique une croix s'il s'agit d'une variable qualitative (Q), quantitative discrète (qd) ou quantitative continue (qc).

Séries statistiques

1 Couleur préférée des 13 élèves de l'option Arts Plastiques :
noir – vert – noir – rouge – bleu – violet – bleu – rouge – jaune – noir – blanc – orange – rouge

Population	Variable statistique			
		⇒	Q	
....	....		qd	
....	....		qc	

Notions de statistiques

2 Nombre de personnes vivant sous le même toit dans les 25 habitations d'un quartier :
1 – 2 – 2 – 3 – 7 – 2 – 1 – 3 – 4 – 4 – 4 – 5 – 2 – 3 – 6 – 1 – 2 – 4 – 4 – 2 – 3 – 4 – 3 – 2 – 4

Population	Variable statistique
....	....
....	....

➡

Q	
qd	
qc	

3 Température moyenne au mois de juillet dans les 28 pays de l'Union européenne :
15,3°C – 17°C – 17,2°C – 17,2°C – 17,7°C – 18°C – 18°C – 18,1°C – 18,5°C – 18,5°C – 18,6°C – 19°C – 19,2°C – 19,5°C – 19,8°C – 20,5°C – 20,5°C – 21°C – 21,3°C – 22,2°C – 22,6°C – 24°C – 24°C – 24,4°C – 26,4°C – 26,8°C – 27,5°C – 28,6°C

Population	Variable statistique
....	....
....	....

➡

Q	
qd	
qc	

Extraits d'études statistiques

1 Dans une entreprise de fabrication de meubles, le dernier carnet de bord révèle que les employés ont en moyenne 78 minutes de pause par jour.

Population	Variable statistique
....	....
....	....

➡

Q	
qd	
qc	

2 Le moyen de transport le plus utilisé par les jeunes européens pour se rendre à l'école reste le bus bien qu'on ait constaté une légère hausse du transport automobile.

Population	Variable statistique
....	....
....	....

➡

Q	
qd	
qc	

3 Grâce à de nombreux radars, les autorités ont pu constater une baisse de la vitesse moyenne des véhicules aux abords des chantiers sur les autoroutes belges.

Population	Variable statistique
....	....
....	....

➡

Q	
qd	
qc	

4 À la gare du Nord à Bruxelles, on constate que le temps d'attente moyen des voyageurs qui passent au guichet augmente d'heure en heure pour diminuer à partir de 19 h.

Population	Variable statistique
....	....
....	....

➡

Q	
qd	
qc	

1 Notions de statistiques

Graphiques d'études statistiques

1 De nombreux articles de journaux ont fait part des ventes de voitures pour l'année 2015.

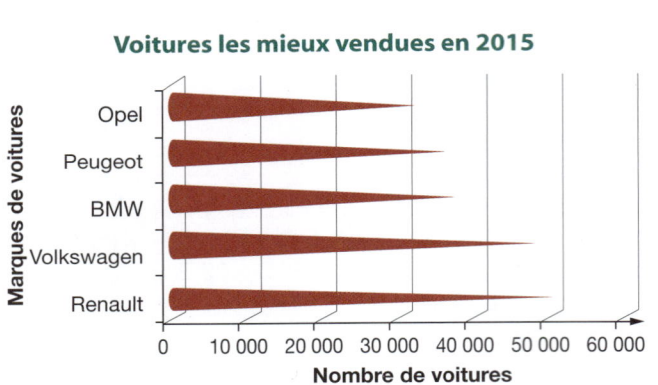

Population		
....		
....		
Variable statistique		
....		
....		
Q	qd	qc

2 Un professeur de mathématiques a réalisé un graphique illustrant les résultats de ses 20 élèves lors de la dernière interrogation cotée sur 10.

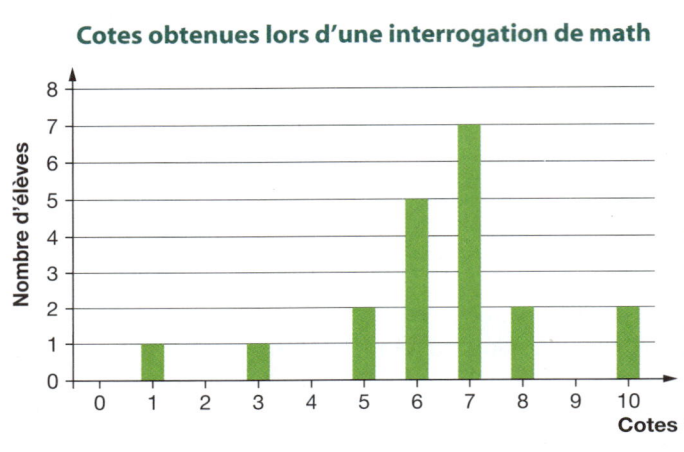

Population		
....		
....		
Variable statistique		
....		
....		
Q	qd	qc

3 Le site www.populationdata.com nous informe sur les langues les plus parlées dans le monde.

Les 10 langues les plus parlées dans le monde

- Chinois-Mandarin : 22 %
- Espagnol : 19 %
- Anglais : 18 %
- Hindi : 11 %
- Français : 7 %
- Portugais : 5 %
- Arabe : 5 %
- Malais-Indonésien : 5 %
- Russe : 4 %
- Bengali : 4 %

Population		
....		
....		
Variable statistique		
....		
....		
Q	qd	qc

Notions de statistiques

4 Pour trouver son indice de masse corporelle (IMC), il suffit de diviser sa masse (en kg) par sa taille (en m) au carré.
Voici la répartition des IMC de 300 hommes âgés entre 15 et 19 ans.

IMC de jeunes hommes

- Faible [0; 20[— 11 %
- Bas [20; 21[— 23 %
- Moyen [21; 22[— 50 %
- Haut [22; 23[— 12 %
- Élevé [23; 24[— 4 %

Population		
....		
Variable statistique		
....		
Q	qd	qc

Tableaux d'études statistiques

1 Taille des membres d'une équipe de volley-ball

Prénom	Caroline	Lucie	Marine	Mégane	Sarah	Sophie	Vicky
Taille (cm)	162	155	168	161	165	170	172

Population	Variable statistique	⇨	Q	
....	....		qd	
....	....		qc	

2 Nombre de frère(s) et sœur(s) des élèves de 4ᵉ année d'un collège

Nombre de frère(s) et sœur(s)	0	1	2	3	4	5
Nombre d'élèves	11	27	41	13	4	2

Population	Variable statistique	⇨	Q	
....	....		qd	
....	....		qc	

3 Prix d'achat des smartphones d'un groupe de jeunes

Prix (€)	[0 ; 100[	[100 ; 200[	[200 ; 300[	[300 ; 400[	[400 ; 500[
Nombre de jeunes	23	44	12	2	5

Population	Variable statistique	⇨	Q	
....	....		qd	
....	....		qc	

4 Vote pour le logo du T-shirt des rhétos

Logos	Enfin fini !	Merci les profs !	2011 – 2016
Nombre de voix	19	128	10

Population	Variable statistique	⇨	Q	
....	....		qd	
....	....		qc	

1 Notions de statistiques

Activité 2 • Classement et représentation de données dans le cas des variables qualitative et quantitative discrète

Le secrétariat d'une école a réalisé une enquête sur la mobilité.

1 Le tableau ci-dessous reprend le moyen de transport utilisé par les 216 élèves de l'école.
Réponds aux questions ci-dessous en complétant le tableau au fur et à mesure de tes réponses.

Moyen de transport	Nombre d'élèves utilisant ce moyen de transport	Proportion d'élèves utilisant ce moyen de transport		Amplitudes des angles au centre (à 1° près)
		Fréquences		
Modalités	**Effectifs**	à 0,01 près	à 1 % près	
À pied	37			
Vélo	12			
Cyclomoteur	12			
Voiture	72			
Bus	74			
Train	9			
	216	1	100 %	360°

a) Décris la population.

....

b) Décris la variable statistique étudiée et précise son type.

....

....

c) Combien d'élèves se rendent à l'école en voiture ? ....

d) Quel est le moyen de transport le plus utilisé ? ....

e) Pour connaître la fréquence d'utilisation de chaque moyen de transport, complète les 3e et 4e colonnes de ce tableau.

Confirmes-tu la réponse apportée à la question d) ? Justifie.

....

Notions de statistiques

f) Ce type de variable statistique peut être représenté par un **diagramme circulaire**.

   (1) Indique sur les flèches se trouvant en bas du tableau de la page précédente les calculs à effectuer pour déterminer l'amplitude de chaque angle au centre.

   (2) Calcule ensuite chacune de ces amplitudes et complète la dernière colonne du tableau.

   (3) Construis le diagramme en indiquant dans chaque secteur la fréquence de chaque modalité et en complétant la légende.

Fréquence d'utilisation des moyens de transport

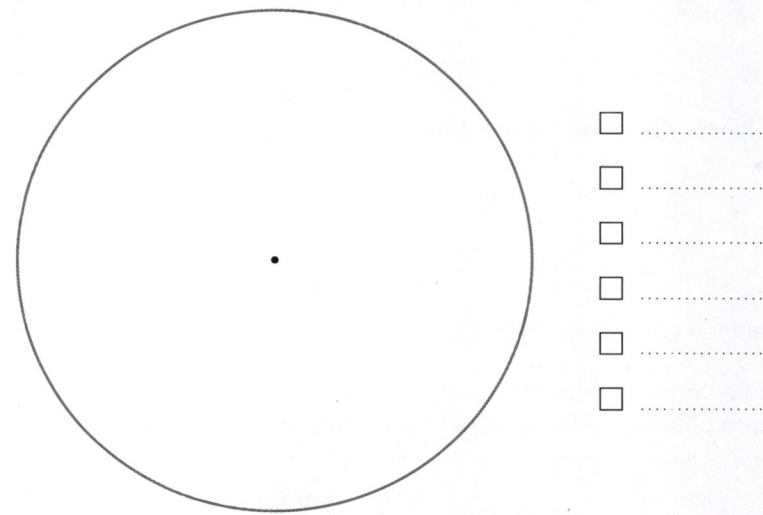

g) Ce type de variable statistique peut aussi être représentée par un **histogramme des effectifs** ou **des fréquences**.

   Ci-dessous, construis l'histogramme des effectifs.

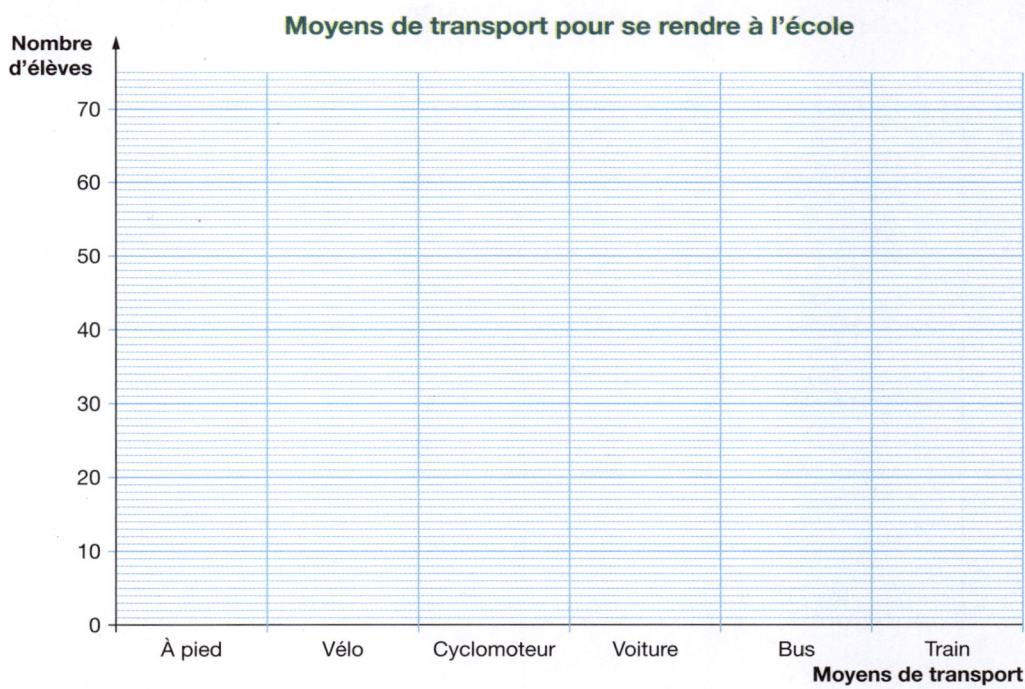

1 Notions de statistiques

2

Voici le temps nécessaire (en min) mis par les 24 élèves habitant dans la rue de l'école pour s'y rendre le lundi matin.

4	3	2	4	2	6	6	4
2	3	9	4	4	2	3	3
5	4	3	5	5	2	8	8

a) Décris la population.

....

b) Décris la variable statistique étudiée.

....

....

c) De quel type est cette variable ? ....

d) Complète le tableau de distribution ci-dessous afin de répondre plus facilement aux questions posées. Veille à classer les modalités par ordre croissant.

Temps de trajet (en min)	Nombre d'élèves ayant chronométré ce temps	Nombre d'élèves ayant chronométré au maximum ce temps	Pourcentage d'élèves ayant chronométré ce temps (à 1 % près)	Pourcentage d'élèves ayant chronométré au maximum ce temps (à 1 % près)
Modalités	**Effectifs**	**Effectifs cumulés**	**Fréquences**	**Fréquences cumulées**

(1) Quel temps de trajet est le plus fréquent ? ....

(2) Quel pourcentage d'élèves a un temps de trajet de 8 min ? ....

(3) Quel pourcentage d'élèves a un temps de trajet inférieur à 8 min ? ....

(4) Quel pourcentage d'élèves a un temps de trajet supérieur à 6 min ? ....

e) Ce type de variable statistique peut être représenté par un **graphique en escaliers des effectifs cumulés**.

Pour le réaliser, il suffit de construire un graphique en bâtonnets (en pointillés), puis de tracer un segment horizontal du sommet d'un bâtonnet au bâtonnet suivant. Les extrémités de ce segment sont d'une part en vert, lorsque l'effectif cumulé est celui de la modalité, et d'autre part en rouge lorsqu'il ne l'est pas.

Poursuis la construction du graphique ci-dessous et réponds aux questions.

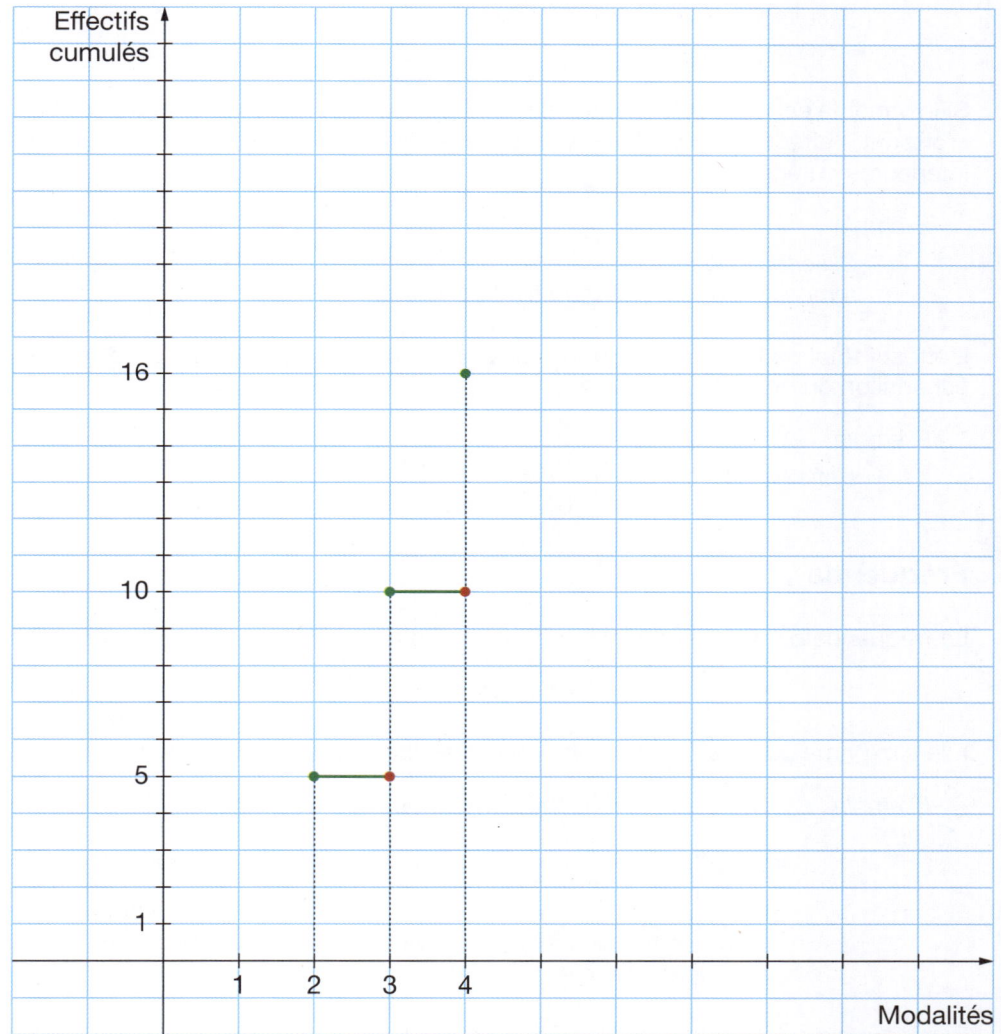

Temps de trajet mis par les élèves habitant la rue de l'école

(1) Combien d'élèves ont un temps de trajet inférieur à 5 min ? ....

(2) Combien d'élèves ont un temps de trajet inférieur à 7 min ? ....

(3) Combien d'élèves ont un temps de trajet inférieur ou égal à 3 min ? ....

1 Notions de statistiques

Classement et représentation de données dans le cas des variables qualitative et quantitative discrète

A. Modalité et effectif

Une **modalité** est une valeur prise par la variable statistique.

L'**effectif** d'une modalité est le **nombre de fois** que cette modalité apparaît.

Ces exemples et les suivants sont issus des pages 16 et 18.
(1) Variable statistique : moyen de transport pour se rendre à l'école
(2) Variable statistique : temps de trajet (en min) pour se rendre à l'école

Exemples
(1) Si l'effectif de la modalité « Voiture » est 72, cela signifie que 72 élèves utilisent la voiture pour se rendre à l'école.
(2) Si l'effectif de la modalité « 2 » est 5, cela signifie que 5 élèves mettent 2 minutes pour se rendre à l'école.

Si la **variable** est **quantitative discrète**, une fois les modalités indiquées dans l'ordre croissant, l'**effectif cumulé** d'une valeur est la **somme** des **effectifs** des valeurs qui lui sont **inférieures** ou **égales**.

Exemple
(2) Si l'effectif cumulé de la modalité « 5 » est 19, cela signifie que 19 élèves ont un temps de trajet inférieur ou égal à 5 minutes.

L'**effectif total** de l'échantillon ou de la population est le **nombre d'individus** de cet échantillon ou de cette population.

Exemple
(1) L'effectif total est de 216 élèves.

B. Fréquence

La **fréquence** d'une valeur est le **quotient** de l'**effectif** de cette valeur par l'**effectif total**.

$$\text{Fréquence} = \frac{\text{Effectif}}{\text{Effectif total}}$$

Elle s'exprime par une fraction, un nombre décimal ou un pourcentage.

Exemple : (1) Calcul de la fréquence de la modalité « Bus »

$$\frac{74}{216} = 74 : 216 \cong 0{,}34 = 34\ \%$$

Cela signifie que 34 % des élèves ont le bus comme moyen de transport pour se rendre à l'école.

Si la **variable** est **quantitative discrète**, une fois les modalités indiquées dans l'ordre croissant, la **fréquence cumulée** d'une valeur est la **somme** des **fréquences** des valeurs qui lui sont **inférieures** ou **égales**.

Exemple
(2) Si la fréquence cumulée de la modalité « 6 » est 88 %, cela signifie que 88 % des élèves ont un temps de trajet inférieur ou égal à 6 minutes.

Notions de statistiques

C. Tableau de distribution

Le tableau de distribution d'une série statistique qualitative est un tableau dans lequel apparaît chaque modalité de la variable, son effectif et sa fréquence.

Le tableau de distribution d'une série statistique quantitative discrète est un tableau dans lequel apparaît chaque modalité de la variable, son effectif, son effectif cumulé, sa fréquence et sa fréquence cumulée.

Exemple : tableau de distribution du temps de trajet (en min) pour se rendre à l'école le lundi matin des 216 élèves d'un établissement scolaire

Modalités	Effectifs	Effectifs cumulés	Fréquences		Fréquences cumulées	
			à 0,01 près	à 1 % près	à 0,01 près	à 1 % près
2	5	5	0,21	21 %	0,21	21 %
3	5	10	0,21	21 %	0,42	42 %
4	6	16	0,25	25 %	0,67	67 %
5	3	19	0,13	13 %	0,80	80 %
6	2	21	0,08	8 %	0,88	88 %
7	0	21	0	0 %	0,88	88 %
8	2	23	0,08	8 %	0,96	96 %
9	1	24	0,04	4 %	1	100 %
	24		1	100 %		

D. Graphiques

Un diagramme circulaire est utilisé pour représenter des données dont on connaît la répartition par rapport à un tout.
L'amplitude de chaque secteur est proportionnelle à la fréquence de la modalité correspondante.

L'amplitude de chaque angle au centre se calcule en multipliant chaque fréquence…
  par 360 si elle est exprimée par un nombre décimal,
  par 3,6 si elle est exprimée par un pourcentage.

Le diagramme est accompagné d'une légende et, généralement, les fréquences sont indiquées auprès de chacun des secteurs.

Exemples

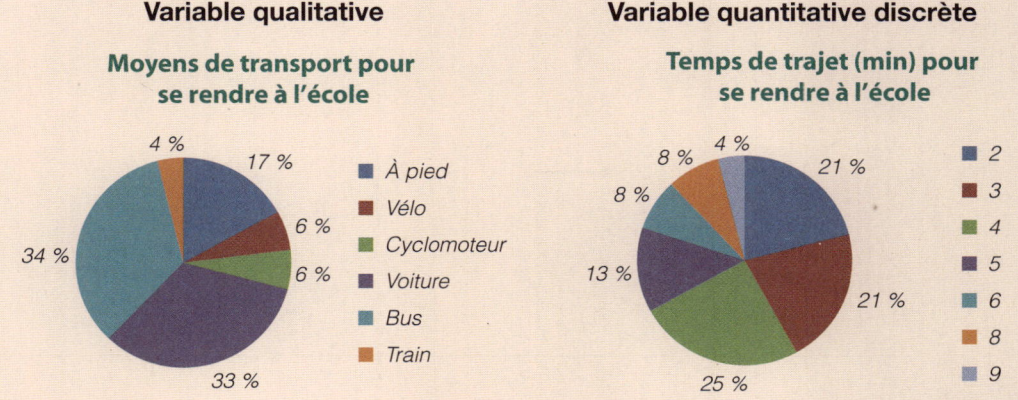

Variable qualitative — Moyens de transport pour se rendre à l'école

Variable quantitative discrète — Temps de trajet (min) pour se rendre à l'école

1 Notions de statistiques

Dans un **histogramme** ou **diagramme en bâtonnets**, les différentes modalités sont indiquées en abscisse (sur l'axe x).

L'échelle de l'axe y dépend de la valeur maximale qu'il faut pouvoir y indiquer.

Exemples

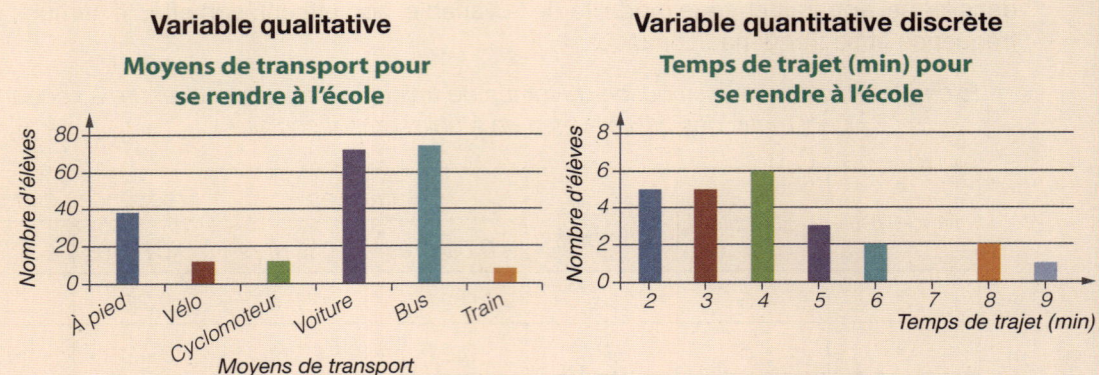

Le **graphique en escaliers** est utilisé pour représenter les **effectifs cumulés** ou les **fréquences cumulées** dans le cas d'une **variable quantitative discrète**.

Les différentes modalités sont indiquées en abscisse (sur l'axe x).

L'échelle de l'axe y dépend de la valeur maximale qu'il faut pouvoir y indiquer.

Exemple

Variable quantitative discrète

Temps de trajet (min) mis par les élèves habitant la rue de l'école

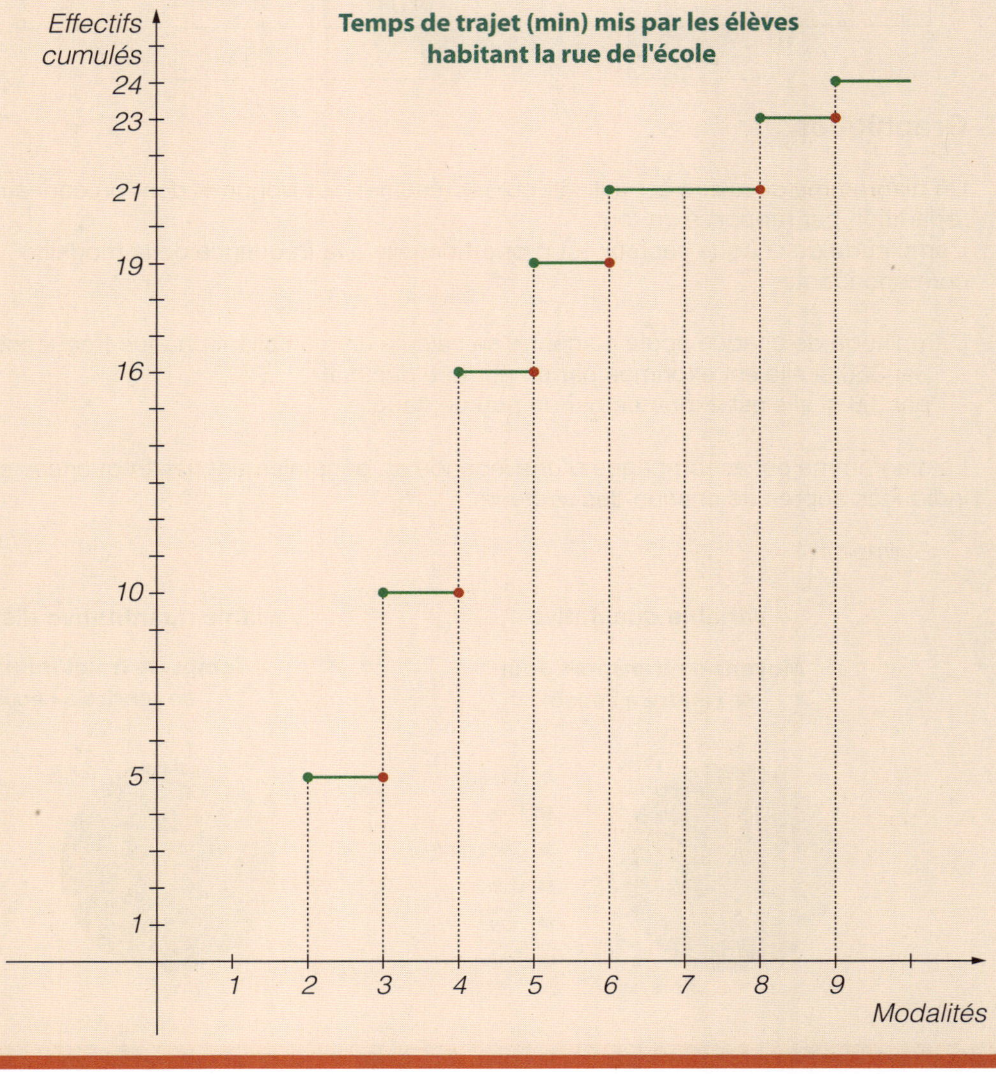

Notions de statistiques

Exercices

1 Le graphique ci-dessous représente les ventes de smartphones d'une boutique en ligne, durant le mois de mai.

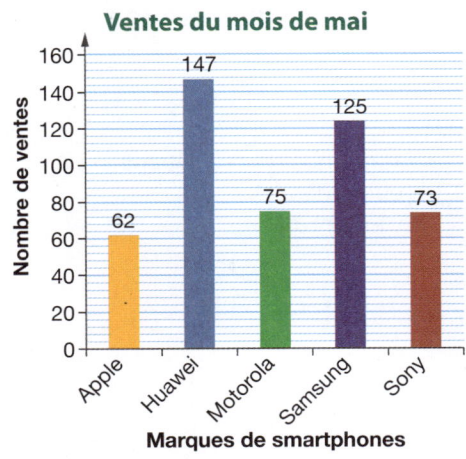

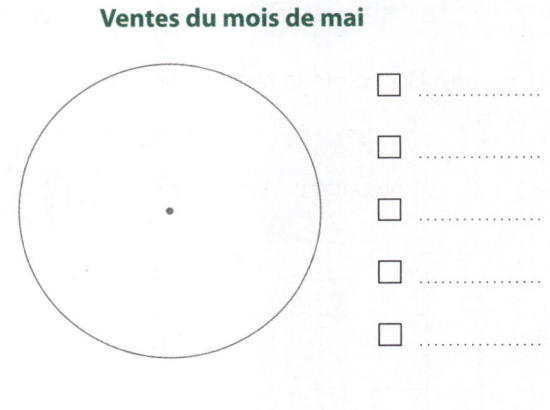

Ventes du mois de mai

- Apple : 62
- Huawei : 147
- Motorola : 75
- Samsung : 125
- Sony : 73

Ventes du mois de mai

☐ ....
☐ ....
☐ ....
☐ ....
☐ ....

a) Décris la population.

....

b) Décris la variable statistique. Est-elle qualitative, quantitative discrète ou quantitative continue ?

....

c) Complète le tableau de distribution et construis ci-dessus un graphique circulaire des fréquences.

Modalités	Effectifs	Fréquences (à 0,1 % près)	Amplitudes (à 1° près)

d) Quelle marque de smartphones a rencontré le plus de succès durant ce mois de mai ?

....

e) Estime le nombre de smartphones de la marque Huawei vendus par ce site en un an.

....

1 Notions de statistiques

2 Un club de natation compte 60 membres âgés de 10 à 20 ans. Voici l'âge de chacun d'eux.

15	11	18	13	16	12	11	12	19	20	11	19	15	13	15	19	15	20	17	15
18	19	16	18	19	19	14	11	15	16	17	18	13	17	16	10	20	14	10	10
18	12	19	18	19	16	13	20	15	20	18	12	16	17	15	12	10	12	20	18

a) Complète le tableau de distribution.

Modalités	Effectifs	Effectifs cumulés	Fréquences (à 1 % près)	Fréquences cumulées (à 1 % près)
10	4	4	7	7
11	4	8	7	14
12	6	14	10	24
13	4	18	7	31
14	2	20	3	34
15	8	28	13	47
16	6	34	10	57
17	4	38	7	64
18	8	46	13	77
19	8	54	13	90
20	6	60	10	100
Total	60		100	

(1) Décris la population.

Les 60 membres du club de natation.

(2) Décris la variable statistique et précise son type.

La variable statistique est l'âge des membres. Elle est quantitative discrète.

(3) Pour pouvoir postuler comme moniteur, il faut avoir au moins 18 ans. Combien de membres pourraient être candidats potentiels ?

8 + 8 + 6 = 22 membres.

(4) Certains entraînements ne sont accessibles qu'aux 10-15 ans et d'autres aux 16-20 ans. Ces deux groupes d'âges comptent-ils le même nombre de membres ? Justifie.

Non : 10-15 ans = 28 membres ; 16-20 ans = 32 membres.

(5) Quels sont les âges les plus fréquents ? 15, 18 et 19 ans (8 membres chacun).

(6) Les membres du club ont-ils en majorité moins de 16 ans ? Justifie.

Non : seulement 28 membres sur 60 ont moins de 16 ans, soit moins de la moitié.

b) (1) Construis l'histogramme des fréquences.

(2) Quel est l'âge le moins fréquent ? ....

Colorie en vert le rectangle correspondant.

(3) Un quart des membres a-t-il plus de 18 ans ? ....

Justifie et colorie en bleu les rectangles qui t'ont permis d'effectuer le calcul.

....

....

3 Lors des Olympiades scolaires annuelles, chaque élève participe à 15 épreuves sportives. Chaque épreuve réussie donne droit à un point. Voici ce que chacun des 22 élèves d'une classe de 4e année a comptabilisé :

| 6 | 5 | 8 | 10 | 11 | 13 | 10 | 5 | 8 | 6 | 8 |
| 11 | 12 | 8 | 3 | 8 | 10 | 13 | 8 | 10 | 8 | 12 |

a) (1) Décris la population. ....

(2) Décris la variable statistique. Précise son type.

....

....

....

(3) S'il faut comptabiliser au moins 13 points pour recevoir une médaille, combien d'élèves sont dans le cas ?

....

(4) Quels sont le meilleur et le moins bon score ?

....

(5) Combien d'élèves ont réussi exactement quatre épreuves ?

....

1 Notions de statistiques

b) Complète le tableau de distribution et réponds aux questions.

Modalités	Effectifs	Effectifs cumulés	Fréquences (à 1 % près)	Fréquences cumulées (à 1 % près)

(1) Quel pourcentage des élèves a réussi exactement un tiers des épreuves ?

....

(2) Quel pourcentage des élèves a réussi moins de huit épreuves ?

....

c) Construis un graphique en escaliers des effectifs cumulés et réponds aux questions.

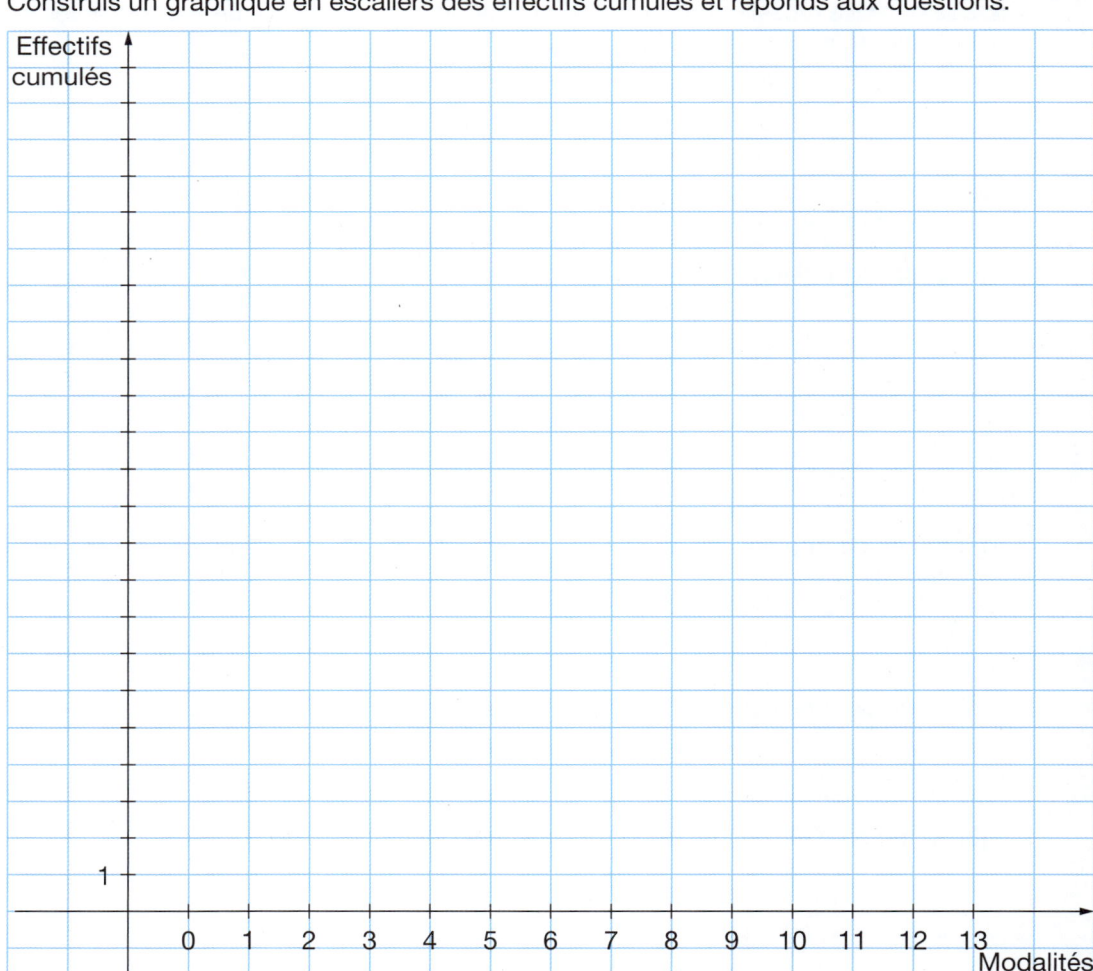

26

Notions de statistiques 1

(1) Combien d'élèves ont réussi moins de trois épreuves ?

....

(2) Combien d'élèves ont réussi moins de la moitié des épreuves ? Indique un point bleu sur le segment qui t'as permis de trouver la réponse.

....

(3) Combien d'élèves ont réussi au moins les deux tiers des épreuves ?

....

Calcule le pourcentage que cela représente.

....

Utilise les données du tableau pour calculer ce pourcentage d'une autre manière.

....

4 À partir du graphique en escaliers ci-dessous, complète le tableau de distribution et réponds aux questions.

Modalités	Effectifs	Effectifs cumulés

a) Combien de personnes ont été interrogées ? ....

b) Combien de personnes ont cinq frères et sœurs ? ....

c) Combien de personnes n'ont ni frère ni sœur ? ....

d) Combien de personnes ont moins de quatre frères et sœurs ? ....

1 Notions de statistiques

Activité 3 • Classement et représentation de données dans le cas d'une variable quantitative continue

Dans le cadre de la même enquête sur la mobilité présentée à l'activité précédente, le secrétariat de l'école a demandé à tous les élèves le temps de trajet (en min) qui leur est nécessaire pour se rendre de leur domicile à l'école le lundi matin. Voici les réponses apportées.

8	13	17	3	19	11	12	6	4	6	53	2	12	50	27	7	2	62
75	45	14	16	22	19	36	38	5	18	16	25	41	53	24	12	65	90
22	24	16	14	2	7	8	4	5	31	12	15	19	20	30	52	25	29
12	11	9	54	24	23	10	9	28	21	8	16	19	17	31	12	17	20
3	3	13	15	88	25	14	10	15	2	11	60	11	12	31	25	5	27
14	9	17	19	22	17	15	9	18	16	12	21	8	19	36	37	25	12
16	9	5	82	26	20	24	4	42	21	10	13	4	6	21	18	15	16
21	12	52	51	5	19	31	6	8	36	5	17	12	8	27	26	4	25
6	42	36	60	7	4	12	12	27	3	14	7	27	58	96	7	9	14
10	13	38	14	13	18	2	30	20	9	16	11	8	15	24	26	32	11
14	4	2	22	11	12	21	32	10	8	17	19	28	17	20	5	34	17
5	70	65	20	15	9	13	4	12	20	3	11	42	8	6	14	5	20

1 Vu le grand nombre de réponses différentes, il est nécessaire de les regrouper dans des intervalles appelés **classes**.

Repère la plus petite et la plus grande modalité. ....

Pour t'aider, les deux premières classes sont indiquées dans le tableau ci-dessous.
Indique les suivantes en respectant la même amplitude, en fermant les intervalles sur la borne inférieure et en les ouvrant sur la borne supérieure.

Complète ensuite les autres colonnes du tableau et réponds aux questions.

Classes	Effectifs	Effectifs cumulés	Fréquences (à 1 % près)	Fréquences cumulées (à 1 % près)
[0 ; 10[				
[10 ; 20[				

Notions de statistiques 1

a) Quelle est la classe de temps avec la fréquence la plus élevée ? ....

b) Combien d'élèves se rendent à l'école en moins d'une heure ? ....

c) À quelles classes appartiennent les 135 élèves qui mettent le moins de temps pour se rendre à l'école ? ....

2 Une variable quantitative continue peut être représentée par un **diagramme en ligne brisée** (polygone) **des effectifs cumulés** ou des **fréquences cumulées**.

a) Termine la construction du polygone des fréquences cumulées ci-dessous.

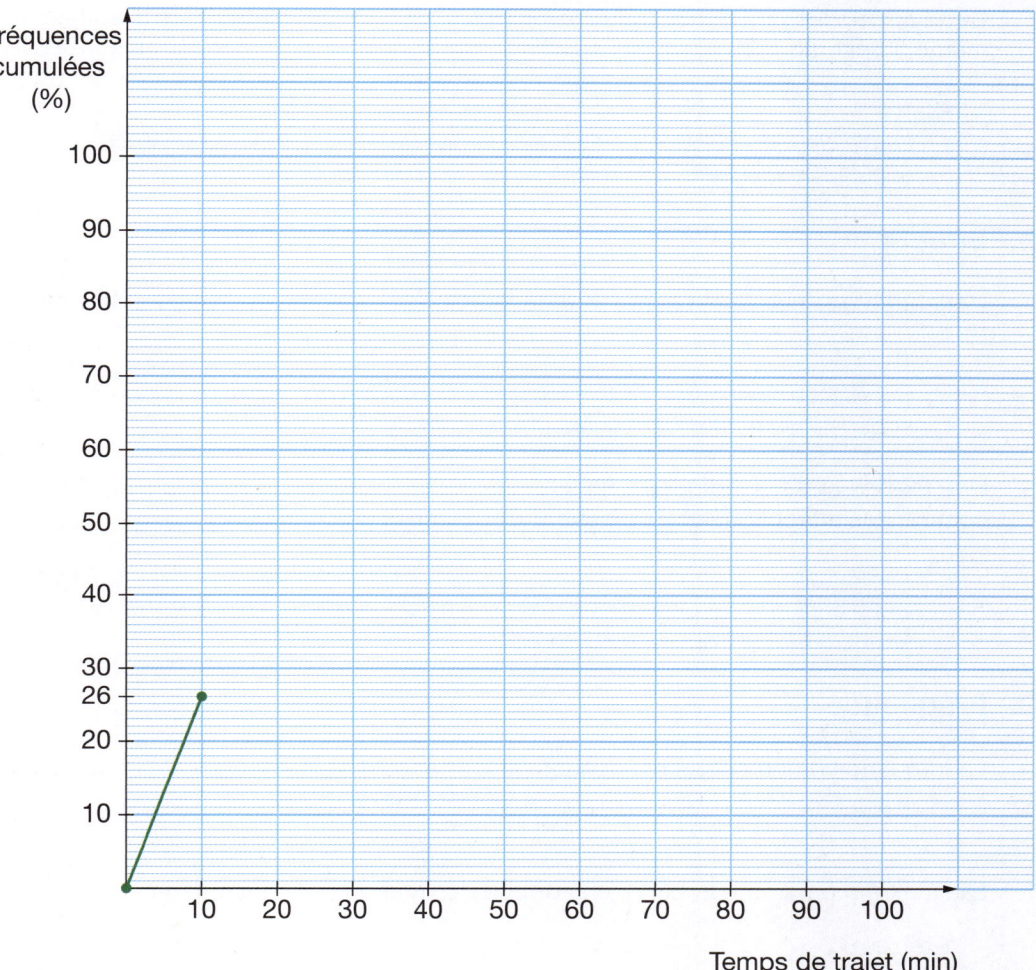

b) Quel pourcentage d'élèves se rend à l'école en moins de 30 minutes ? ....

c) Estime, à l'aide du graphique, le temps de trajet maximum des 70 % des élèves qui arrivent à l'école le plus rapidement.

....

d) Estime, à l'aide du graphique, le pourcentage d'élèves qui met moins de 55 minutes pour se rendre à l'école.

....

1 Notions de statistiques

Classement et représentation de données dans le cas d'une variable quantitative continue

A. Classe

Une **classe** est un **intervalle** de **valeurs**.

On utilise des classes lorsque les données à traiter sont en **trop grand nombre**.

Chaque intervalle est **fermé** sur la borne **inférieure** et **ouvert** sur la borne **supérieure**.

Cette année, les problèmes traités avec des classes le seront toujours avec des classes de **même amplitude**.

Exemple

La classe [70 ; 80[regroupe les temps des trajets d'une durée supérieure ou égale à 70 minutes et inférieure à 80 minutes.

B. Effectif

L'**effectif** d'une classe est le **nombre de fois** qu'apparaît une des valeurs de cette classe.

Exemple

Si l'effectif de la classe [70 ; 80[est 2, cela signifie que 2 élèves ont un temps de trajet supérieur ou égal à 70 minutes et inférieur à 80 minutes.

Une fois les classes indiquées dans l'ordre croissant, l'**effectif cumulé** d'une classe est la **somme** des **effectifs** de cette classe et des classes précédentes.

Exemple

Si l'effectif cumulé de la classe [70 ; 80[est 212, cela signifie que 212 élèves ont un temps de trajet inférieur à 80 minutes.

C. Fréquence

La **fréquence** d'une classe est le **quotient** de l'**effectif** de cette classe par l'**effectif total**.

$$\text{Fréquence} = \frac{\text{Effectif}}{\text{Effectif total}}$$

Elle s'exprime par une fraction, un nombre décimal ou un pourcentage.

Exemple

Calcul de la fréquence de la classe [70 ; 80[

$$\frac{2}{216} = 2 : 216 \cong 0{,}01 = 1\ \%$$

Cela signifie que 1 % des élèves ont un temps de trajet supérieur ou égal à 70 minutes et inférieur à 80 minutes.

Une fois les valeurs ou les classes indiquées dans l'ordre croissant, la **fréquence cumulée** d'une classe est la **somme** des **fréquences** de cette classe et des classes précédentes.

Exemple

Si la fréquence cumulée de la classe [70 ; 80[est 98 %, cela signifie que 98 % des élèves ont un temps de trajet inférieur à 80 minutes.

D. Tableau de distribution

Le tableau de distribution d'une série statistique quantitative continue est un tableau dans lequel apparaît chaque classe, son effectif, son effectif cumulé, sa fréquence et sa fréquence cumulée.

Exemple de tableau de distribution du temps de trajet (en min) de 216 élèves d'une école

Classes	Effectifs	Effectifs cumulés	Fréquences (à 1 % près)	Fréquences cumulées (à 1 % près)
[0 ; 10[	56	56	26 %	26 %
[10 ; 20[	79	135	37 %	63 %
[20 ; 30[	41	176	19 %	82 %
[30 ; 40[	16	192	7 %	89 %
[40 ; 50[	5	197	2 %	91 %
[50 ; 60[	8	205	4 %	95 %
[60 ; 70[	5	210	2 %	97 %
[70 ; 80[	2	212	1 %	98 %
[80 ; 90[	2	214	1 %	99 %
[90 ; 100[	2	216	1 %	100 %
	216		100 %	

E. Graphique

Dans le cas d'une variable quantitative continue, la série statistique est souvent représentée par un diagramme en ligne brisée (ou polygone) des effectifs cumulés ou des fréquences cumulées.

Exemple

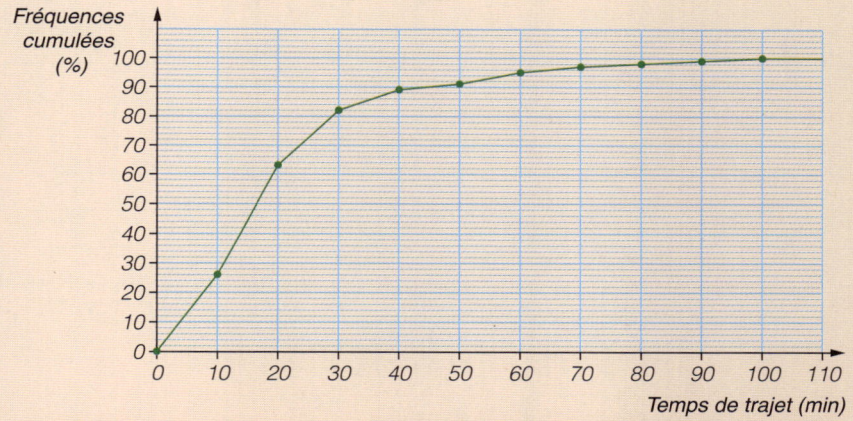

Exercices

1 Le graphique ci-dessous représente la fréquence des classes de tailles de 160 jeunes de 4ᵉ année. En utilisant ce graphique, réponds aux questions de la page suivante.

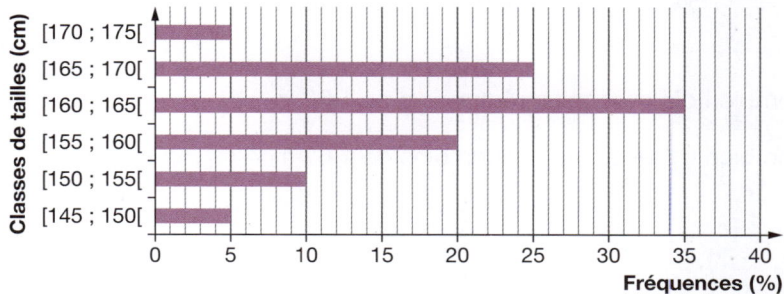

1 Notions de statistiques

a) Décris la population. ....

b) Décris la variable statistique étudiée. ....

Quel est son type ? ....

c) (1) Complète le tableau de distribution.

Classes	Effectifs	Effectifs cumulés	Fréquences (à 1 % près)	Fréquences cumulées (à 1 % près)

(2) Construis le polygone des effectifs cumulés.

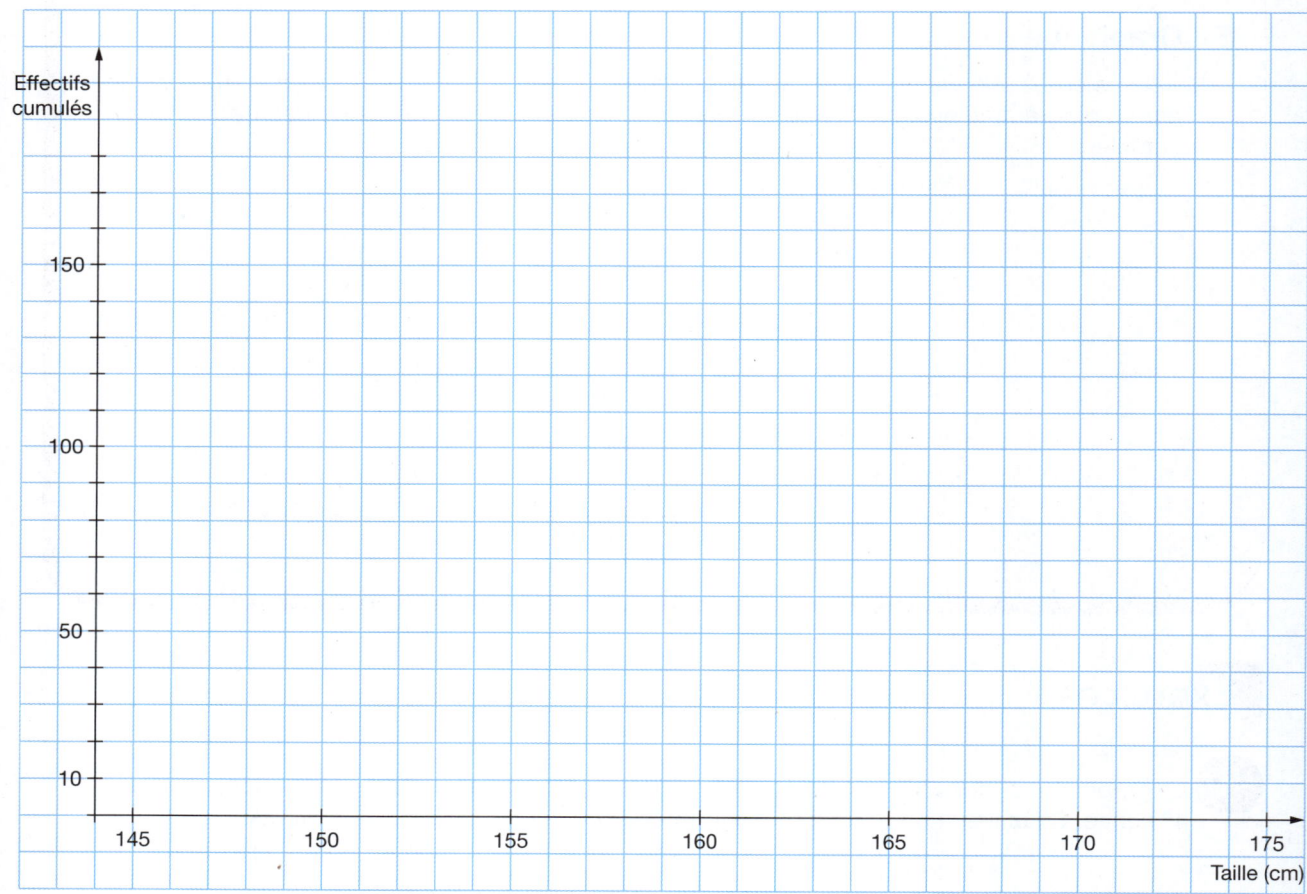

(3) Combien d'élèves mesurent moins de 1,60 m ? ....

(4) Combien d'élèves mesurent moins de 1,62 m ? ....

Notions de statistiques 1

2 Un site d'analyse statistique sur les réseaux sociaux fournit les données ci-dessous pour les utilisateurs de Facebook âgés entre 13 et 63 ans.

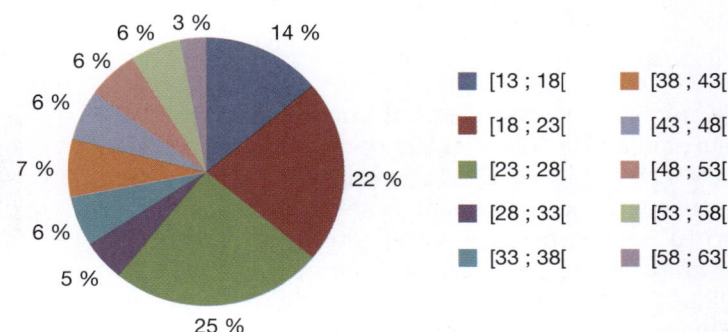

Répartition des utilisateurs de Facebook en Belgique par tranches d'âges

a) On compte 5,5 millions de membres actifs (se connectant au moins une fois par mois) en Belgique.
Complète le tableau de distribution ci-dessous.

Classes	Effectifs	Effectifs cumulés	Fréquences (à 1 % près)	Fréquences cumulées (à 1 % près)

b) Combien de jeunes belges de la même classe d'âge que toi sont membres actifs ?

....

c) Combien de membres actifs ont moins de 53 ans ? ....

d) Combien de membres actifs sont majeurs ? ....

e) On compte un milliard de membres actifs dans le monde.
Si on considère les membres actifs belges comme étant un échantillon représentatif des membres actifs du monde entier, combien de jeunes de la même classe d'âges que toi sont membres de Facebook dans le monde ?

....

33

1 Notions de statistiques

Exercices supplémentaires

1 Associe le mot ou le groupe de mots à la partie de phrase colorée qui convient.

classe   *fréquence*   *effectif*   *population*   *modalité*
variable quantitative   *étude statistique*   *variable qualitative*

« L'asbl APSQ (Activités Parascolaires et Sport au Quotidien) a collecté, traité et interprété diverses données. Cette association a interrogé 2000 jeunes de 14 à 17 ans. Une partie de l'étude porte sur le sport que ces jeunes pratiquent. Entre autres, elle a pu établir un top 10 des sports les plus pratiqués ainsi qu'un budget mensuel moyen consacré à la pratique du sport. Parmi les sports les plus pratiqués figure le football qui ne compte pas moins de 983 adeptes chez les jeunes interrogés. Quant au budget, plus de la moitié de ces jeunes dépensent souvent entre 20 et 30 € par mois pour leur inscription, leur abonnement et le matériel spécifique. L'asbl a aussi pu constater que 60 % de ces 2000 jeunes pratiquaient leur sport au moins une fois par semaine. »

2 Pour chaque situation, détermine la population et la variable statistique. Précise de quel type de variable il s'agit. Établis ensuite un tableau de distribution et réalise un graphique adéquat. Veille à varier les représentations graphiques.

a) Une enquête auprès de 10 000 jeunes âgés entre 15 et 24 ans rapporte que leur activité culturelle favorite est d'écouter de la musique. La majorité d'entre eux en écoute plus de deux heures par jour. Les supports les plus utilisés sont le smartphone, le baladeur mp3 et la radio. Les préférences musicales sont variées, mais le RnB est en tête de classement avec 28 %. Viennent ensuite le rap avec 22 %, l'électro avec 17 % et la chanson française avec 13 %. La pop et le rock ne sont pas en reste et se partagent de manière équitable la dernière part.

b) Pour un travail scolaire à propos des animaux de compagnie, Noah a voulu interroger les habitants des 76 maisons de son village. Une des questions portait sur le nombre de chats abrités dans chaque foyer. Voici le relevé du nombre d'habitations en fonction du nombre de chats.

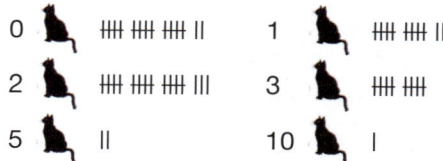

Noah n'a pas reçu d'informations pour les autres maisons.

c) Dans les supermarchés, une grande variété de céréales est mise en vente. Malgré leurs mérites nutritifs vantés par la publicité, si on regarde l'étiquette de plus près, on peut constater que la quantité de sucre par portion de 30 g est souvent très élevée : l'une d'elles indique 21 g !
Voici la quantité de sucre, en g, que nous avons pu relever sur les étiquettes des différentes variétés.

13,3	12,4	10,3	7,9	9,9	5,5	0
6,2	4	13,5	5,8	7,8	0	4,8
7,6	5,5	12,6	10,5	5,6	6,7	7,8
5	10,8	4,8	9,8	13,6	11,8	5,6
4,5	6,5	0	11,8	5,4	21	13

d) Les allergies alimentaires sont assez fréquentes. Une puéricultrice d'une crèche accueillant 120 enfants affirme que près de la moitié d'entre eux présente une allergie au lait, à l'œuf, au blé, aux arachides, au soja ou aux poissons. Voici ce qu'elle a pu constater dans les dossiers : parmi les plus jeunes, deux enfants de moins de 6 mois et six enfants âgés de 6 à 12 mois présentent une allergie. Un pic est atteint auprès des enfants de 1 à 2 ans et demi : 12 enfants âgés de 12 à 18 mois, 16 entre 18 et 24 mois, 14 de 24 à 30 mois. Son constat s'allège parmi les plus grands où on en compte cinq âgés de 30 à 36 mois.

Chapitre 2
Valeurs centrales

Compétences à développer

- Lire et construire un tableau de nombres, un graphique, un diagramme relatif à un ensemble de données statistiques.
- Calculer et interpréter des valeurs caractéristiques d'un ensemble de données statistiques.

Processus

Connaître
- Expliquer en situation le vocabulaire caractérisant un ensemble de données statistiques.
- Lire les informations fournies par une représentation graphique liée à un ensemble de données statistiques.

Appliquer
- Calculer des valeurs caractéristiques d'un ensemble de données statistiques.
- Construire un tableau à partir de données brutes ou recensées.
- Construire des représentations graphiques liées à un ensemble de données statistiques.
- Extraire des informations d'une représentation graphique de données statistiques.

Transférer
- Interpréter en contexte les valeurs caractéristiques d'un ensemble de données statistiques.
- Commenter des représentations graphiques liées à un ensemble de données statistiques.
- Traiter des données statistiques en utilisant l'outil informatique (tableur).

2 Valeurs centrales

Activité 1 • Valeurs centrales d'une série discrète

1 a) Dans un club de football, les 15 membres d'une équipe ont fait une séance de tirs au but lors d'un entraînement. Leurs résultats sont représentés sur le graphique ci-contre.

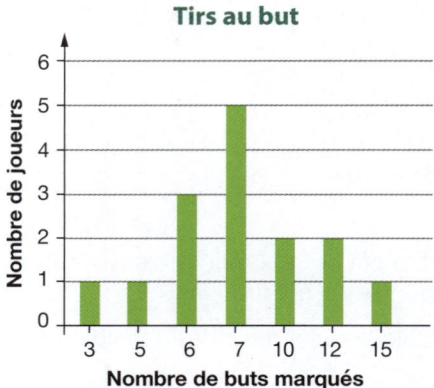

(1) Complète les quatre premières colonnes du tableau de distribution de cette série.

Modalités x	Effectifs n	Effectifs cumulés	Fréquences (à 1 % près)	x . n

(2) Combien de joueurs ont marqué 6 buts chacun ? ....

Combien de joueurs ont marqué moins de 7 buts chacun ? ....

(3) Combien de buts ont été marqués lors de cet entraînement ?

....

....

Complète la cinquième colonne du tableau en notant tes calculs et tes réponses.

(4) L'entraîneur félicite ses joueurs car, en moyenne, ils ont marqué plus de buts que lors du dernier entraînement. Quelle est cette **moyenne** ?

....

(5) Les défenseurs ont tous marqué le même nombre de buts. Détermine ce nombre sachant qu'il s'agit de la valeur la plus fréquente : le **mode**.

....

Valeurs centrales 2

Combien de défenseurs au maximum ont pris part à l'entraînement ?

....

(6) L'entraîneur encourage Christian et lui dit : « Si on classe les joueurs par ordre croissant de buts marqués, tu te situes au milieu de ce classement ! ».

Si le numéro sur le maillot indique le classement, écris sous chaque maillot le nombre de buts marqués.

Détermine la position qu'occupe Christian dans le classement et précise le nombre de buts qu'il a marqués. Ce nombre est la **médiane** de la série.

....

....

Comment aurais-tu pu trouver la médiane à partir du tableau de distribution ?

....

....

(7) Le papa de Christian, professeur de mathématique, s'est amusé à réaliser les graphiques des effectifs et des effectifs cumulés pour les résultats de cette séance de tirs au but.

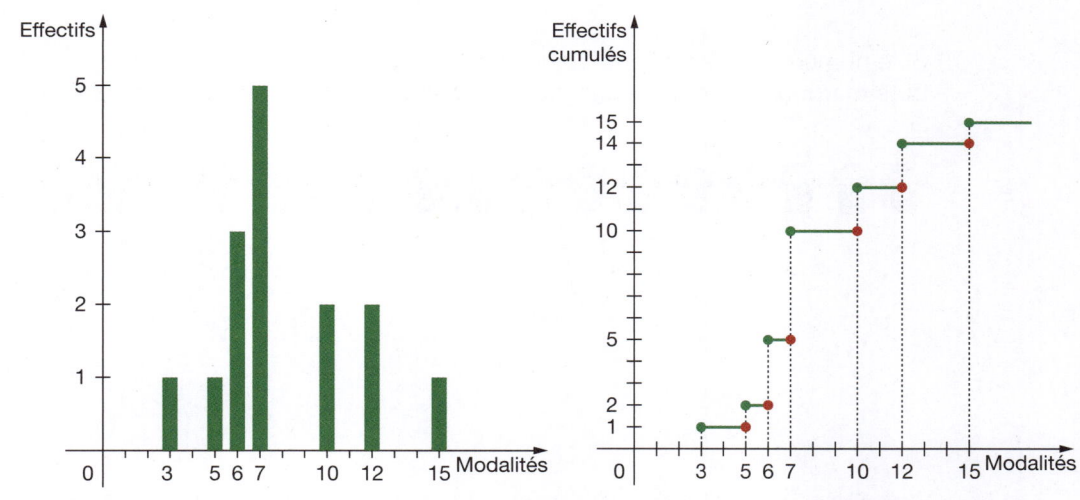

Le mode et la médiane peuvent rapidement être lus en utilisant ces graphiques. Précise le graphique à utiliser et décris la procédure.

Mode ....

....

Médiane ....

....

2 Valeurs centrales

b) Les minimes, qui s'entraînaient sur un terrain voisin, ont aussi comptabilisé leurs buts. Ils voudraient comparer leurs exploits à ceux de l'équipe des grands.
Voici un tableau reprenant les résultats de leur entraînement.

Modalités x	Effectifs n	Effectifs cumulés	Fréquences	x . n
2	1			
5	3			
6	5			
8	1			
12	8			
14	1			
15	1			
	20			

(1) Détermine le mode. ....

(2) Complète les troisième et quatrième colonnes du tableau.

(3) Complète la dernière colonne du tableau et déduis-en la moyenne.

....

....

(4) Si le numéro sur le maillot indique le classement, écris sous chaque maillot le nombre de buts marqués. Détermine ensuite la médiane en utilisant le classement des joueurs.

Comment aurais-tu pu trouver la médiane à partir du tableau de distribution ?

(5) Vérifie tes réponses pour le mode et la médiane en utilisant le graphique adéquat.

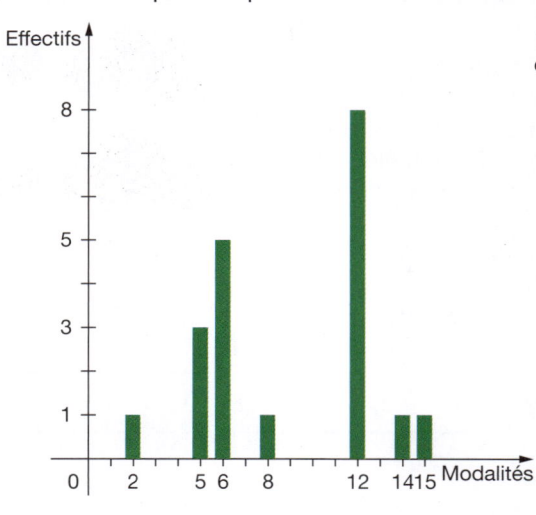

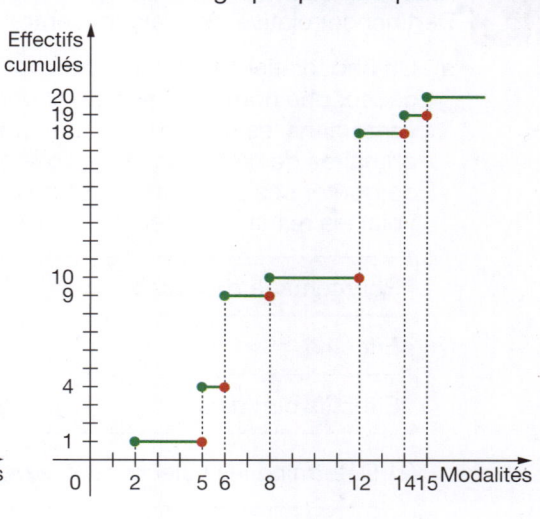

Mode ....

....

Médiane ....

....

....

....

c) Pour se rendre à l'entraînement, les minimes ont utilisé différents moyens de transport : 5 sont venus à pied, 8 en voiture, 4 à vélo et 3 en bus.

(1) Quel est le caractère étudié ?

....

(2) Si possible, détermine la moyenne, le mode et la médiane de cette série.

....

....

....

(3) Construis l'histogramme des effectifs et vérifie ta réponse pour les valeurs centrales que tu as pu déterminer.

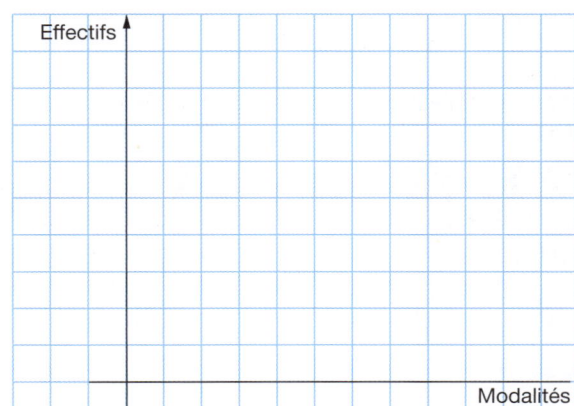

2 Valeurs centrales

2 Pertinence relative des valeurs centrales

a) Un chocolatier teste, en faisant varier son pourcentage de cacao, une nouvelle barre de chocolat qui sera mise en vente dans les distributeurs automatiques des écoles primaires de sa région. Il propose à 60 jeunes élèves de goûter ses préparations et de choisir leur préférée. Voici les résultats obtenus.

Pourcentage de cacao	30	40	50	60	70
Effectifs	2	35	15	6	2
Effectifs cumulés	2	37	52	58	60

(1) Détermine les valeurs centrales.

Moyenne	Mode	Médiane

(2) À quelle valeur centrale le chocolatier pourrait-il se fier pour lancer sa production ?

....

b) Voici les résultats obtenus par 10 élèves lors d'une interrogation cotée sur 10.

0   7   7   7   7   8   8   8   8   8

(1) Détermine les valeurs centrales.

Moyenne	Mode	Médiane

(2) Quelle valeur centrale illustre le mieux la tendance de la série ? Justifie.

....

....

....

c) Un couple a comptabilisé les dépenses qu'il a réalisées chaque mois dans la même grande surface. Voici les sommes en euros.

J	F	M	A	M	J	J	A	S	O	N	D
320	370	383	452	312	389	210	573	340	435	365	573

Valeurs centrales 2

(1) Calcule la moyenne. ....

(2) Détermine le mode. ....

(3) Que dois-tu faire avant de pouvoir déterminer la médiane ?

....

Détermine cette médiane.

....

....

(4) Quelle valeur centrale permettrait à ce couple d'établir un budget mensuel ?

....

d) Complète, par oui ou par non, chaque case du tableau.

Valeur …	Moyenne	Mode	Médiane
rencontrée dans la vie de tous les jours			
toujours déterminée sans effectuer de calcul			
faisant toujours partie de la série			
dépendante des valeurs extrêmes			
toujours possible à déterminer			

Valeurs centrales d'une série discrète

A. Définitions

1. Mode

Le **mode** d'une série statistique est la **modalité** qui a le **plus grand effectif**.

*Exemple : pour la série 1 1 2 2 2 3 3 4 6 6, le mode est **2**.*

Modalités	Effectifs
1	2
2	*3*
3	2
4	1
6	2

Le tableau de distribution permet de constater que la modalité 2 est celle qui a le plus grand effectif.

41

2 Valeurs centrales

Remarques

Il y a parfois plusieurs modes pour une même série.

*Exemple : pour la série 10 20 20 20 40 50 50 60 60 60, les modes sont **20** et **60**.*

Le mode est la seule valeur centrale pouvant être déterminée lorsque le caractère est qualitatif.

*Exemple : pour la série bus bus vélo voiture bus bus vélo, le mode est « **bus** ».*

2. Moyenne

La moyenne arithmétique d'une série statistique est le quotient de la somme des valeurs par l'effectif total.

$$\text{Moyenne} = \frac{\text{somme des valeurs}}{\text{effectif total}}$$

Exemple : calcul de la moyenne de la série 1 1 2 2 2 3 3 4 6 6

1re méthode : À partir des données brutes

$$\text{Moyenne} = \frac{1+1+2+2+2+3+3+4+6+6}{10} = \frac{30}{10} = 3$$

2e méthode : À partir du tableau de distribution

Modalités x	Effectifs n	x . n
1	2	2
2	3	6
3	2	6
4	1	4
6	2	12
	10	30

On effectue dans une nouvelle colonne du tableau de distribution les produits des modalités (x) par les effectifs correspondants (n).

On calcule la somme de ces produits.

On divise cette somme par l'effectif total pour obtenir la moyenne.

$$\text{Moyenne} = \frac{30}{10} = 3$$

3. Médiane

La médiane d'une série statistique est la valeur qui sépare une série ordonnée en deux groupes de même effectif.

*Exemple : pour la série 10 20 20 30 30 40 50, la médiane est **30**.*

En effet, 10 20 20 (30) 30 40 50
          3 valeurs   3 valeurs

Valeurs centrales 2

B. Comment calculer la médiane ?

1. L'effectif total est impair

On classe les valeurs par ordre croissant.
La médiane est la **valeur** située au **milieu** de la série.

Exemple

À partir de la série ordonnée : 2 2 3 3 3 ④ 4 5 6 6 6   Médiane : **4**

                                                      5 valeurs   5 valeurs

À partir du tableau de distribution

Modalités	Effectifs	Effectifs cumulés
2	2	2
3	3	5
4	2	7
5	1	8
6	3	11

L'effectif total étant de 11 individus, la valeur située au milieu de la série est la 6e. On cherche donc le 6e individu.
Pour cela, on repère la plus petite modalité pour laquelle l'effectif cumulé est égal ou supérieur à 6.
Il s'agit de la modalité 4.

Médiane : **4**

À partir du graphique des effectifs cumulés

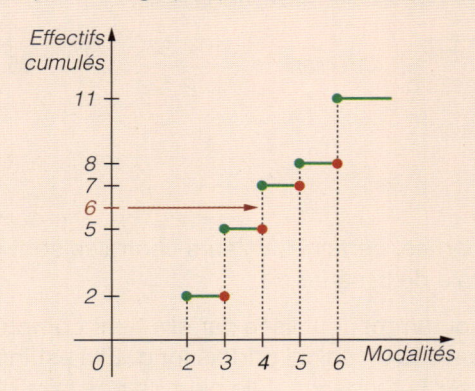

L'effectif total étant de 11 individus, la valeur située au milieu de la série est la 6e.
On repère 6 sur l'axe des effectifs cumulés et on identifie la plus petite modalité pour laquelle l'effectif cumulé est égal ou supérieur à 6.
Il s'agit de la modalité 4.

Médiane : **4**

2. L'effectif total est pair

On classe les valeurs par ordre croissant.
La médiane est la **moyenne arithmétique** des **deux valeurs** situées au **milieu** de la série.

Exemple

À partir de la série ordonnée : 15 25 35 35 35   55 55 65 65 65

                                                      5 valeurs   5 valeurs

$$\text{Médiane} = \frac{35 + 55}{2} = \frac{90}{2} = 45$$

2 Valeurs centrales

À partir du tableau de distribution

Modalités	Effectifs	Effectifs cumulés
15	1	1
25	1	2
35	3	5
55	2	7
65	3	10

L'effectif total étant de 10 individus, les valeurs situées au milieu de la série sont la 5e et la 6e.
On repère alors les plus petites modalités pour lesquelles les effectifs cumulés sont égaux ou supérieurs à 5 et à 6. Il s'agit des modalités 35 et 55. La médiane est la moyenne arithmétique de ces deux modalités.

Médiane = $\dfrac{35 + 55}{2} = \dfrac{90}{2} = 45$

À partir du graphique des effectifs cumulés

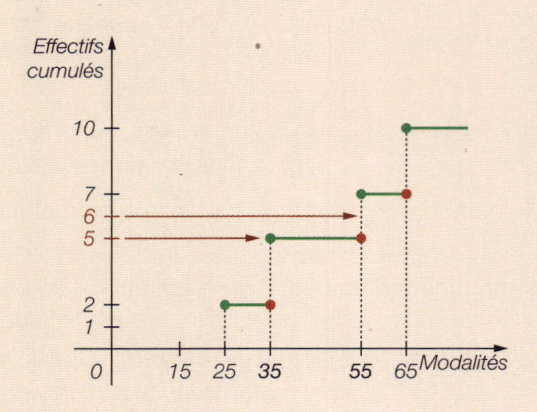

L'effectif total étant de 10 individus, les valeurs situées au milieu de la série sont la 5e et la 6e.
On repère 5 et 6 sur l'axe des effectifs cumulés et on identifie les plus petites modalités pour lesquelles les effectifs cumulés sont égaux ou supérieurs à 5 et à 6. Il s'agit des modalités 35 et 55. La médiane est la moyenne arithmétique de ces deux modalités.

Médiane = $\dfrac{35 + 55}{2} = \dfrac{90}{2} = 45$

C. Quelle valeur centrale choisir ?

Suivant la façon dont les données sont réparties, certaines valeurs centrales sont plus proches que d'autres de la tendance centrale de la série.

La moyenne est la valeur centrale la plus couramment utilisée car elle tient compte de toutes les valeurs de la série. Mais elle nécessite un calcul parfois long. Elle est influencée par des valeurs extrêmes qui peuvent fausser la tendance. Elle peut ne pas faire partie de la série.

Le mode est simple à déterminer car il fait partie de la série et apparaît clairement dans le tableau ou sur le graphique. De plus, c'est la seule valeur centrale pouvant être déterminée lorsque le caractère est qualitatif. Par contre, il peut être très éloigné de toutes les autres valeurs de la série.

La médiane porte bien son nom de valeur centrale car elle est située au milieu de la série : elle est supérieure ou égale à la moitié des valeurs de la série et inférieure ou égale à l'autre moitié. Elle n'est pas influencée par d'éventuelles valeurs extrêmes. Elle ne tient d'ailleurs compte d'aucune autre valeur de la série.

Exercices

1 Voici les surfaces habitables, en m², de neuf maisons d'un même quartier.

82   104   107   126   196   210   225   230   250   ....

a) Quelle est la surface habitable moyenne, en m², de ces neuf maisons ?

....

....

b) Quelle est la surface habitable de la maison qui se situe au milieu de la série ? ....

Quelle valeur centrale représente-t-elle ? ....

c) Si on ajoute à cette liste le château de 3600 m² situé dans le même quartier, quelle en sera l'influence sur ces deux valeurs centrales ?

....

....

....

2 Les graphiques ci-dessous représentent les résultats obtenus par deux groupes d'élèves lors d'une interrogation cotée sur dix.

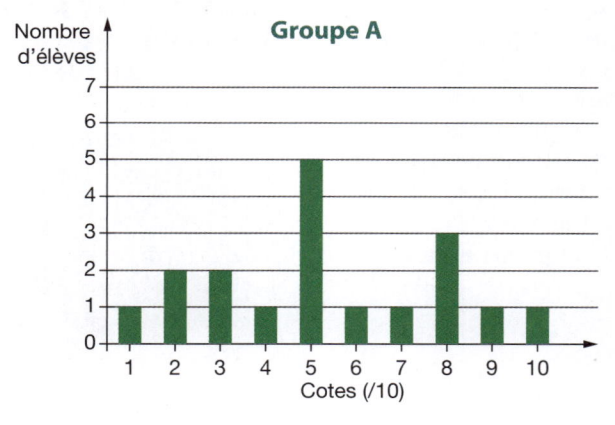

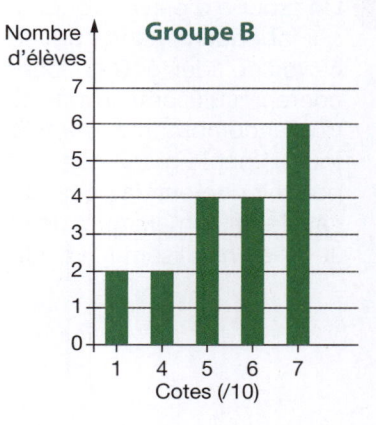

a) Le graphique t'indique-t-il quel groupe a le mieux travaillé ? Explique.

....

....

b) Calcule la moyenne de chaque groupe à 0,1 près.

....

....

....

....

2 Valeurs centrales

Cette moyenne t'indique-t-elle quel groupe a le mieux travaillé ?

....

....

c) Quel est le mode de chaque groupe ?

....

Ce mode t'indique-t-il quel groupe a le mieux travaillé ?

....

....

d) Quelle est la médiane de chaque groupe ?

....

Cette médiane t'indique-t-elle quel groupe a le mieux travaillé ?

....

....

....

3
Un groupe d'élèves voudrait créer une mini-entreprise qui fabriquerait et vendrait des pochettes pour cartes de fidélité. Ces pochettes doivent pouvoir contenir suffisamment de cartes mais ne pas être trop encombrantes. D'après les renseignements fournis par le graphique, combien de cartes devrait pouvoir contenir la pochette qui permettrait de satisfaire un maximum de clients potentiels ? Justifie en utilisant la valeur centrale la mieux adaptée.

Nombre de cartes de fidélité dans le portefeuille des 300 professeurs des écoles de la ville

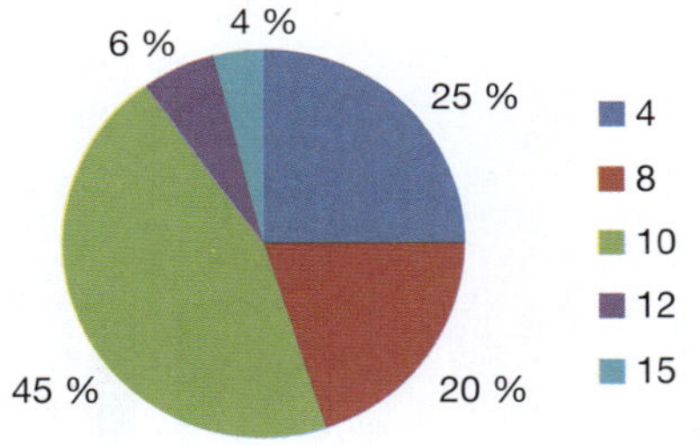

- 25 % : 4
- 20 % : 8
- 45 % : 10
- 6 % : 12
- 4 % : 15

....

....

4 Détermine le mode à partir des graphiques ci-dessous.

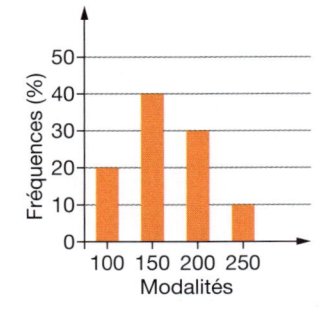

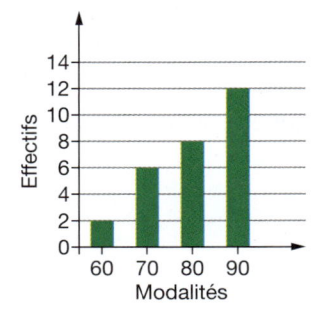

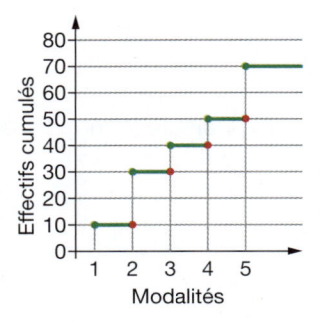

....

Valeurs centrales — 2

5 Détermine la médiane à partir des graphiques ci-dessous.

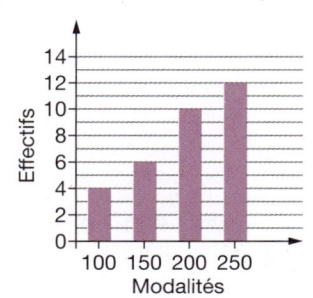

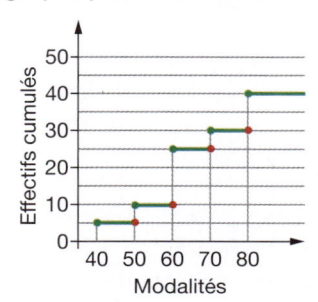

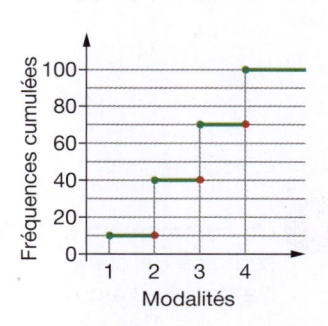

....

6 Ajoute une croix dans la colonne de la valeur utilisée pour déterminer le nombre en gras.

	Mode	Moyenne	Médiane
Lors d'une compétition régionale de tir à l'arc, seule la moitié des archers accèdent au second tour. Pour cela, ils doivent avoir obtenu au moins **470** points.			
Douze amis se rendent au restaurant. À la fin de la soirée, ils décident de partager l'addition et de payer chacun le même montant qui s'élève à **43 €**.			
Une entreprise employant 140 personnes constate que le nombre d'absents est toujours plus important le **vendredi**.			
Un rapport de la Direction Générale des Finances d'une société indique qu'en 2015, 50 % des employés gagnaient au moins **32 615 €** annuellement (revenu brut).			

7 Mélodie possède 160 pièces de monnaie dans sa tirelire pour une valeur totale de 58,29 €. Elle possède au moins une pièce de chaque valeur et a autant de pièces rouges que d'autres pièces.

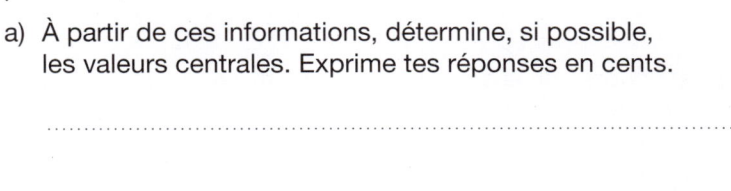

a) À partir de ces informations, détermine, si possible, les valeurs centrales. Exprime tes réponses en cents.

....

....

....

b) Son amie lui offre cinq pièces de 0,05 €, que deviennent ces valeurs centrales ?

....

....

....

2 Valeurs centrales

c) Avec les pièces offertes par son amie, la collection de Mélodie a-t-elle gagné ou perdu de la valeur ? Discute.

....

....

8 Un commerçant ambulant se rend à Liège chaque semaine et propose des cafés à la vente. La semaine dernière, il a vendu 500 petits cafés à 1 € et 520 grands cafés à 1,5 €. Cette semaine, il a décidé d'ajouter à sa carte des Irish-coffee à 6 € et d'augmenter tous les autres prix de 10 cents. Ses ventes se sont alors réparties comme suit : 560 petits cafés, 420 grands cafés et 80 Irish-coffee.

a) Complète les tableaux de distribution pour chacune des deux semaines.

Semaine dernière		
1	1,5	6

Cette semaine		
1,1	1,6	6

b) Détermine pour chaque semaine les valeurs centrales.

....

....

....

....

....

....

....

c) Quels arguments peut-il utiliser auprès de ses clients pour montrer que son échoppe n'est pas devenue plus onéreuse cette semaine ?

....

....

....

....

d) Quels arguments peut-il utiliser auprès de son patron pour montrer que son affaire s'est développée ?

....

....

....

....

Activité 2 • Valeurs centrales d'une série continue

1 Benoit souhaite acheter un PC portable d'occasion. Après avoir déterminé les caractéristiques souhaitées, il a consulté un site web de vente aux enchères et a relevé les différents prix proposés. Voici le tableau qu'il a obtenu.

Classes (en €)	Centres des classes c	Effectifs n	Fréquences (%)	Effectifs cumulés	Fréquences cumulées (%)
[80 ; 100[		2			
[100 ; 120[		20			
[120 ; 140[		15			
[140 ; 160[		8			
[160 ; 180[		4			
[180 ; 200[		1			

a) Complète le tableau de distribution.

b) Calcule la moyenne. Pour cela, inspire-toi du calcul réalisé avec les séries discrètes et utilise les centres des classes.

....

....

....

....

c) De façon similaire à la détermination des valeurs centrales d'une série discrète, trouve la classe modale et la classe médiane.

classe modale : .... classe médiane : ....

En utilisant le centre de ces classes, donne une estimation du mode et de la médiane.

mode : .... médiane : ....

2 Valeurs centrales

d) Benoit pense alors qu'un bon compromis entre qualité et prix serait de classer toutes les offres par ordre croissant en considérant que les données sont uniformément réparties dans les classes et ensuite de considérer celle située juste au milieu de cette série.

Trace le polygone des fréquences cumulées et choisi, parmi les propositions, l'offre de Benoit. C'est la médiane de la série.

☐ 25 €   ☐ 50 €   ☐ 110 €   ☐ 118 €   ☐ 124 €
☐ 128 € ☐ 134 € ☐ 138 €   ☐ 142 €   ☐ 160 €

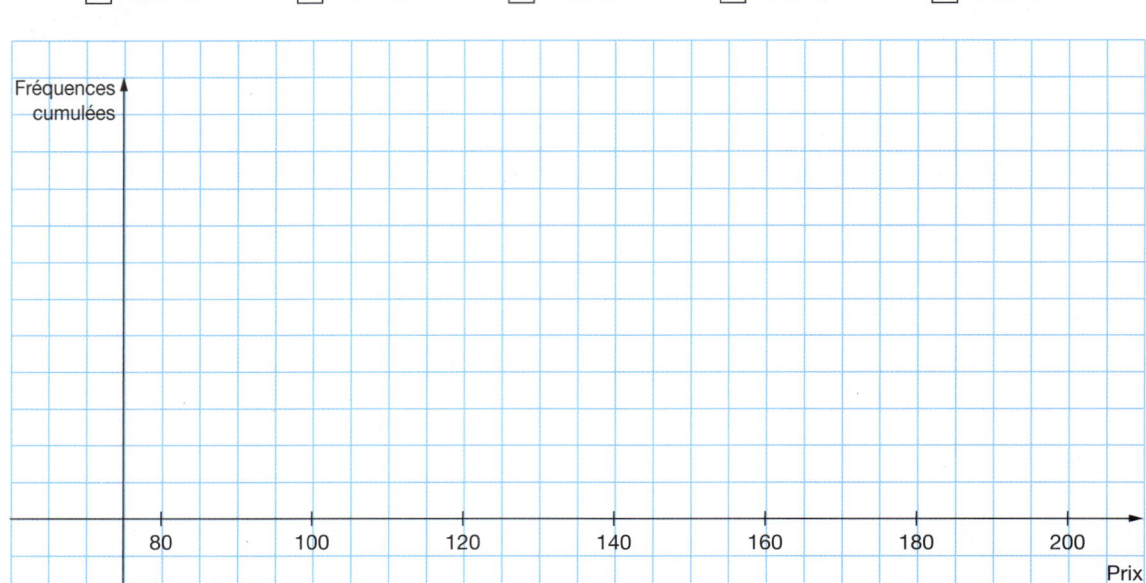

Valeurs centrales d'une série continue
(cas des classes de même largeur)

A. Classe modale

La **classe modale** d'une série statistique continue est la **classe** qui a **le plus grand effectif**.

Exemple

Classes	Effectifs
[35 ; 40[	15
[40 ; 45[	13
[45 ; 50[	**16**
[50 ; 55[	6

Histogramme des effectifs

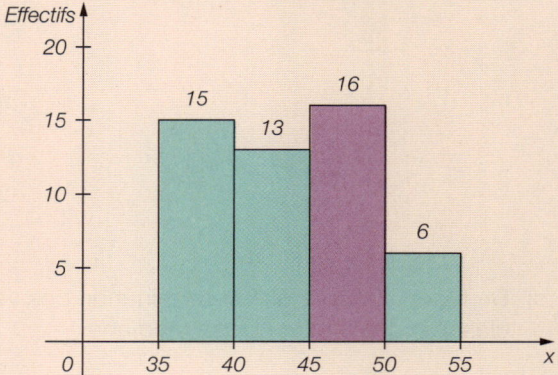

La classe modale est [45 ; 50[.

Valeurs centrales

B. Classe médiane

La classe médiane d'une série statistique continue est la classe dans laquelle la fréquence cumulée atteint 50 %.

Exemple

Classes	Effectifs	Fréquences	Fréquences cumulées
[35 ; 40[	15	30 %	30 %
[40 ; 45[	13	26 %	56 %
[45 ; 50[	16	32 %	88 %
[50 ; 55[	6	12 %	100 %

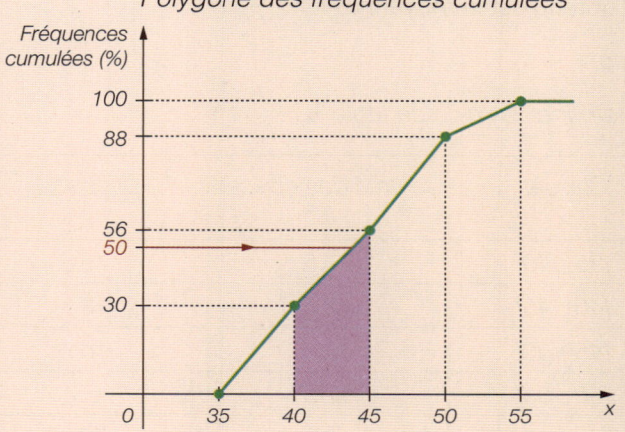

Polygone des fréquences cumulées

La classe médiane est [40 ; 45[.

Remarque : La classe médiane d'une série statistique continue est la classe dans laquelle les effectifs cumulés atteignent la moitié de l'effectif total.

Exemple

Classes	Effectifs	Effectifs cumulés
[35 ; 40[	15	15
[40 ; 45[	13	28
[45 ; 50[	16	44
[50 ; 55[	6	50
	50	

Polygone des effectifs cumulés

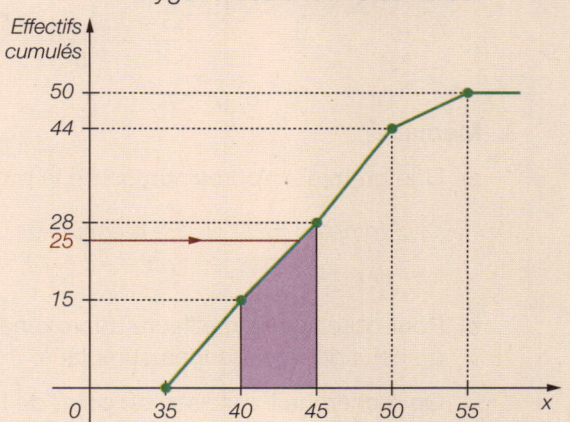

Effectif total = 50

$$\frac{\text{Effectif total}}{2} = 25$$

La classe médiane est [40 ; 45[.

2. Valeurs centrales

C. Comment calculer le mode, la moyenne et la médiane d'une série statistique continue ?

1. Mode

On considère que le **mode** est le **centre** de la **classe modale**.

Exemple : Si la classe modale est [45 ; 50[, alors le mode est le centre de cette classe, c'est-à-dire 47,5.

2. Moyenne

Pour calculer la moyenne d'une série statistique continue, on effectue :
– les **produits** des **centres de classe** par les **effectifs** correspondants ;
– la **somme** de ces produits ;
– le **quotient** de cette somme par l'**effectif total**.
Le nombre obtenu est la moyenne.

Exemple

1re méthode : à l'aide du tableau

Classes x	Centres des classes c	Effectifs n	c . n
[35 ; 40[	37,5	15	562,5
[40 ; 45[	42,5	13	552,5
[45 ; 50[	47,5	16	760
[50 ; 55[	52,5	6	315
		50	2190

Moyenne = $\dfrac{2190}{50}$ = 43,8

2e méthode : calcul immédiat

Moyenne = $\dfrac{37,5 \cdot 15 + 42,5 \cdot 13 + 47,5 \cdot 16 + 52,5 \cdot 6}{50}$

= $\dfrac{562,5 + 552,5 + 760 + 315}{50} = \dfrac{2190}{50} = 43,8$

3. Médiane

a) Une première approximation de la **médiane** est le **centre** de la **classe médiane**.

Exemple : Si la classe médiane est [40 ; 45[, alors la médiane est le centre de cette classe, c'est-à-dire 42,5.

b) Pour obtenir une meilleure approximation, on utilise le polygone des effectifs cumulés ou celui des fréquences cumulées.

On recherche l'abscisse du point de la courbe dont l'ordonnée vaut
– la **moitié** de l'**effectif total** dans le cas du polygone des **effectifs cumulés** ;
– **50 %** dans le cas du polygone des **fréquences cumulées**.

Valeurs centrales 2

Exemple

Classes x	Centres des classes c	Effectifs n	Effectifs cumulés	Fréquences	Fréquences cumulées
[35 ; 40[	37,5	15	15	30 %	30 %
[40 ; 45[	42,5	13	28	26 %	56 %
[45 ; 50[	47,5	16	44	32 %	88 %
[50 ; 55[	52,5	6	50	12 %	100 %
		50		100 %	

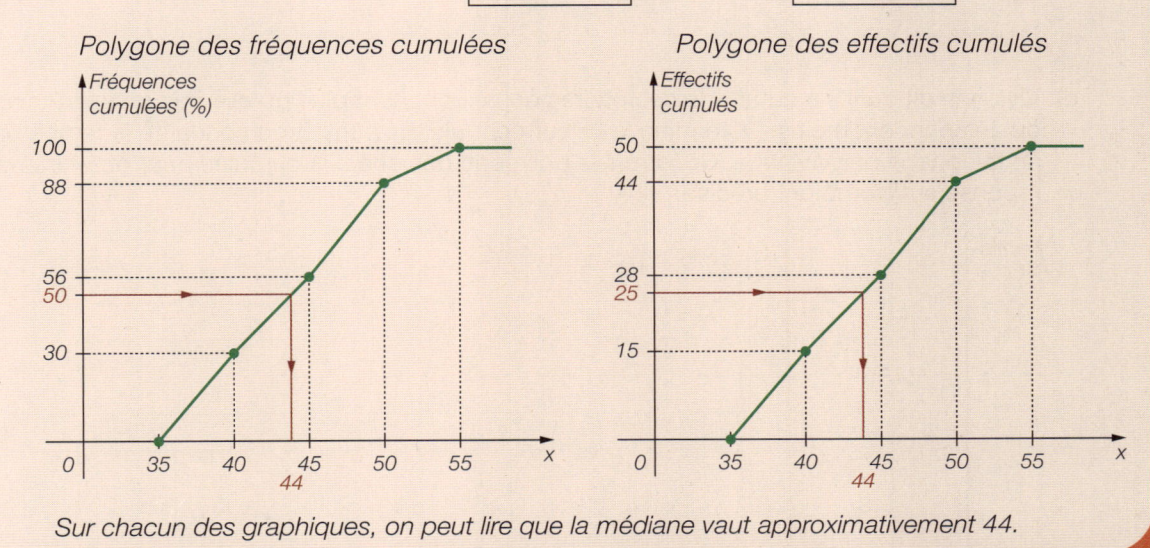

Polygone des fréquences cumulées

Polygone des effectifs cumulés

Sur chacun des graphiques, on peut lire que la médiane vaut approximativement 44.

Exercices

1 Un lundi de 8 h à 12 h, on a relevé le temps (en minutes) passé au téléphone par 30 secrétaires d'un hôpital. Voici les résultats obtenus.

Classes x	Centres des classes c	Effectifs n	Effectifs cumulés	c . n
[20 ; 40[		2		
[40 ; 60[		6		
[60 ; 80[		6		
[80 ; 100[		8		
[100 ; 120[		5		
[120 ; 140[		3		

a) Complète le tableau de distribution.

2 Valeurs centrales

b) Béatrice fait partie du groupe le plus nombreux de secrétaires qui ont téléphoné pendant un même intervalle de temps. Combien de minutes a-t-elle passé au téléphone ?

....

De quelle notion s'agit-il ? ....

c) Suzy affirme « être dans la moyenne ». Combien de temps a-t-elle passé au téléphone ?

....

....

....

d) Vivianne dit qu'il y a autant de secrétaires qui téléphonent plus qu'elle que de secrétaires qui téléphonent moins. Détermine la valeur centrale qui permet de connaître le temps passé au téléphone par Vivianne. Construis le polygone des effectifs cumulés pour obtenir une réponse suffisamment précise.

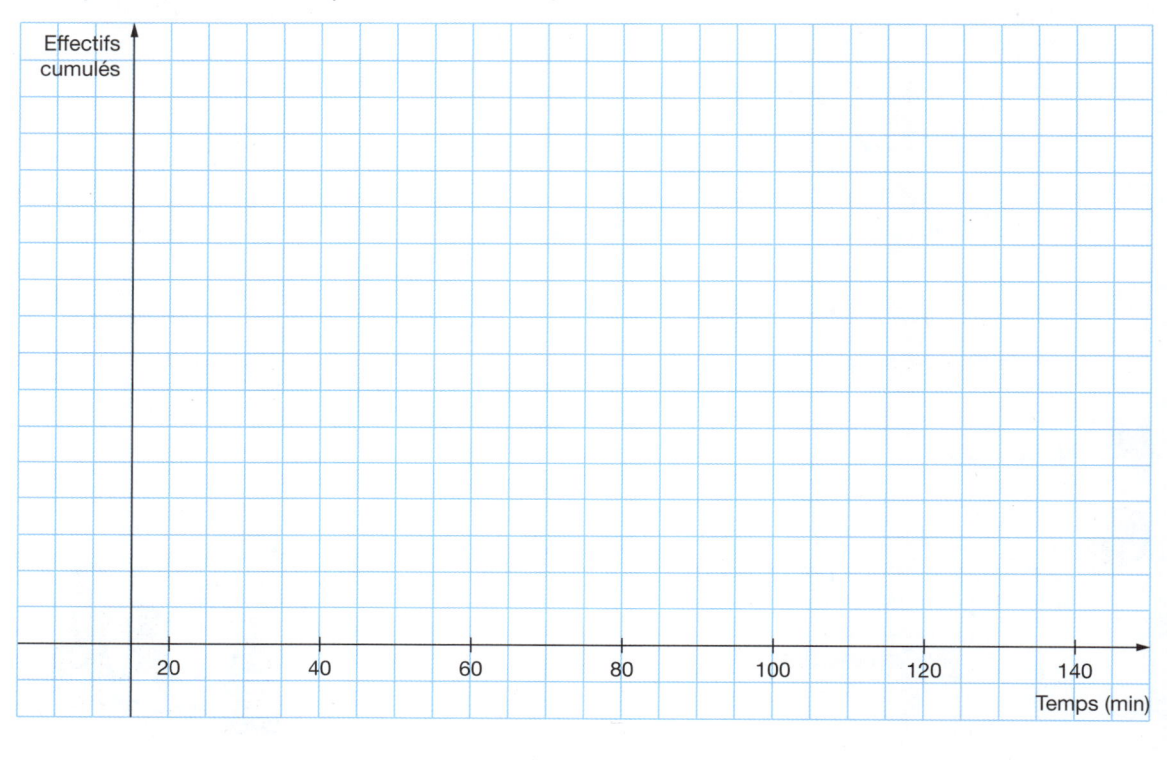

Effectifs cumulés (axe vertical) — *Temps (min)* (axe horizontal, graduations : 20, 40, 60, 80, 100, 120, 140)

....

---

2 On a demandé à 100 amateurs de tennis le nombre de matchs d'un tournoi du grand chelem qu'ils ont visionnés cette année à la télévision parmi les 60 matchs diffusés par la même chaîne. Voici leurs réponses.

50	29	22	31	32	35	21	25	24	28	20	36	28	28	21	48	29
40	23	43	35	27	24	44	24	45	48	47	47	15	38	39	39	29
21	35	12	14	21	40	34	12	25	20	22	35	30	41	27	46	27
22	36	22	22	24	22	25	23	20	25	31	20	30	46	21	33	41
11	23	31	24	30	10	27	11	24	19	32	49	33	38	21	33	44
30	22	30	46	35	33	35	38	30	20	21	29	27	28	27		

Valeurs centrales 2

a) Complète le tableau de distribution.

Classes x	Centres des classes c	Effectifs n	Effectifs cumulés	
[10 ; 20[				
[20 ; 30[				
[30 ; 40[				
[40 ; 50[				
[50 ; 60[				

b) Combien de matchs ont été visionnés en moyenne ?

....

....

c) Le plus souvent, combien de matchs ont été visionnés ?

....

....

d) Construis le polygone des effectifs cumulés et détermine la médiane.

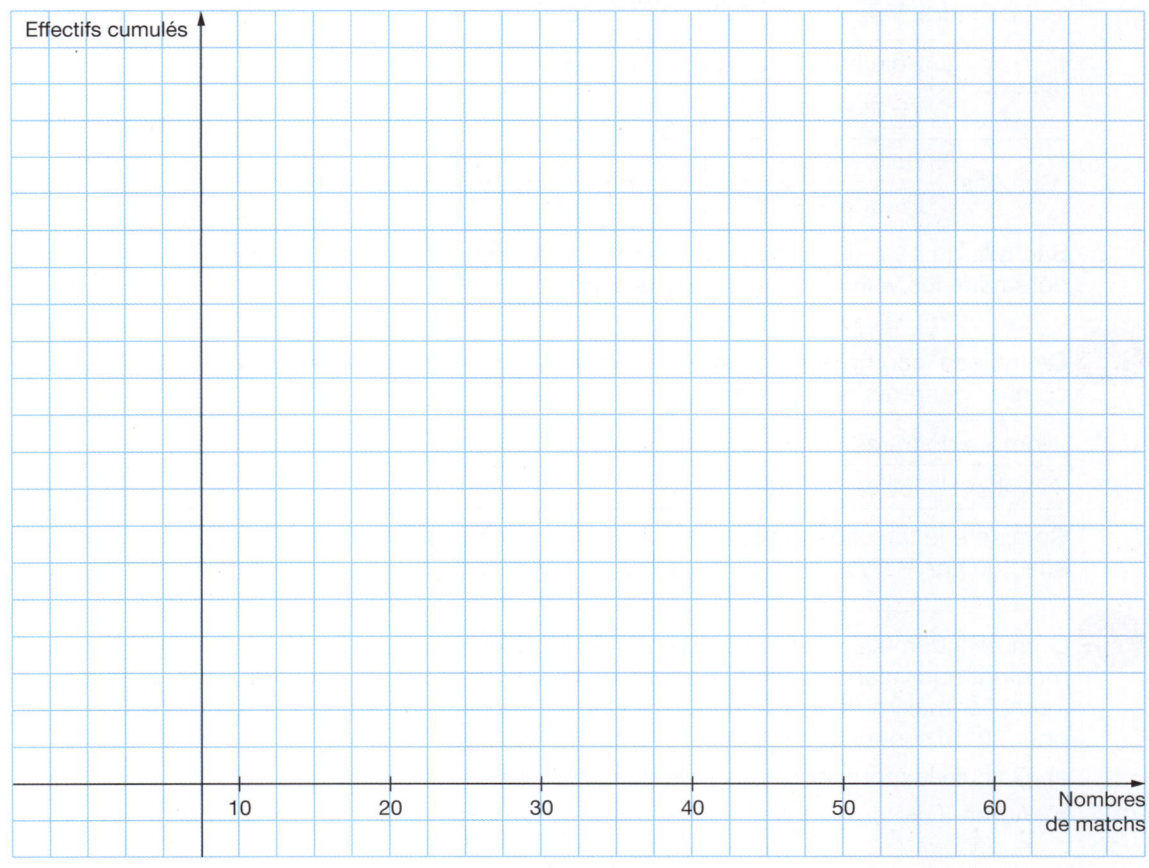

Effectifs cumulés

Nombres de matchs

....

....

2 Valeurs centrales

Exercices supplémentaires

1 Lors des compétitions de patinage artistique, chaque participant est coté sur un maximum de six points. Pour cette discipline, il y a dix juges. Après chaque prestation, on enlève la meilleure et la moins bonne cote attribuées par les juges.

a) Quelle valeur centrale ne sera jamais modifiée suite au retrait de ces deux cotes ? Justifie.

b) Un patineur a obtenu les cotes suivantes : 5,1 - 5,3 - 5,8 - 5,8 - 5,8 - 5,8 - 5,9 - 5,9 - 5,9 - 6.
Calcule les valeurs centrales avant et après le retrait des deux cotes extrêmes.

2 Les dix élèves d'une même classe ont subi trois tests, cotés chacun sur 20.
Voici les résultats.

Test 1	6	6	8	8	8	9	15	16	16	20
Test 2	2	4	6	6	7	7	8	14	17	19
Test 3	3	3	4	5	8	9	9	10	11	11

Toto, qui est loin d'être un élève brillant, a obtenu 8/20 aux trois tests. Il se demande comment justifier ces mauvaises cotes à ses parents. Voici, dans le désordre, les justifications qu'il compte leur donner.

Justification 1 : « C'est bien, car au moins la moitié des élèves de la classe a obtenu un résultat inférieur au mien. »

Justification 2 : « C'est bien, car ma cote si situe au-dessus de la moyenne de la classe. »

Justification 3 : « C'est bien, car j'ai la cote la plus souvent obtenue dans la classe. »

a) Quelle justification doit-il donner pour chacun des tests ?

b) Parmi les trois justifications, quelle est celle liée à la médiane et celle liée au mode ?

3 Chaque année, la boutique du club de basket passe une commande de chaussures de sport aux couleurs du club. Pour cela, elle interroge quelques-uns de ses adhérents pour connaître leur pointure. Voici les résultats de l'enquête.

Filles	Pointures	34	35	36	37	38	39	40	41
	Fréquences (%)	9	12	18	21	17	11	7	5
Garçons	Pointures	37	38	39	40	41	42	43	44
	Fréquences (%)	6	8	14	16	20	15	12	9

Sachant qu'il y a deux fois plus de garçons que de filles parmi les adhérents de ce club, détermine les valeurs centrales de la série complète de données.

4 Ce tableau incomplet est destiné à contenir la répartition des élèves d'une classe selon le nombre de frères et de sœurs.

Nombre de frères et de sœurs	0	1	2	3	4
Nombre d'élèves					

Complète le tableau ci-dessus en observant attentivement le calcul correct de la moyenne effectué par Maryse : (2 . 4 + 5 . 2 + 3 . 3 + 9) : 30. Explique ton raisonnement.

5 Comme indemnité pour le carburant utilisé lors de ses déplacements, Benoit reçoit un montant équivalent à 5 % du nombre de kilomètres parcourus multiplié par la moyenne du prix journalier maximum du diesel durant l'année. Le tableau ci-dessous reprend les prix du diesel pour 2015, année durant laquelle Benoit a parcouru 20 000 km.

a) Calcule le montant de ses frais de déplacements pour l'année 2015.

b) Aurait-il été préférable d'utiliser une autre valeur centrale pour obtenir un remboursement supérieur ?

Prix	[1,10 ; 1,15[	[1,15 ; 1,20[	[1,20 ; 1,25[	[1,25 ; 1,30[	[1,30 ; 1,35[
Nombre de jours	26	146	47	129	17

Chapitre 3
Indices de dispersion

Compétences à développer

- Lire et construire un tableau de nombres, un graphique, un diagramme relatif à un ensemble de données statistiques.
- Calculer et interpréter des valeurs caractéristiques d'un ensemble de données statistiques.

Processus

Connaître

- Expliquer en situation le vocabulaire caractérisant un ensemble de données statistiques.
- Lire les informations fournies par une représentation graphique liée à un ensemble de données statistiques.
- Identifier les différents types de variables statistiques et décrire les informations graphiques et numériques qui peuvent y être associées.

Appliquer

- Calculer des valeurs caractéristiques d'un ensemble de données statistiques.
- Construire un tableau à partir de données brutes ou recensées.
- Extraire des informations d'une représentation graphique de données statistiques.

Transférer

- Interpréter en contexte les valeurs caractéristiques d'un ensemble de données statistiques.
- Commenter des représentations graphiques liées à un ensemble de données statistiques.
- Commenter l'intérêt et les limites d'une étude statistique de vulgarisation.
- Traiter des données statistiques en utilisant l'outil informatique (tableur).

3 Indices de dispersion

Activité 1 • Quartiles et boîte à moustaches d'une série discrète

1 Un professeur de mathématiques doit sélectionner un de ses quatre groupes de 20 élèves pour participer à un concours national de logique. Afin de prendre une bonne décision, il a soumis à tous les élèves de chaque groupe une série de dix questions.
Les histogrammes ci-dessous présentent les résultats pour chaque groupe.

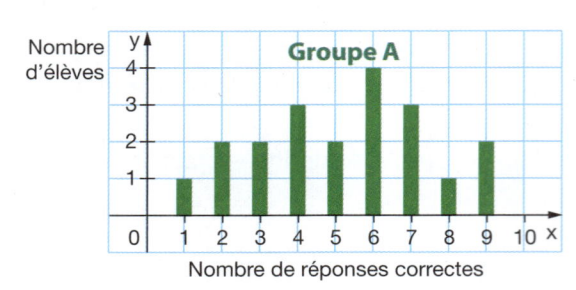

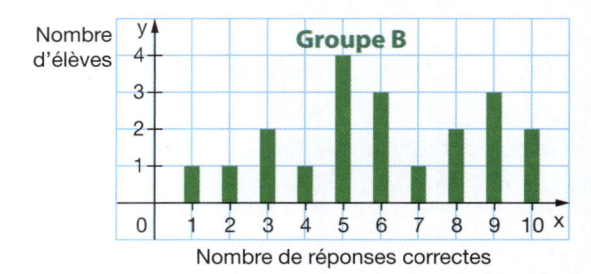

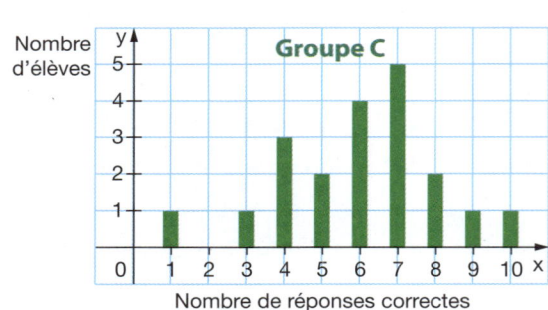

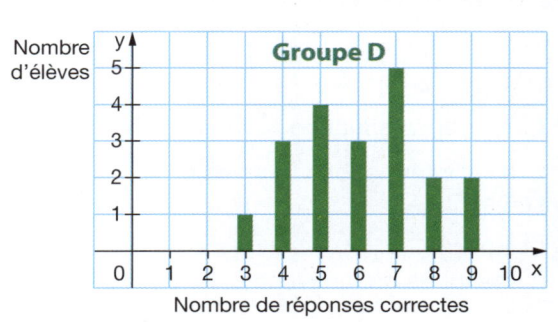

a) Détermine la médiane de chaque série.

m_A = ... m_B = ...

m_C = ... m_D = ...

b) Le professeur a ensuite utilisé des représentations simplifiées pour illustrer les résultats des différents groupes. Relie chaque groupe à la représentation qui convient.

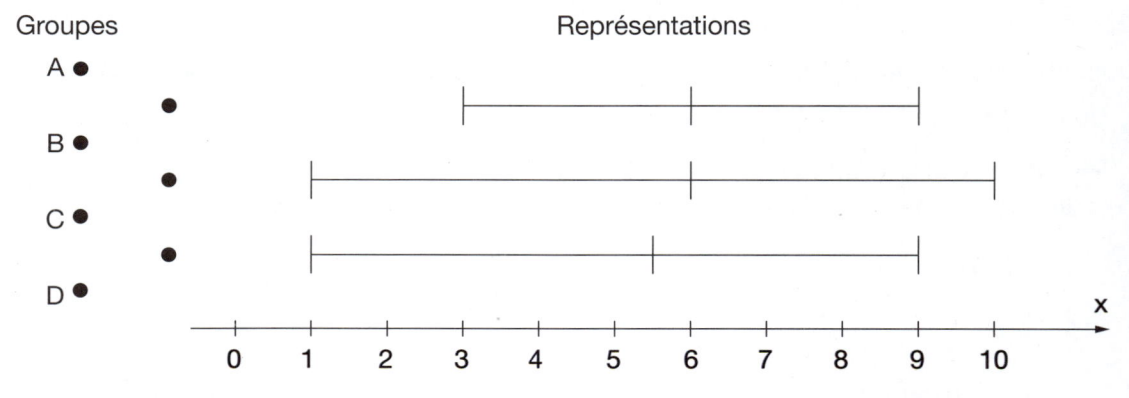

c) Précise ce que représentent les trois barres verticales situées sur les représentations simplifiées.

....

....

....

Indices de dispersion 3

d) Deux groupes ont la même représentation simplifiée et pourtant les séries de données sont assez différentes. Le professeur décide alors d'indiquer sur les représentations les valeurs qui divisent chaque série de données en quatre parties égales. Ces valeurs, notées Q_1, Q_2 et Q_3 sont appelées **quartiles**.

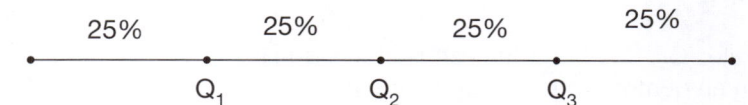

En pratique,
Q_2 est aussi la médiane de la série ;
Q_1 est la plus petite valeur de la série qui est supérieure ou égale à 25 % des valeurs de la série ;
Q_3 est la plus petite valeur de la série qui est supérieure ou égale à 75 % des valeurs de la série.

(1) Dans un groupe de 20 élèves, combien d'élèves représentent

25 % des données ? .... 75 % des données ? ....

Les 20 élèves ci-dessous sont classés par ordre croissant de leur résultat. Indique où se situent   (a) la médiane M (c'est-à-dire Q_2) ;
          (b) les quartiles Q_1 et Q_3.

1er   20e

(2) Détermine les quartiles pour les groupes A, B, C et D.

Groupe	Q_1	Q_2	Q_3	Groupe	Q_1	Q_2	Q_3
A	....	....	....	B	....	....	....
C	....	....	....	D	....	....	....

(3) Complète les représentations pour les groupes B, C et D en t'inspirant de celle déjà réalisée pour le groupe A.

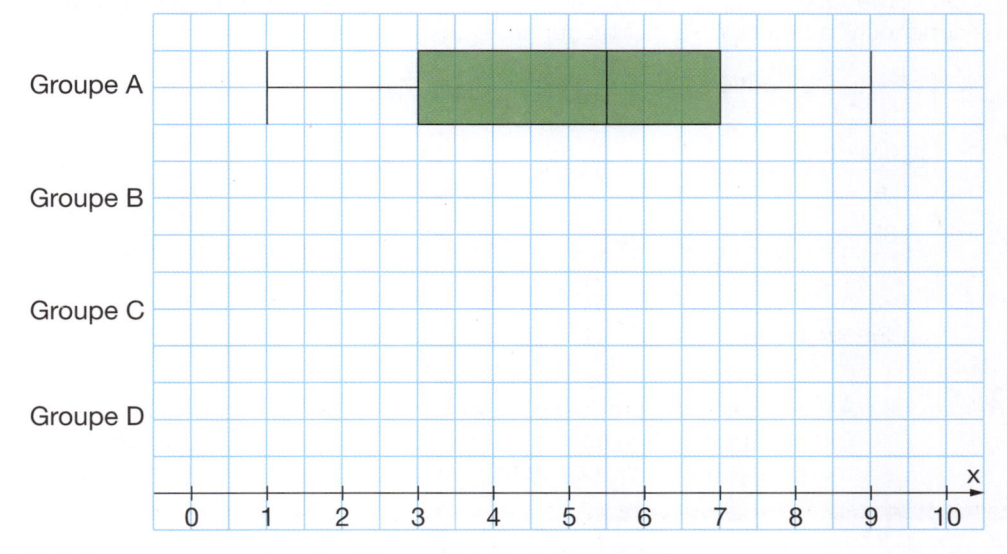

(4) Précise ce que représentent les rectangles sur le schéma.

....

....

3 Indices de dispersion

Quartiles et boîte à moustaches d'une série discrète

A. Définition

Les quartiles Q_1, Q_2 et Q_3 d'une série statistique sont les valeurs qui partagent la série ordonnée en quatre groupes de même effectif.

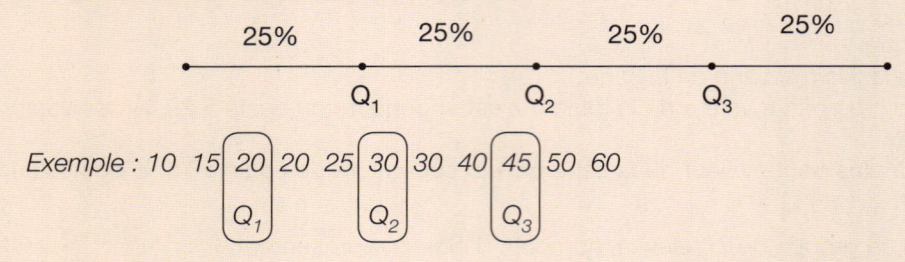

```
       25%       25%       25%       25%
   •─────────•─────────•─────────•─────────•
             Q₁        Q₂        Q₃
```

Exemple : 10 15 | 20 | 20 25 | 30 | 30 40 | 45 | 50 60
                Q_1 Q_2 Q_3

B. Comment calculer les quartiles d'une série ordonnée discrète ?

1. Le deuxième quartile Q_2

Le deuxième quartile est la médiane.

2. Le premier quartile Q_1

On admet que le premier quartile Q_1 est la plus petite valeur de la série qui est supérieure ou égale à 25 % des données de la série.

On effectue le quotient $\dfrac{N}{4}$.

Si $\dfrac{N}{4}$ est un entier, Q_1 est la valeur dont le rang est l'entier $\dfrac{N}{4}$.

Si $\dfrac{N}{4}$ n'est pas un entier, Q_1 est la valeur dont le rang est le plus petit entier supérieur à $\dfrac{N}{4}$.

3. Le troisième quartile Q_3

On admet que le troisième quartile Q_3 est la plus petite valeur de la série qui est supérieure ou égale à 75 % des données de la série.

On effectue le quotient $\dfrac{3N}{4}$.

Si $\dfrac{3N}{4}$ est un entier, Q_3 est la valeur dont le rang est l'entier $\dfrac{3N}{4}$.

Si $\dfrac{3N}{4}$ n'est pas un entier, Q_3 est la valeur dont le rang est le plus petit entier supérieur à $\dfrac{3N}{4}$.

Remarque : Avec la méthode proposée, les premier et troisième quartiles Q_1 et Q_3 font toujours partie de la série de données. Par contre, dans certains cas, la médiane (donc aussi Q_2) ne fait pas partie de la série de données.

Exemples

Série A : 15 21 ㉔ 28 28 $\underbrace{31\ \ 35}$ 41 ㊻ 52 54 62
                     Q_1 $Q_2 = 33$ Q_3

Effectif total : $N = 12$

Détermination de Q_2

La médiane est $\dfrac{31 + 35}{2} = \dfrac{66}{2} = 33$. Donc le deuxième quartile Q_2 est 33.

Détermination de Q_1

$\dfrac{N}{4} = \dfrac{12}{4} = 3$ est un entier. Le premier quartile est le 3e terme de la série : $Q_1 = 24$.

Détermination de Q_3

$\dfrac{3N}{4} = \dfrac{3 \cdot 12}{4} = 9$ est un entier. Le troisième quartile est le 9e terme de la série :
$Q_3 = 46$.

Série B : 8 8 │18│ 18 20 │26│ 26 41 │44│ 45 54
                    Q_1 Q_2 Q_3

Effectif total : $N = 11$

Détermination de Q_2

La médiane étant 26, le deuxième quartile Q_2 est 26.

Détermination de Q_1

$\dfrac{N}{4} = \dfrac{11}{4} = 2{,}75$ n'est pas entier. Le plus petit entier supérieur à 2,75 est 3.

Le premier quartile est le 3e terme de la série : $Q_1 = 18$.

Détermination de Q_3

$\dfrac{3N}{4} = \dfrac{3 \cdot 11}{4} = 8{,}25$ n'est pas entier. Le plus petit entier supérieur à 8,25 est 9.

Le troisième quartile est le 9e terme de la série : $Q_3 = 44$.

C. Comment schématiser une série de données à l'aide d'une boîte à moustaches ?

Sur une droite graduée, on indique les valeurs extrêmes de la série et les quartiles à l'aide de petits traits de même longueur.
On trace ensuite un rectangle dont deux côtés parallèles sont les traits correspondant aux premier et troisième quartiles.

Exemples

Série A   ⑮ 21 ㉔ 28 28 ㉛ ㉟ 41 ㊻ 52 54 ⑥②

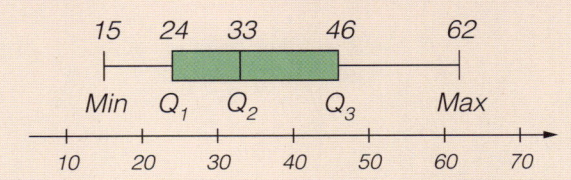

3 Indices de dispersion

Série B   (8) 8 (18) 18 20 (26) 26 41 (44) 45 (54)

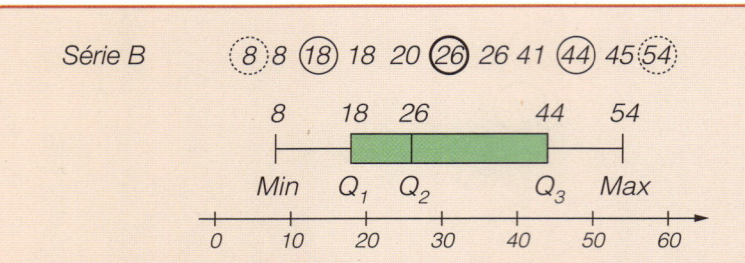

```
     8    18   26        44    54
     ├─────┬───┤─────────┤─────┤
        Min  Q₁  Q₂        Q₃   Max
     0   10   20   30   40   50   60
```

Exercices

1 Chaque boîte à moustaches ci-dessous représente une série statistique. Pour chacune d'elles, détermine les valeurs extrêmes, la médiane, les premier et troisième quartiles.

a)

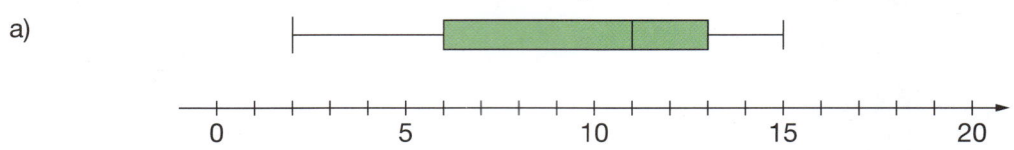

Valeur minimale	Valeur maximale	Médiane	Premier quartile	Troisième quartile

b)

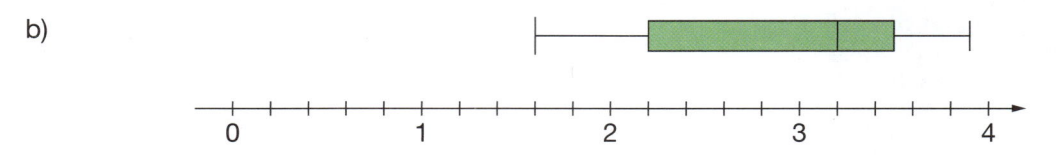

Valeur minimale	Valeur maximale	Médiane	Premier quartile	Troisième quartile

c)

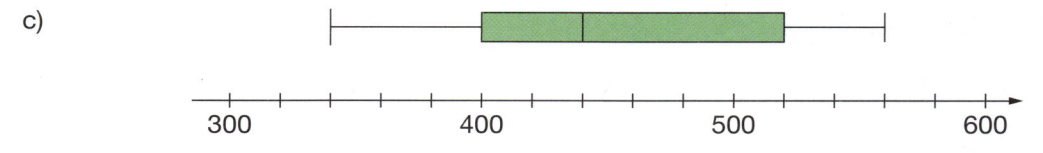

Valeur minimale	Valeur maximale	Médiane	Premier quartile	Troisième quartile

2 Pour chacune des séries de données, détermine les valeurs extrêmes, la médiane, les premier et troisième quartiles. Représente ensuite leur boîte à moustaches.

Série A   5   7   7   9   10   10   11   12   13   14   15   16

Indices de dispersion 3

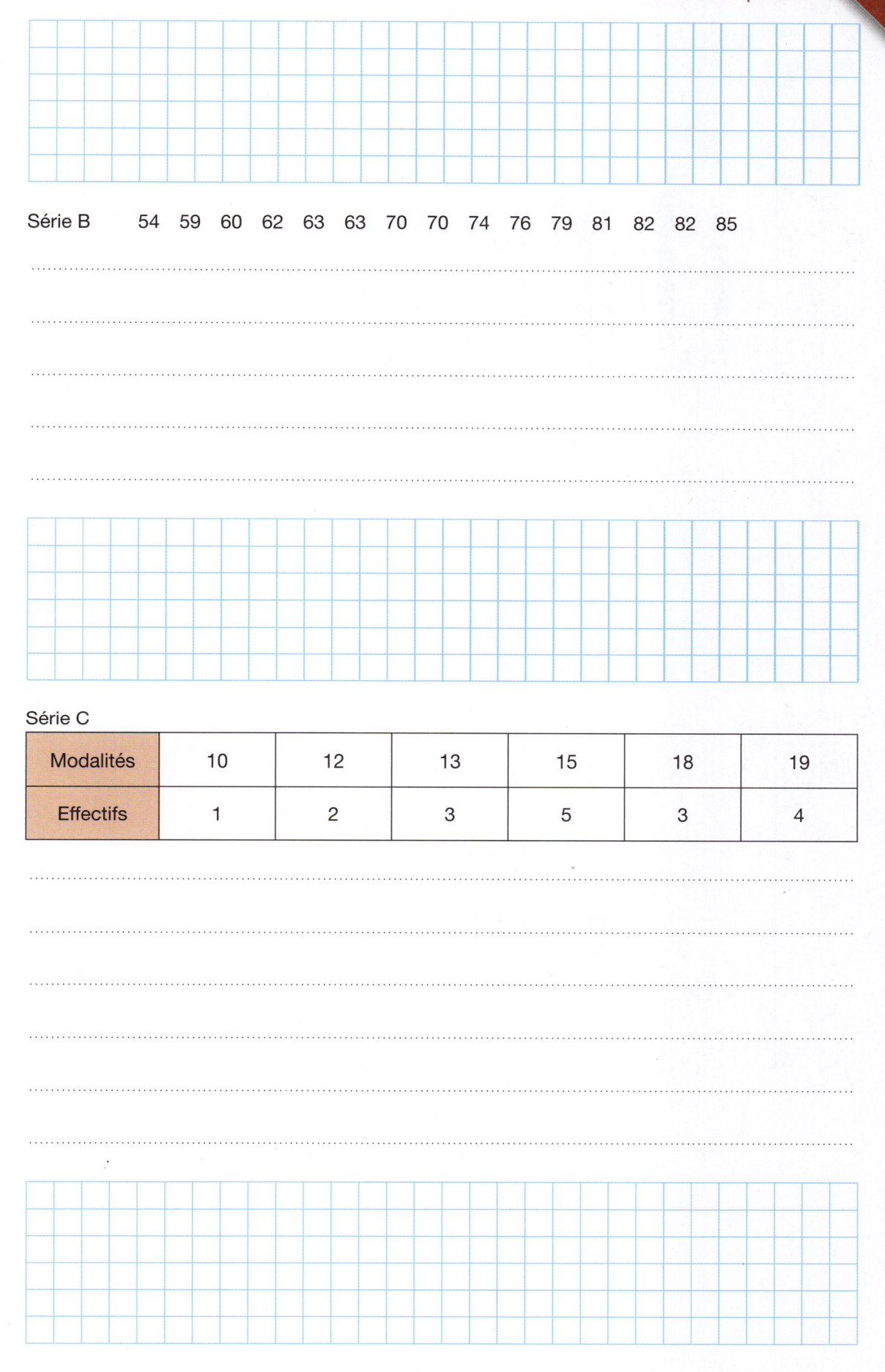

Série B   54   59   60   62   63   63   70   70   74   76   79   81   82   82   85

....

....

....

....

Série C

Modalités	10	12	13	15	18	19
Effectifs	1	2	3	5	3	4

....

....

....

....

....

3 Indices de dispersion

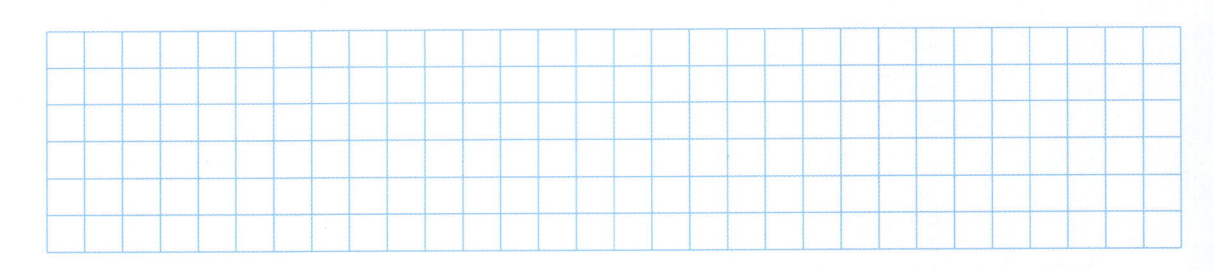

Série D

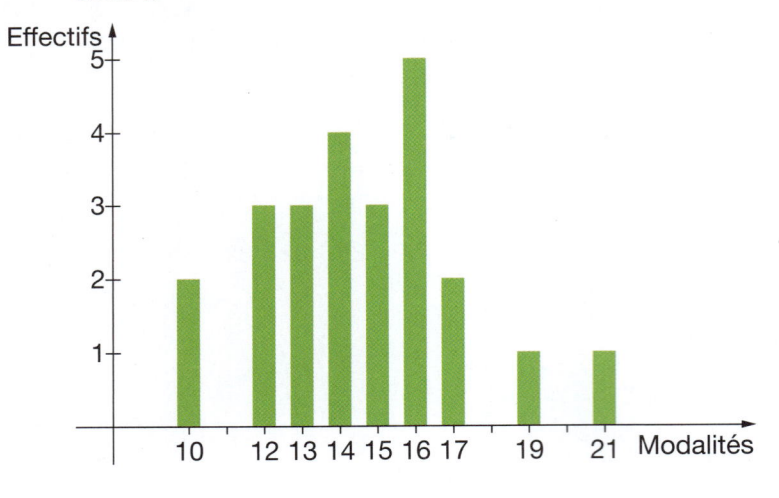

Effectifs / Modalités

Série E

Effectifs cumulés / Modalités

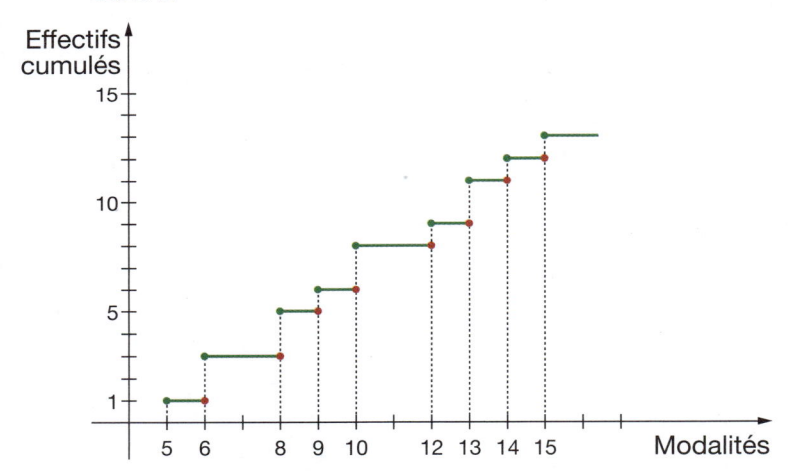

Indices de dispersion   **3**

Activité 2 • Schématiser une série continue
Boîte à moustaches

1 Dans le cadre d'une campagne de sécurité routière, un radar a mesuré la vitesse (en km/h) des automobilistes sur l'autoroute E42 un samedi matin de 11 h à 12 h. Voici les résultats de ces mesures et le graphique des fréquences cumulées correspondant.

Vitesse (km/h)	[60 ; 80[	[80 ; 100[	[100 ; 120[	[120 ; 140[	[140 ; 160[	[160 ; 180[
Nombre de conducteurs	11	52	151	87	24	2
Fréquence	0,034	0,159	0,462	0,266	0,073	0,006

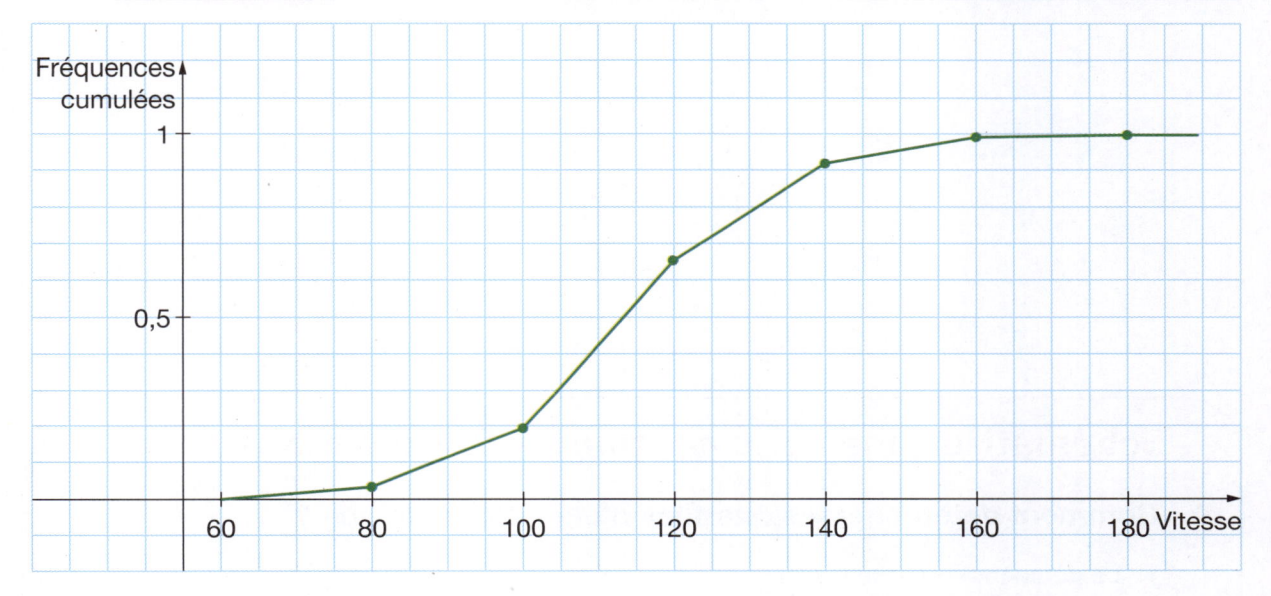

a) À l'aide du tableau ou du graphique, détermine chacun des éléments suivants.

(1) La borne inférieure de la première classe d'effectif non nul : ....

(2) La borne supérieure de la dernière classe d'effectif non nul : ....

(3) La médiane (à l'unité près) : ....

(4) Le premier quartile (à l'unité près) : ....

(5) Le troisième quartile (à l'unité près) : ....

b) Généralement, la boîte à moustaches d'une série continue est construite à partir des cinq données que tu viens de déterminer. Construis celle de la série donnée.

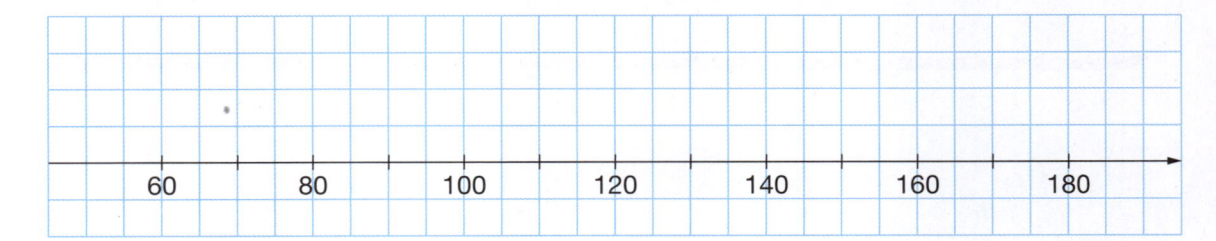

65

3 Indices de dispersion

c) La méthode proposée à la page précédente présente quelques imprécisions. Discutes-en avec les autres élèves et ton professeur, et résume les problèmes soulevés.

....

....

....

....

....

....

....

....

....

....

Schématiser une série continue – Boîte à moustaches

A. Comment déterminer les quartiles d'une série continue ?

1. **Le deuxième quartile Q_2**

   Le deuxième quartile est la médiane.

2. **Les premier et troisième quartiles Q_1 et Q_3**

Polygone des effectifs cumulés	Polygone des fréquences cumulées
Pour Q_1, le premier quartile, on recherche l'abscisse du point de la courbe dont l'ordonnée vaut le quart de l'effectif total.	Pour Q_1, le premier quartile, on recherche l'abscisse du point de la courbe dont l'ordonnée vaut 25 %.
Pour Q_3, le troisième quartile, on recherche l'abscisse du point de la courbe dont l'ordonnée vaut les trois quarts de l'effectif total.	Pour Q_3, le troisième quartile, on recherche l'abscisse du point de la courbe dont l'ordonnée vaut 75 %.

Indices de dispersion 3

Exemple

Classes x	Centres des classes c	Effectifs n	Effectifs cumulés	Fréquences	Fréquences cumulées
[35 ; 40[	37,5	15	15	30 %	30 %
[40 ; 45[	42,5	13	28	26 %	56 %
[45 ; 50[	47,5	16	44	32 %	88 %
[50 ; 55[	52,5	6	50	12 %	100 %
		50		100 %	

Polygone des effectifs cumulés

Polygone des fréquences cumulées

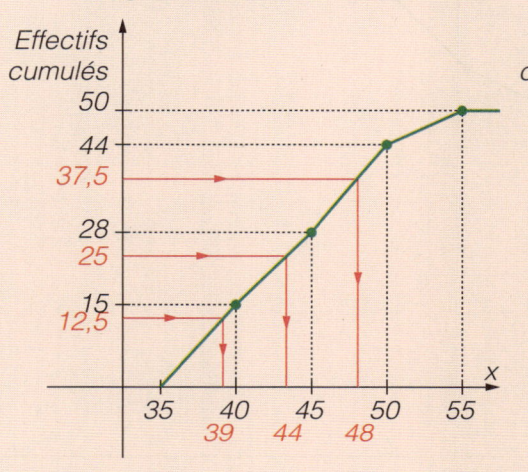

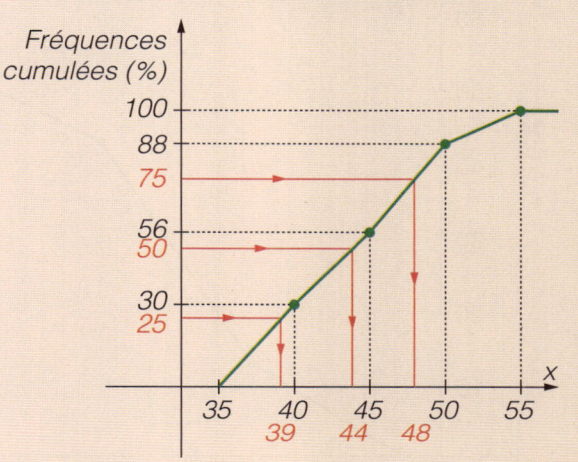

$Q_1 = 39$; Q_2 = médiane = 44 ; $Q_3 = 48$

B. Comment construire la boîte à moustaches d'une série continue ?

On utilise comme **valeurs extrêmes** la **borne** inférieure de la **première classe** d'effectif non nul et la **borne** supérieure de la **dernière classe** d'effectif non nul.

Ensuite, la construction de la boîte à moustaches d'une série continue est **similaire** à celle d'une **série discrète**.

Exemple

En utilisant la série de données de l'exemple ci-dessus :

[35;40[étant la première classe d'effectif non nul, la valeur minimale à considérer est 35.

[50;55[étant la dernière classe d'effectif non nul, la valeur maximale à considérer est 55.

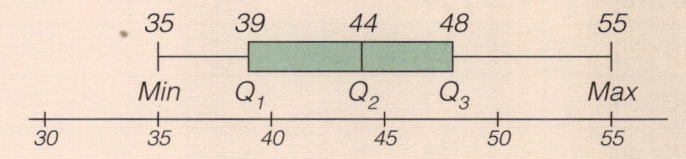

3 Indices de dispersion

Exercices

1 Pour chacune des séries de données, représente la boîte à moustaches.

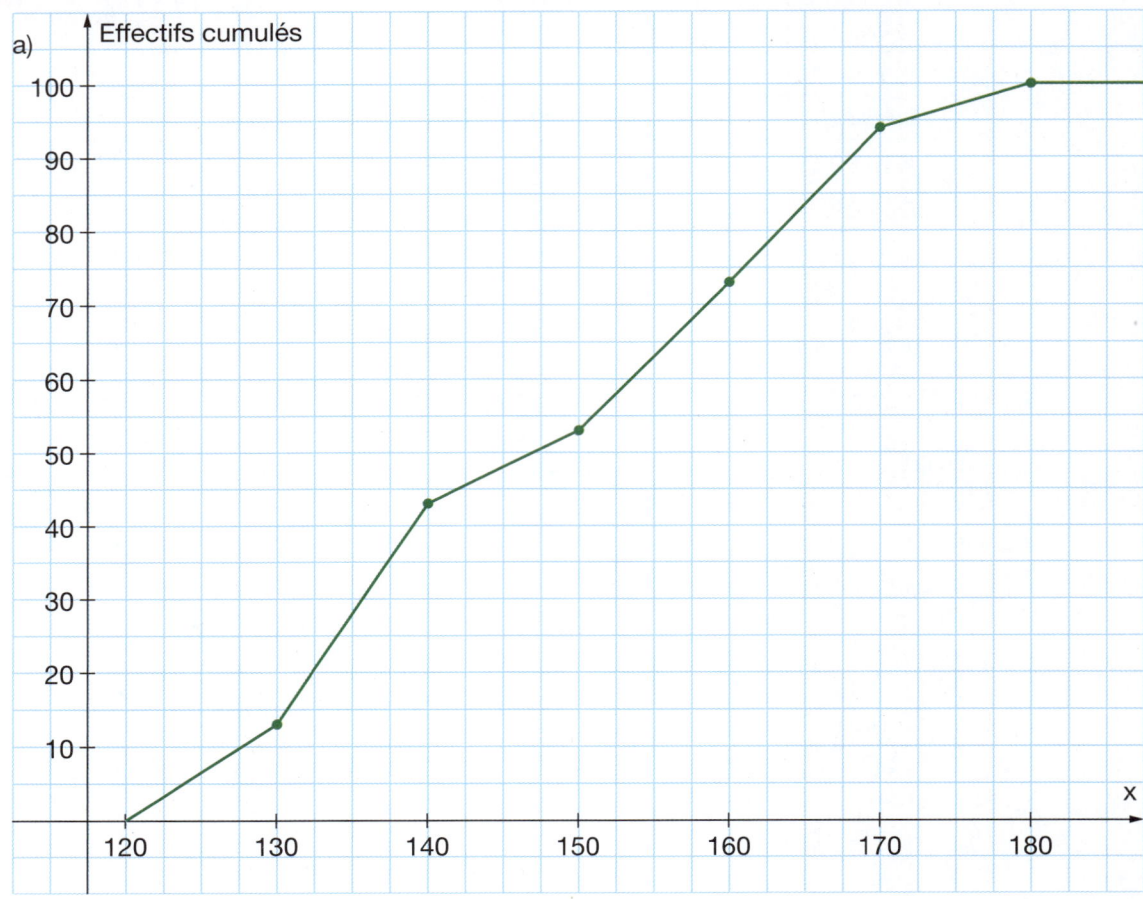

a)

Classes	Effectifs
[0 ; 10[	27
[10 ; 20[	21
[20 ; 30[	27
[30 ; 40[	25
[40 ; 50[	76
[50 ; 60[	60
[60 ; 70[	40
[70 ; 80[	80
[80 ; 90[	44

b)

Indices de dispersion 3

Activité 3 • Indices de dispersion

1 Dans l'activité 1, le professeur avait soumis quatre groupes d'élèves à une série de questions. Revoici les histogrammes permettant de connaître les résultats des élèves de chaque groupe.

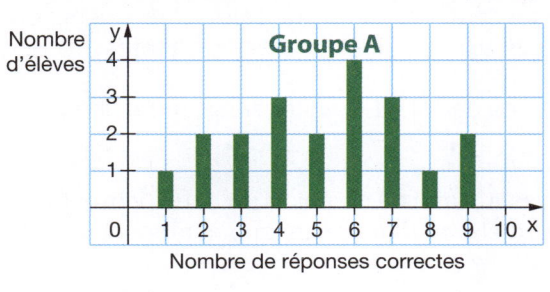

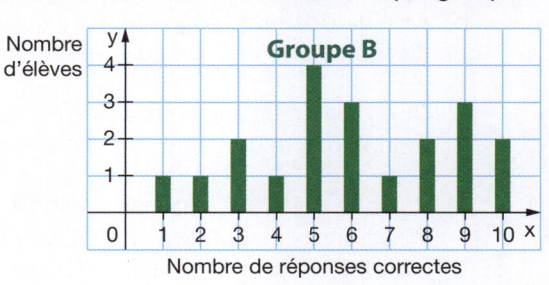

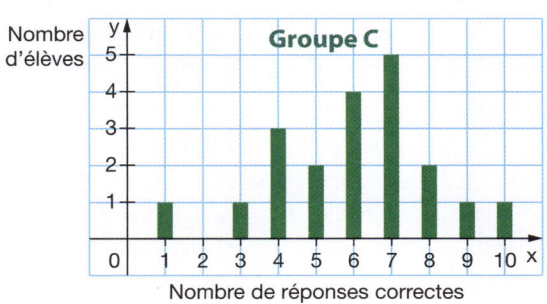

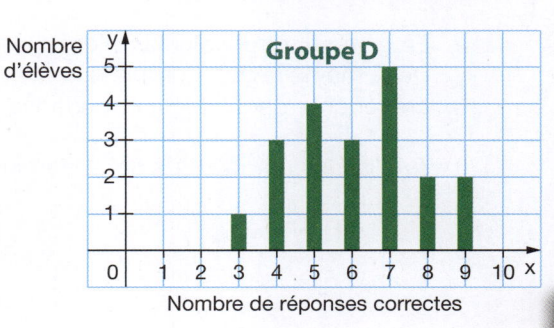

Groupe A
Groupe B
Groupe C
Groupe D

Nombre d'élèves / Nombre de réponses correctes

3 Indices de dispersion

Le professeur souhaite sélectionner pour le concours le groupe le plus homogène, c'est-à-dire celui dont les résultats sont les moins dispersés.

a) Quel groupe doit-il choisir ? ....

b) Les boîtes à moustaches permettent de calculer rapidement deux valeurs qui donnent une bonne indication sur la dispersion des données d'une série. De telles valeurs sont appelées **indices de dispersion**.

L'**étendue** est la différence entre la valeur maximale et la valeur minimale de la série et l'**écart interquartile** est la différence entre le troisième et le premier quartiles $Q_3 - Q_1$.

Pour chaque groupe, en utilisant les boîtes à moustaches représentées page 59, calcule ces deux indices de dispersion et vérifie ta réponse à la question a).

	Groupe A	Groupe B	Groupe C	Groupe D
Étendue	....	....	....	....
Intervalle interquartile [Q_1, Q_3]	....	....	....	....
Écart interquartile ($Q_3 - Q_1$)	....	....	....	....

....

....

....

2 Il existe un autre indice de dispersion souvent utilisé en statistique qui se nomme **écart type**. Il indique si les valeurs de la série sont groupées ou non autour de la moyenne.
Dans l'exercice qui suit, tu vas calculer cet indice pour les groupes C et D afin de vérifier les conclusions de l'exercice précédent.

a) Calcule la moyenne de la série de données du groupe C.

m_C = ...

....

b) À l'aide des graphiques repris à la page précédente, complète les deux premières colonnes du tableau de la page suivante en indiquant les modalités (x) et leurs effectifs (n).

c) Complète la troisième colonne du tableau en calculant les différences entre chaque modalité et la moyenne (m) de la série.

d) Puisque certaines réponses sont négatives, un artifice de calcul va nous permettre de faire disparaître ces nombres négatifs; il s'agit d'élever au carré chaque nombre de la troisième colonne. Complète ainsi la quatrième colonne du tableau.

e) En général, pour calculer une moyenne, il faut tenir compte de l'effectif de chaque valeur. De la même façon, complète la dernière colonne du tableau en multipliant chaque réponse précédente par l'effectif correspondant.

f) Totalise les nombres de cette dernière colonne.

Indices de dispersion 3

Groupe C				
Modalités x	Effectifs n	x − m	(x − m)²	n . (x − m)²
1	1	1 − 6 = −5	(−5)² = 25	1 . 25 = 25

g) Pour calculer une moyenne, on additionne toutes les valeurs et on divise cette somme par l'effectif total.
De la même façon, divise le total obtenu à la dernière colonne du tableau par l'effectif total de la série. Tu obtiens un nombre qui s'appelle la **variance**.

Variance = $\dfrac{\text{Total dernière colonne}}{\text{Effectif total}}$ = ...

h) La variance n'exprime pas un nombre de bonnes réponses puisque, pour éviter les nombres négatifs, on a élevé au carré à l'étape d). Pour retrouver l'écart du nombre de bonnes réponses par rapport à la moyenne de la série, calcule la racine carrée de la variance. Tu obtiens l'indice de dispersion appelé **écart type**.

Écart type = $\sqrt{\text{Variance}}$ = ... (à 0,01 près)

i) Calcule la moyenne de la série de données du groupe D.

m_D = ...

3 Indices de dispersion

Calcule l'écart type.

Groupe D					
Modalités x	Effectifs n	x – m	(x – m)²	n . (x – m)²

Variance = $\dfrac{\text{Total dernière colonne}}{\text{Effectif total}}$ = ...

Écart type = $\sqrt{\text{Variance}}$ = ... (à 0,01 près)

j) Utilisation des moyens modernes de calculs

Les calculatrices scientifiques et les tableurs possèdent une fonction qui donne automatiquement l'écart type. Pour les calculatrices, les séquences à entrer différent d'un modèle à l'autre; pour les tableurs, la fonction à utiliser est ECARTTYPEP.

À l'aide d'une calculatrice scientifique ou d'un tableur, vérifie les écarts types des séries de données des groupes A et B fournis ci-dessous.

Groupe A : Écart type ≅ 2,25   Groupe B : Écart type ≅ 2,60

k) Pour quel groupe l'écart type est-il le plus petit ? ....

L'écart type confirme-t-il ton choix du groupe le plus homogène ? ....

Indices de dispersion

A. Notions

Un indice de dispersion indique si les valeurs sont fortement ou faiblement dispersées par rapport aux valeurs centrales.

Trois indices de dispersion sont souvent utilisés : l'étendue, l'écart interquartile et l'écart type.

L'étendue d'une série statistique est la différence entre la valeur maximale de la série et la valeur minimale de celle-ci.

L'intervalle interquartile d'une série statistique est l'intervalle $[Q_1 ; Q_3]$.

L'écart interquartile d'une série statistique est la différence entre le troisième et le premier quartiles $Q_3 - Q_1$.

L'écart type d'une série statistique est un indice qui permet de vérifier la dispersion autour de la moyenne.

B. Comment calculer l'étendue ?

Pour une série discrète, il suffit de calculer la différence entre la plus grande et la plus petite valeur de la série.

Exemple (cette série sera également utilisée aux points C, D et E)

Série discrète   8 8 18 18 20 26 26 41 44 45 54

La plus petite valeur est 8, la plus grande valeur est 54.

Étendue : 54 − 8 = 46

Pour une série continue, on calcule la différence entre la borne inférieure de la première classe d'effectif non nul et la borne supérieure de la dernière classe d'effectif non nul.

Exemple (cette série sera également utilisée aux points C et D)

Série continue

Classes x	Centres des classes c	Effectifs n	Effectifs cumulés	Fréquences	Fréquences cumulées
[35 ; 40[	37,5	15	15	30 %	30 %
[40 ; 45[	42,5	13	28	26 %	56 %
[45 ; 50[	47,5	16	44	32 %	88 %
[50 ; 55[	52,5	6	50	12 %	100 %
		50		100 %	

La borne inférieure de la première classe d'effectif non nul est 35.

La borne supérieure de la dernière classe d'effectif non nul est 55.

Étendue : 55 − 35 = 20

3 Indices de dispersion

C. Comment calculer l'écart interquartile ?

On détermine les premier et troisième quartiles (Q_1 et Q_3).

On calcule la **différence** entre le **troisième quartile** Q_3 et le **premier quartile** Q_1.

Exemples

Avec la série discrète

$Q_1 = 18$ et $Q_3 = 44$ *(voir pavé théorique, série B page 62)*

Intervalle interquartile : [18 ; 44]

Écart interquartile : 44 – 18 = 26

Avec la série continue

$Q_1 = 39$ et $Q_3 = 48$ *(voir pavé, page 67)*

Intervalle interquartile : [39 ; 48]

Écart interquartile : 48 – 39 = 9

D. Comment calculer l'écart type ?

On complète un **tableau** en suivant la démarche ci-dessous.

1) On complète les deux premières colonnes avec les **modalités** (x) et leurs **effectifs** (n).

2) On complète la troisième colonne avec les différences entre chaque modalité (x) et la moyenne (m) de la série : x – m.

3) On complète la quatrième colonne avec les carrés des nombres de la colonne précédente afin de faire disparaître les nombres négatifs : $(x - m)^2$.

4) On complète la dernière colonne avec les produits des nombres de la colonne précédente et des effectifs correspondants : $n \cdot (x - m)^2$.

5) On totalise les nombres de cette dernière colonne.

6) On divise la somme obtenue par l'effectif total.

$$\text{Variance} = \frac{\text{Total dernière colonne}}{\text{Effectif total}}$$

7) On calcule la racine carrée du dernier résultat obtenu.

$$\text{Écart type} = \sqrt{\text{Variance}}$$

Dans le cas d'une variable continue, on remplace les modalités par les centres des classes.

Indices de dispersion

Exemples

Série discrète

Moyenne : $m = (8 \cdot 2 + 18 \cdot 2 + 20 + 26 \cdot 2 + 41 + 44 + 45 + 54) : 11$
$= 308 : 11 = 28$

Modalités x	Effectifs n	$x - m$	$(x - m)^2$	$n \cdot (x - m)^2$
8	2	8 − 28 = −20	$(-20)^2 = 400$	2 . 400 = 800
18	2	−10	100	200
20	1	−8	64	64
26	2	−2	4	8
41	1	13	169	169
44	1	16	256	256
45	1	17	289	289
54	1	26	676	676
	11			2462

Variance = $\dfrac{2462}{11}$ = 223,8181...

Écart type = $\sqrt{223{,}8181...} \cong 14{,}96$ (à 0,01 près)

Série continue

Moyenne : $m = (37{,}5 \cdot 15 + 42{,}5 \cdot 13 + 47{,}5 \cdot 16 + 52{,}5 \cdot 6) : 50$
$= 2190 : 50$
$= 43{,}8$

Classes x	Centres des classes c	Effectifs n	$c - m$	$(c - m)^2$	$n \cdot (c - m)^2$
[35 ; 40[	37,5	15	−6,3	39,69	595,35
[40 ; 45[	42,5	13	−1,3	1,69	21,97
[45 ; 50[	47,5	16	3,7	13,69	219,04
[50 ; 55[	52,5	6	8,7	75,69	454,14
		50			1290,5

Variance = $\dfrac{1290}{50}$ = 25,81

Écart type = $\sqrt{25{,}81} \cong 5{,}08$ (à 0,01 près)

3 Indices de dispersion

E. Remarques

Les boîtes à moustaches permettent d'identifier rapidement les valeurs utiles au calcul de l'étendue et de l'écart interquartile.

L'**étendue** est la **longueur totale** de la **boîte à moustaches** et l'**écart interquartile** est représenté par la **longueur** du **rectangle** de la boîte à moustaches.

Exemple (avec la série discrète des exemples précédents)

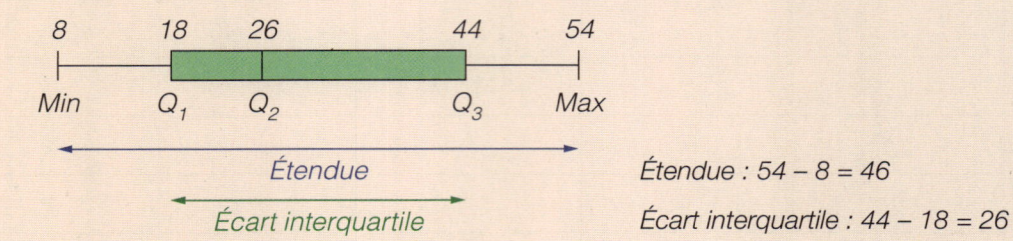

```
  8      18   26           44         54
  |------[============|=============]------|
 Min     Q₁   Q₂           Q₃        Max
```

Étendue

Écart interquartile

Étendue : 54 − 8 = 46

Écart interquartile : 44 − 18 = 26

F. Utilisation d'une calculatrice ou d'un tableur

Séquence : ....

....

....

....

Exercices

1 Le tableau ci-dessous répertorie, à la date du 1er janvier 2016, la population belge, exprimée en milliers, en fonction du groupe d'âge.

a) Complète le tableau de distribution.

Classes d'âges	Centres des classes	Effectifs	Effectifs cumulés	Fréquences (à 0,01% près)	Fréquences cumulées (à 0,01 % près)
[0 ; 20[		2577			
[20 ; 40[		2904			
[40 ; 60[		3183			
[60 ; 80[		2033			
[80 ; 100[		552			
[100 ; 120[		2			

Indices de dispersion 3

b) Quelle est la classe modale ? .... Illustre ta réponse avec un graphique adéquat.

c) Après avoir construit un graphique adéquat, détermine, à l'unité près, l'âge situé au milieu de la série, c'est-à-dire l'âge médian.

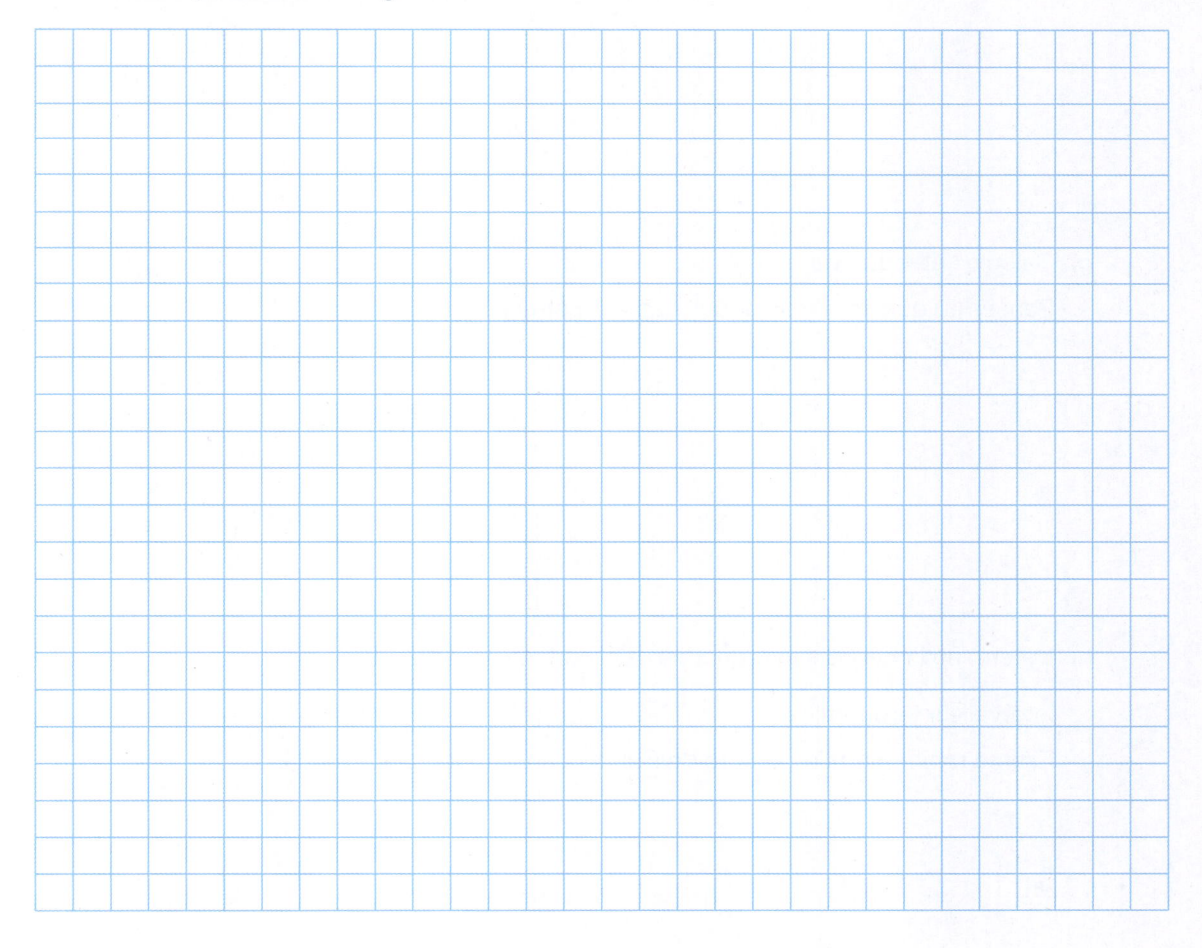

....

3 Indices de dispersion

d) Une société d'assurance maladie souhaite rembourser totalement les soins dentaires aux 25 % des plus jeunes de la population. Benoit qui est âgé de 24 ans pourra-t-il bénéficier d'un remboursement ?
Précise le nom de la valeur statistique qui t'a permis de répondre à cette question.

....

....

e) La même société d'assurance maladie souhaite rembourser une partie des soins médicaux aux 25 % des plus âgés de la population. Alphonse qui est âgé de 61 ans pourra-t-il bénéficier d'un remboursement ?
Précise le nom de la valeur statistique qui t'a permis de répondre à cette question.

....

....

f) Calcule la moyenne d'âge, à l'unité près, de la population belge au 1er janvier 2016.

....

....

....

....

....

....

g) Calcule l'étendue de la série. ....

Penses-tu que cette valeur soit fiable ? Est-elle vraie ? Pourquoi ?

....

....

....

....

h) Détermine l'intervalle interquartile et l'écart interquartile.

Intervalle interquartile : .... Écart interquartile : ....

Estime rapidement le nombre de Belges dans cet intervalle. Justifie.

....

....

....

Indices de dispersion   3

i) Calcule la variance à 0,01 près et déduis-en l'écart type à 0,1 près.

....

....

....

2 Une école primaire organise une journée « Jeux sportifs et jeux de société » pour ses 220 élèves. Les 120 élèves des classes de 1re, 2e et 3e années font partie de l'équipe numéro 1, les 100 autres de l'équipe numéro 2. Chaque partie gagnée par un élève donne droit à un point pour son équipe. L'équipe gagnante de la journée sera celle dont la moyenne des points par élève sera la plus élevée.

Voici le détail des points comptabilisés en fin de journée.

Équipe n°1							
Nombre de points	1	6	9	12	14	17	19
Nombre d'élèves	11	22	13	32	18	16	8

Équipe n°2								
Nombre de points	2	5	7	9	12	14	16	20
Nombre d'élèves	4	7	10	25	27	11	9	7

La directrice calcule les valeurs centrales pour chaque équipe et obtient une égalité parfaite entre les deux classes (mode 12, médiane 12 et moyenne 11). Ne sachant les départager, elle décide alors de récompenser l'équipe la plus homogène.

a) Calcule l'étendue de chacune des séries. Permet-elle de départager les deux équipes ?

....

....

....

3 Indices de dispersion

b) Calcule l'écart type pour chacune des séries, à 0,1 près. Permet-il de départager les deux équipes ?

Équipe n°1

Variance

....

....

....

Écart type

....

....

....

Équipe n°2

Variance

....

....

....

Écart type

....

....

....

....

....

c) Construis la boîte à moustaches de la série de données de l'équipe 1 en utilisant l'échelle proposée.

....

....

....

....

Indices de dispersion — 3

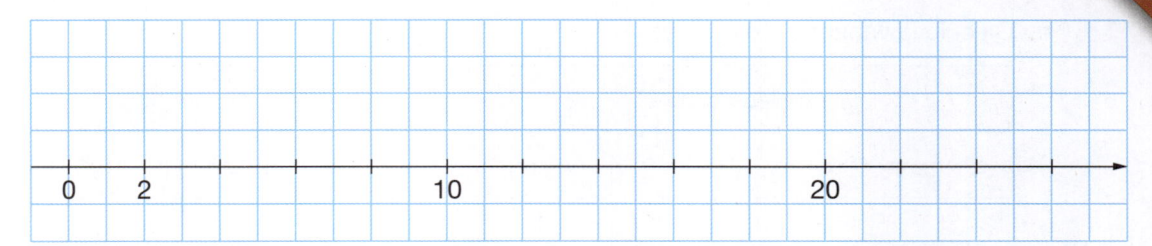

Compare la boîte à moustaches de la série de données de l'équipe 2 représentée ci-dessous avec celle de la série de l'équipe 1 que tu as construite. Cette comparaison te permet-elle d'arriver à la même conclusion qu'avec l'écart type ?

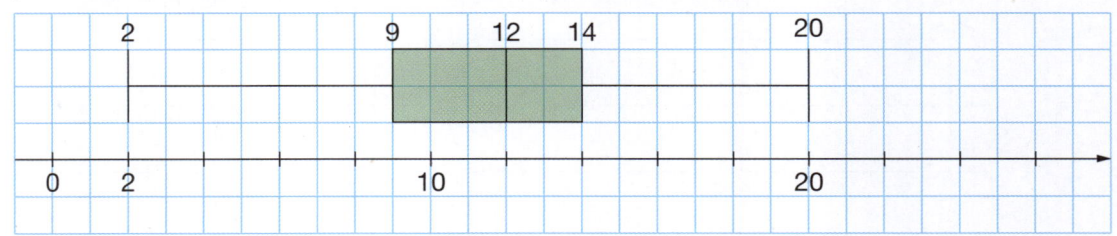

....

....

....

....

....

....

3 Les graphiques ci-dessous illustrent la fréquentation de deux clubs de sport durant la même semaine.

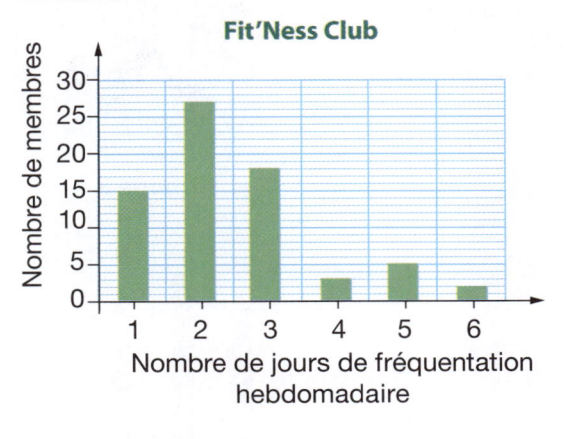

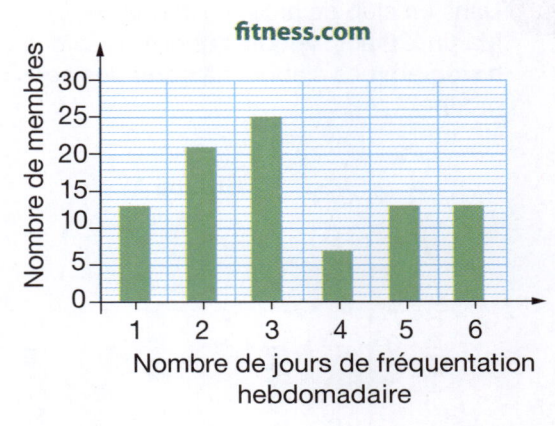

a) Combien de membres compte chaque club ?

....

b) Calcule la moyenne à 0,1 près.

Fit'Ness club : ....

fitness.com : ....

81

3 Indices de dispersion

c) Calcule la variance à 0,01 près.

Fit'Ness club				
x	n	x – m	(x – m)²	n . (x – m)²

fitness.com				
x	n	x – m	(x – m)²	n . (x – m)²

Variance : ....   Variance : ....

d) Calcule l'écart type à 0,1 près.

Fit'Ness club : ....   fitness.com : ....

e) Quelle conclusion peux-tu en tirer ?

....

....

....

4 Dans un club de natation, Monsieur Dofin entraîne deux groupes. Martin, 20 ans, voudrait rejoindre un des deux groupes. Voici les histogrammes élaborés à partir des âges des membres de chaque groupe.

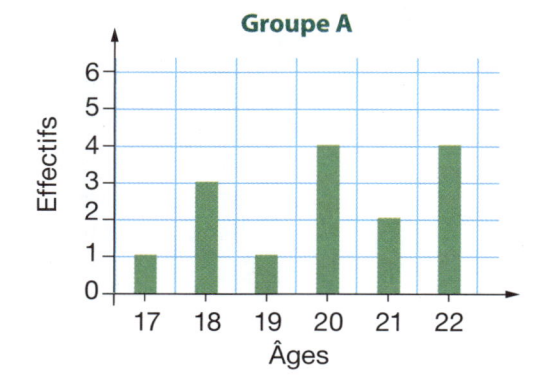

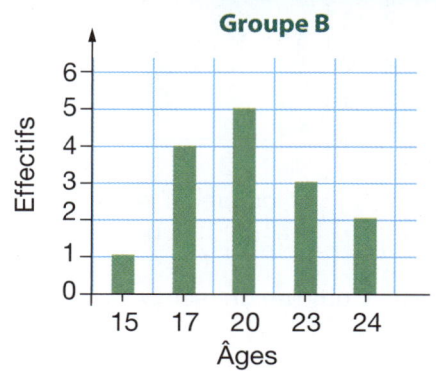

Groupe A

Effectifs selon les âges : 17→1, 18→3, 19→1, 20→4, 21→2, 22→4

Groupe B

Effectifs selon les âges : 15→1, 17→4, 20→5, 23→3, 24→2

a) Dans quel groupe les âges se rapprochent-ils le plus de l'âge de Martin ?

....

....

Indices de dispersion — 3

b) Calcul l'âge moyen de chaque groupe.

....

....

c) Calcule, au dixième près, les écarts types de chacun de ces groupes. Confirmes-tu ta réponse à la question a) ? Explique.

x	n	x – m	(x – m)²	n . (x – m)²

x	n	x – m	(x – m)²	n . (x – m)²

....

....

....

d) Les deux graphiques présentés en début d'exercice ne tiennent pas compte des modalités dont l'effectif est nul. En utilisant les mêmes données, complète les nouveaux graphiques ci-dessous. Confirmes-tu la conclusion que nous apporte le calcul de l'écart type ? Explique.

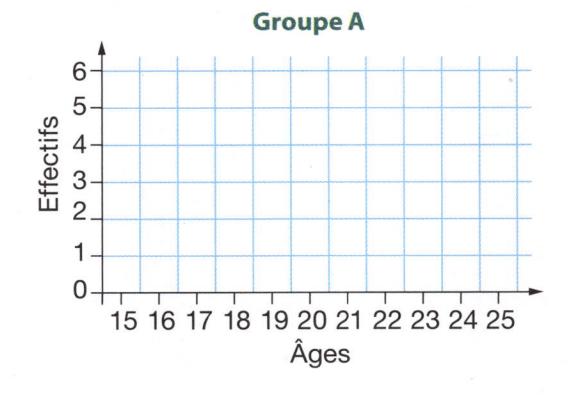

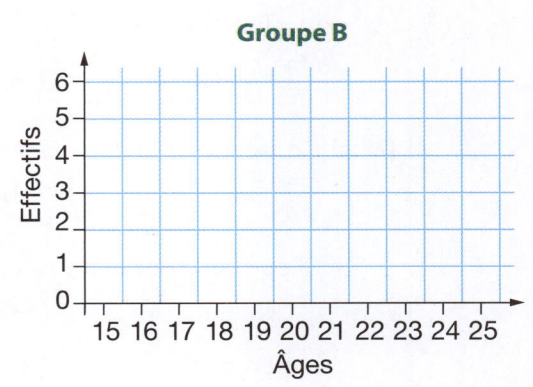

Groupe A

(Effectifs de 0 à 6, Âges de 15 à 25)

Groupe B

(Effectifs de 0 à 6, Âges de 15 à 25)

....

....

3 Indices de dispersion

Activité 4 • Réalisation d'une enquête

1 a) Complète ce questionnaire concernant tes habitudes alimentaires. S'il y a des propositions, place une croix dans le(s) carré(s) adéquat(s).

(1) Quel est ton sexe ?
☐ Féminin   ☐ Masculin

(2) (a) Parmi les propositions ci-dessous, quels repas et en-cas prends-tu généralement ?

Repas
☐ Petit déjeuner   ☐ Dîner   ☐ Souper

En-cas
☐ En matinée   ☐ Dans l'après-midi   ☐ Goûter   ☐ En soirée

(b) Comptabilise le nombre de repas et en-cas que tu viens de cocher.
☐ 1   ☐ 2   ☐ 3   ☐ 4   ☐ 5   ☐ 6   ☐ 7

(3) Combien de fois par semaine prends-tu au moins un repas par jour en famille ?
☐ 0   ☐ 1   ☐ 2   ☐ 3   ☐ 4   ☐ 5   ☐ 6   ☐ 7

(4) Participes-tu à la préparation des repas ?
☐ Jamais   ☐ Parfois   ☐ Souvent   ☐ Toujours

(5) Quel temps moyen (en minutes) consacres-tu au souper ? ....

(6) (a) Consommes-tu des légumes ?
☐ Oui   ☐ Non

(b) Si oui, quel légume consommes-tu le plus souvent ?
☐ Haricot   ☐ Salade   ☐ Carotte   ☐ Poireau
☐ Tomate   ☐ Courgette   ☐ Chou   ☐ Asperge
☐ Poivron   ☐ Artichaut   ☐ Autre. Lequel ? ....

(7) (a) Consommes-tu des pommes de terre ?
☐ Oui   ☐ Non

(b) Si oui, sous quelle forme les préfères-tu ?
☐ Nature   ☐ Rissolées   ☐ En purée   ☐ En frites
☐ En gratin   ☐ En robe des champs   ☐ En chips   ☐ Autre. Laquelle ? ....

(8) Combien de fois par mois te rends-tu dans un fast-food ?
☐ 0   ☐ 1   ☐ 2   ☐ 3   ☐ 4   ☐ 5
☐ 6   ☐ 7   ☐ 8   ☐ 9   ☐ 10   ☐ ....

Indices de dispersion 3

b) Soumets le questionnaire à d'autres élèves de ton école et récolte entre 50 et 100 formulaires. Veille à ce que la population de ton enquête soit composée d'environ 50 % de filles et 50 % de garçons âgés entre 15 et 18 ans.

2 Après avoir identifié le type de variable étudiée, illustre chacune des questions 3, 4 et 7 à l'aide d'un graphique de ton choix. Veille toutefois à ne pas utiliser deux fois le même type de graphique.
Pour chaque question, complète le tableau de distribution en créant les colonnes qui te permettront d'indiquer les données nécessaires à la réalisation du graphique.

Question 3 : Combien de fois par semaine prends-tu au moins un repas par jour en famille ?

Variable .... Graphique : ....

Modalités	
0	
1	
2	
3	
4	
5	
6	
7	

3 Indices de dispersion

Question 4 : Participes-tu à la préparation des repas ?

Variable .... Graphique : ....

....

Modalités	
Jamais	
Parfois	
Souvent	
Toujours	

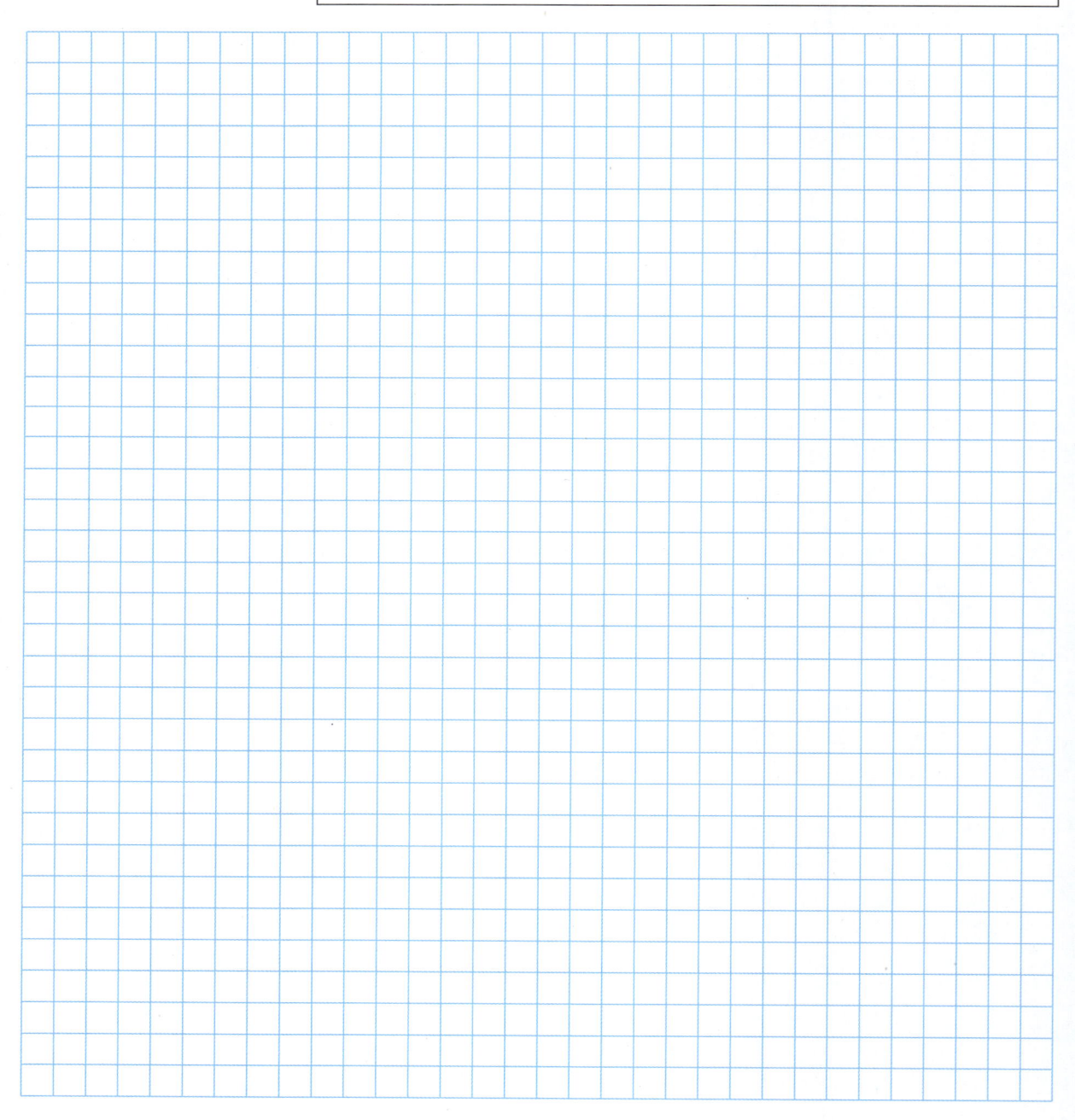

Indices de dispersion 3

Question 7b : Si tu consommes des pommes de terre, sous quelle forme les préfères-tu ?

Variable .... Graphique : ....
....

Modalités	
Nature	
Rissolées	
En purée	
En frites	
En gratin	
En robe des champs	
En chips	

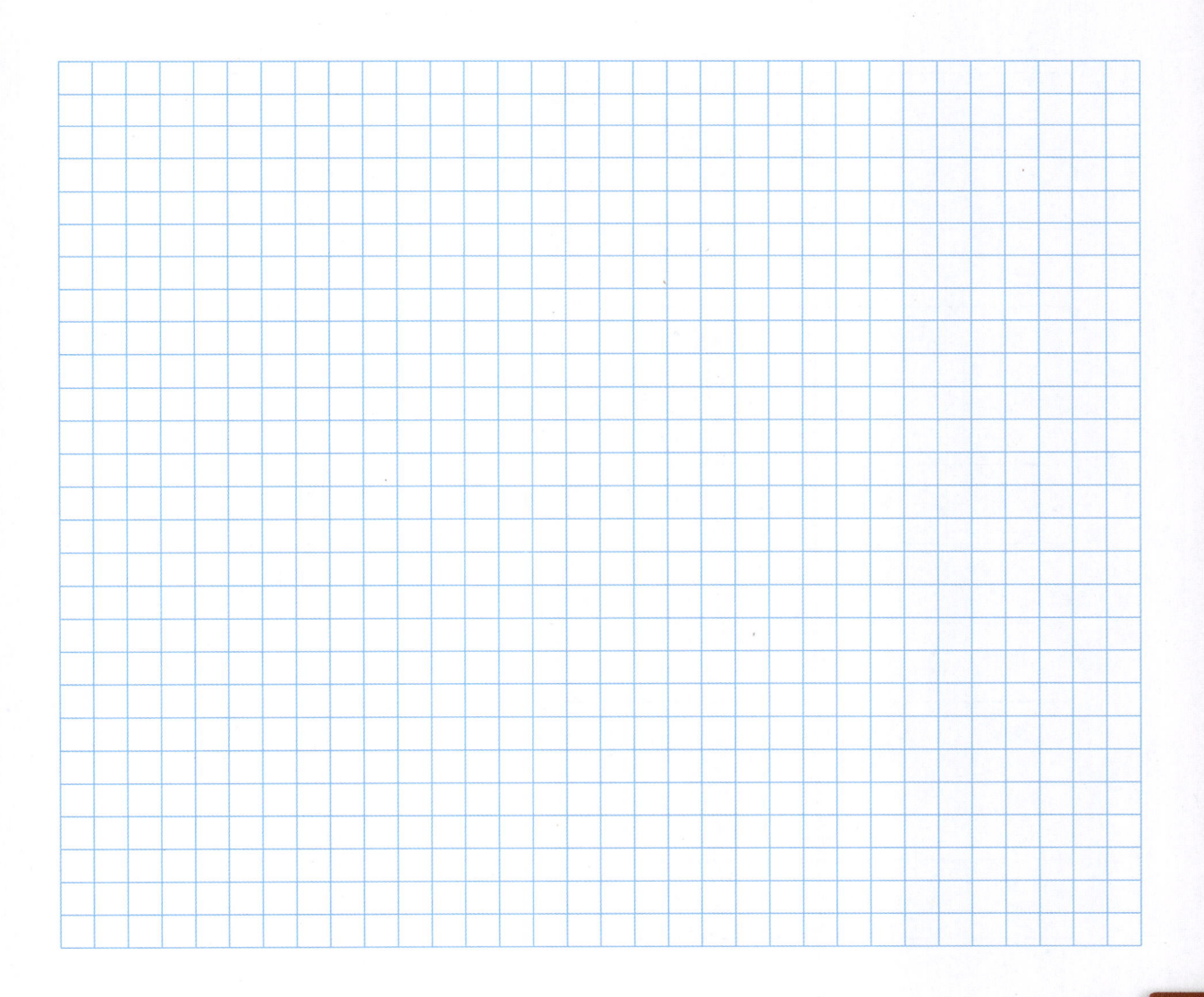

3 Indices de dispersion

3 La démarche qui suit va te permettre de traiter les réponses recueillies à la question 6 portant sur la consommation éventuelle de légumes.

a) Complète la première colonne du tableau. N'indique pas les légumes qui n'ont jamais été choisis.

b) Détermine ensuite les effectifs de chaque modalité en différenciant les réponses des filles de celles des garçons.

c) Calcule les fréquences de consommation pour chaque modalité.

Modalités	Effectifs		Fréquences (à 1 % près)	
	Filles	Garçons	Filles	Garçons
Aucun				

Indices de dispersion 3

d) Construis deux histogrammes des effectifs, l'un pour les filles et l'autre pour les garçons, en faisant apparaître chaque fois toutes les modalités présentes dans le tableau.

e) À l'aide des tableaux ou des graphiques, réponds aux questions ci-dessous.

   (1) Quel pourcentage de filles ne consomme pas de légumes ? ....

   Quel pourcentage de garçons ne consomme pas de légumes ? ....

   (2) Quel est le légume le plus consommé par les filles ? ....

   Quel est le légume le plus consommé par les garçons ? ....

3 Indices de dispersion

4 L'équipe d'auteurs de ton livre « Actimath pour se qualifier » a réalisé cette enquête auprès de 400 jeunes, 200 filles et 200 garçons, âgés entre 15 et 18 ans.

Les résultats de la question 2 concernant le nombre de repas ou d'en-cas consommés par jour sont présentés ci-dessous.

Suis la même démarche que les auteurs avec les résultats à la question 2b de ton enquête et réalise ton travail en face du leur.

Enquête des auteurs

Modalités	Effectifs
1	0
2	20
3	82
4	147
5	131
6	14
7	6
	400

Moyenne : 4,1

Mode : 4

Médiane : 4

x	n	x − m	(x − m)²	n . (x − m)²
1	0	−3,1	9,61	0
2	20	−2,1	4,41	88,2
3	82	−1,1	1,21	99,22
4	147	−0,1	0,01	1,47
5	131	0,9	0,81	106,11
6	14	1,9	3,61	50,54
7	6	2,9	8,41	50,46
	400			396

Ton enquête

Modalités	Effectifs
1	
2	
3	
4	
5	
6	
7	

x	n	x − m	(x − m)²	n . (x − m)²
1				
2				
3				
4				
5				
6				
7				

Indices de dispersion 3

Variance : $\dfrac{396}{400} = 0{,}99$

Écart type : $\sqrt{0{,}99} \cong 0{,}9950$

Minimum : 2

Maximum : 7

Étendue : 7 − 2 = 5

Q_1 : 3 Q_2 : 4 Q_3 : 5

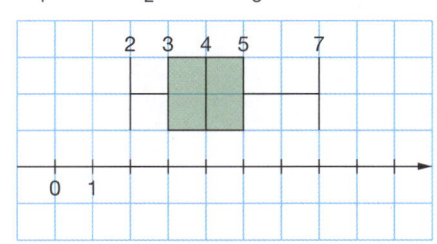

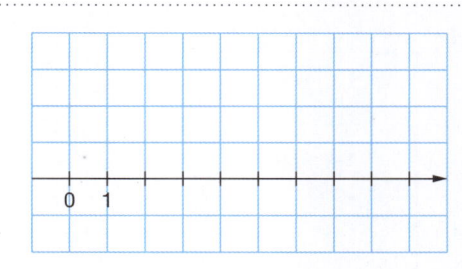

5 La démarche qui suit va te permettre de traiter les réponses recueillies à la question 5 portant sur le temps consacré au souper.

a) Crée des classes et complète le tableau de distribution.

Classes	Effectifs	Effectifs cumulés	Fréquences (à 1 % près)	Fréquences cumulées

3 Indices de dispersion

b) (1) Construis le polygone des effectifs cumulés et celui des fréquences cumulées.

[Grille vierge avec deux repères : à gauche, axe vertical « Effectifs cumulés » et axe horizontal « Temps (en min) » ; à droite, axe vertical « Fréquences cumulées (%) » et axe horizontal « Temps (en min) ».]

(2) Compare les deux graphiques. ....

....

(3) À l'aide des graphiques, détermine la médiane et explique ce qu'elle signifie.

....

....

c) Calcule la moyenne et compare-la à la médiane.

....

....

Indices de dispersion — 3

6 La démarche qui suit va te permettre de traiter les réponses recueillies à la question 8 portant sur la fréquentation mensuelle des fast-foods.

a) Complète le tableau qui te permettra de réaliser le graphique en escaliers des effectifs cumulés.

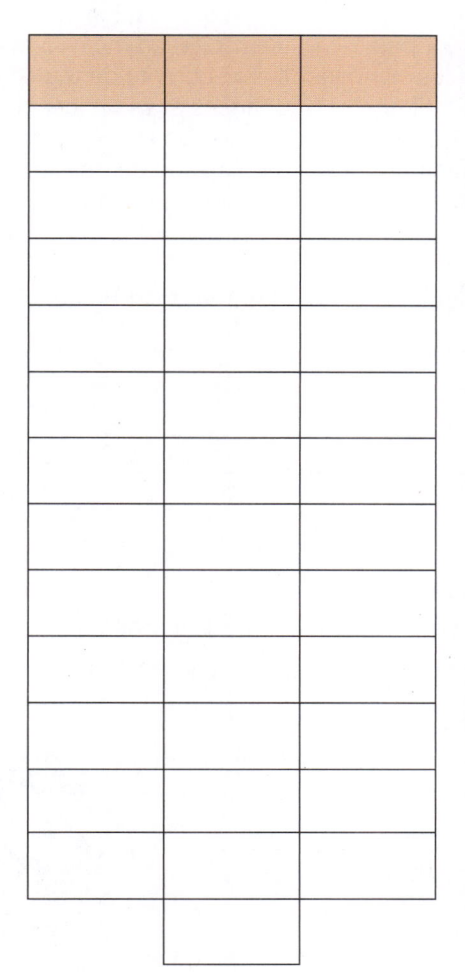

b) Construis la boîte à moustaches de cette série statistique.

....

....

....

....

....

....

3 Exercices supplémentaires

Exercices supplémentaires

1 À quel indice de dispersion correspond chaque description ci-dessous ?

| Il est simple à calculer et à interpréter. Il ne tient pas compte de toutes les données, n'utilisant que les valeurs extrêmes. Il est utile pour déterminer le nombre et la largeur des classes lors de regroupements. | Il est simple à calculer et à interpréter. Il ne tient pas compte de toutes les données et n'est donc pas influencé par les valeurs extrêmes. Il est utilisé lorsque la distribution des valeurs n'est pas symétrique. | Son calcul est long et son interprétation moins immédiate. Il tient compte de toutes les données et est influencé par les valeurs extrêmes. Le calcul des carrés accorde de l'importance aux grands écarts. |

2 Michaël, le capitaine d'une équipe de hockey, a comptabilisé le nombre de buts marqués et le nombre de buts encaissés lors de la dernière saison.

Buts marqués	0	1	2	3	4	5	8	10
Nombre de matchs	7	2	5	14	14	9	2	1

Buts encaissés	0	1	2	3	4	6	8	10
Nombre de matchs	13	12	9	1	3	1	8	7

a) Précise le type de variable statistique.
b) Pour chaque série, calcule…
  (1) la moyenne à 0,1 près ;
  (2) l'étendue ;
  (3) l'écart type à 0,01 près ;
  (4) l'écart interquartile et construis la boîte à moustaches.
c) En t'aidant des valeurs calculées ci-dessus, détermine si c'est la défense ou l'attaque qui est plus régulière dans ses prestations. Justifie.

3 Aline et Philippe s'entraînent pour participer à un jogging au profit d'une œuvre caritative. Voici un récapitulatif de leurs temps, en minutes, lors de leurs entraînements respectifs sur des parcours de 10 km.

Temps d'Aline					
71,6	70,9	74,8	61,2	54,6	57,7
67,3	73,2	59,4	59,9	59,8	56,3

Temps de Philippe					
68,6	67,7	67,5	54,6	54,8	64,2
64,3	58,6	57,3	55,3	53,5	54,9

a) Précise le type de variable statistique.
b) Calcule leur temps moyen au dixième de minute près et en minutes secondes.
c) Calcule l'étendue de ces séries et propose un groupement en classes de même amplitude.
d) Calcule l'écart type au dixième de minute près.
e) Construis un polygone des effectifs cumulés et calcule l'écart interquartile de chaque série.
f) Construis la boîte à moustaches de chaque série.
g) En t'aidant des valeurs calculées ci-dessus, réponds aux questions et justifie.
  (1) Qui devrait réaliser le meilleur temps lors du jogging ?
  (2) Qui est le plus régulier lors des entraînements ?

4 Caroline participe à un quizz en six manches de dix questions chacune. La première manche rapporte un point par bonne réponse, la deuxième, deux points, et ainsi de suite jusqu'aux questions valant six points dans la sixième manche.
Voici un tableau comptabilisant le nombre total de points de Caroline à la fin de chaque manche.

Manche	1	2	3	4	5	6
Nombre total de points en fin de manche	8	20	38	58	93	117

a) Détermine le nombre
  (1) de points obtenus à chaque manche.
  (2) de réponses correctes à chaque manche.
  (3) total de réponses correctes.
  (4) total de réponses incorrectes.
b) Dans la suite, on étudie le nombre de réponses correctes en fonction du nombre de points attribués par réponse correcte.
  (1) Construis la boîte à moustaches de cette série et donnes-en une interprétation par rapport à la situation.
  (2) Combien de points, en moyenne, a rapporté à Caroline chaque question correcte ?
  (3) Calcule, à 0,1 près, l'écart type de cette série.

Chapitre 4
Fonctions du second degré et caractéristiques de leurs graphiques

Compétences à développer

- Traiter un problème en utilisant des fonctions du deuxième degré.

Processus

Connaître
- Lier les diverses écritures de la fonction du deuxième degré avec certaines caractéristiques de la fonction ou de son graphique.

Appliquer
- Construire un graphique à partir d'un tableau de nombres ou d'une formule.
- Associer l'expression analytique d'une fonction du deuxième degré à son graphique et réciproquement.
- Rechercher des caractéristiques d'une fonction du deuxième degré.
- Rechercher des caractéristiques d'une parabole d'axe vertical.

Transférer
- Modéliser et résoudre des problèmes issus de situations diverses.

4 Fonctions du second degré et caractéristiques de leurs graphiques

Activité 1 • Découverte de graphiques de fonctions du second degré

1 Voici la représentation d'un terrain de tennis. Celui-ci est muni d'un système d'axes afin de pouvoir envisager le calcul de la trajectoire d'une balle.

Lors d'un match, une balle a parcouru le trajet du point A au point B situés dans le plan formé par les axes. Ce trajet est représenté sur le graphique ci-dessous.

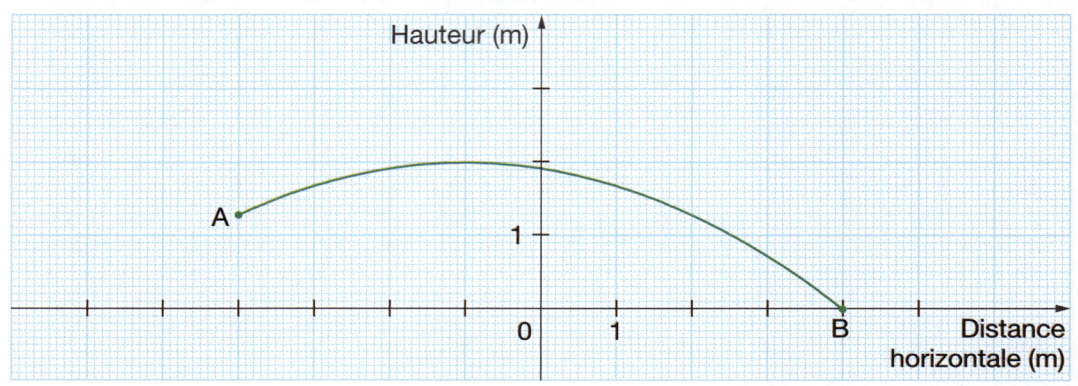

Réponds aux questions ci-dessous.

a) Quelle est la distance horizontale entre le filet et la balle au moment où…

   (1) elle est frappée? ....

   (2) elle touche le sol? ....

b) Quelle est la hauteur maximale atteinte par la balle ? ....

   À ce moment, détermine la distance horizontale entre la balle et

   (1) le filet. ....

   (2) son point de départ A. ....

   (3) son point de chute B. ....

c) Lorsque la balle passe au-dessus du filet, à quelle distance de celui-ci se situe-t-elle sachant que le filet mesure 90 cm de haut en son milieu ?

....

....

Fonctions du second degré et caractéristiques de leurs graphiques

2 Alex est sportif et aime les sensations fortes. Voici quatre situations qu'il a vécues cet été et qui ont pu être représentées par des graphiques.
Observe-les et réponds aux questions de la page suivante.

À Walibi, Alex a testé la chute libre d'environ 70 mètres de la Dalton Terror.

Si on déclenche le chronomètre lorsque la nacelle est au sommet de la tour et débute sa chute et qu'on mesure le temps à partir de cet endroit, la position de la nacelle est donnée par la fonction :

$$f : x \rightarrow y = \frac{-9{,}81}{2}x^2$$

x, temps en secondes
y, hauteur, en mètres, par rapport au sommet de la tour

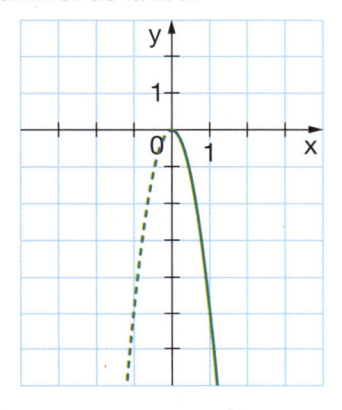

Alex a réalisé un vol en montgolfière.
Lors de la descente, à l'approche du sol, le pilote a réchauffé l'air de l'enveloppe pour repartir vers le haut.

La trajectoire de la nacelle est représentée par le graphique de la fonction :

$$f : x \rightarrow y = 0{,}2x^2 - 2x + 7$$

x, distance horizontale, en mètres, par rapport à un observateur fixe
y, hauteur, en mètres, par rapport au sol

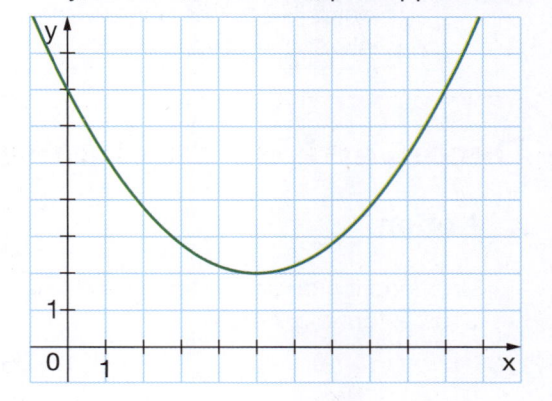

Alex a plongé dans une rivière à partir d'un rocher abrupt haut de 4 m.

Sa trajectoire est représentée par le graphique de la fonction :

$$f : x \rightarrow y = -0{,}5x^2 + 4$$

x, distance horizontale, en mètres, par rapport au flan du rocher
y, hauteur, en mètres, par rapport à la surface de l'eau

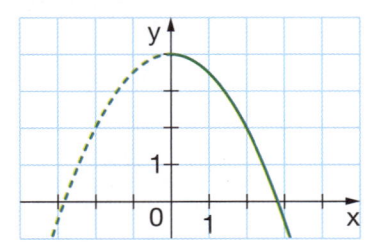

Lors d'un coup franc au football, Alex a réalisé un lob du mur défensif, mais son ballon a atterri à 1 m du gardien.

La trajectoire du ballon est représentée par le graphique de la fonction :

$$f : x \rightarrow y = -0{,}02x^2 + 0{,}44x - 0{,}42$$

x, distance horizontale, en mètres, par rapport au gardien
y, hauteur, en mètres, par rapport au sol

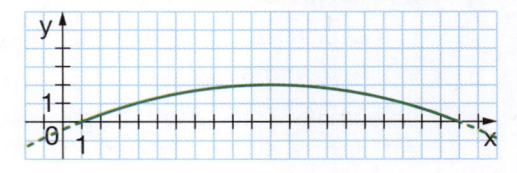

4 Fonctions du second degré et caractéristiques de leurs graphiques

a) Quel est le nom des courbes qui représentent ces fonctions ? ....

b) Quelle est la caractéristique de la variable x figurant dans les quatre expressions analytiques ? ....

c) Pour chaque situation, complète le tableau ci-dessous.

	Dalton Terror	Montgolfière	Plongeon	Football
Concavité tournée vers...				
Équation de l'axe de symétrie				
Coordonnées du sommet				
Coordonnées du point d'intersection avec l'axe y				
Coordonnées des points d'intersection avec l'axe x				

Découverte de graphiques de fonctions du second degré

A. Notion

Une **fonction du second degré** est une **fonction** dont l'expression analytique peut s'écrire sous la **forme générale** :

$$f : x \to y = ax^2 + bx + c \qquad (a \neq 0)$$

Exemple : $f : x \to y = 0{,}25x^2 + 2x - 2$

Une fonction du second degré possède une **ordonnée à l'origine**, ordonnée du point d'intersection du graphique de la fonction avec l'axe y.

Une fonction du second degré possède d'**éventuels zéros**, abscisses des éventuels points d'intersection du graphique de la fonction avec l'axe x.

Le domaine d'une fonction du second degré est $\mathbb{R}$. On note **dom** $f = \mathbb{R}$.

B. Caractéristiques des graphiques des fonctions du second degré

Le **graphique** d'une fonction du second degré est une **parabole** qui a pour **équation** $y = ax^2 + bx + c$ et présentant les **caractéristiques** suivantes :

– La **concavité** est tournée vers le **haut** ⋃ ou vers le **bas** ⋂.

– L'**axe de symétrie** est **vertical** et son équation est de la forme **x = k**.

– Le **sommet** est le **point d'intersection** de la parabole avec son **axe de symétrie**.

– Une parabole possède **un point d'intersection avec l'axe y** dont l'abscisse est nulle.

– Une parabole possède **au maximum deux points d'intersection avec l'axe x** dont les ordonnées sont nulles.

Exemple
Le point d'intersection avec l'axe y a pour coordonnées (0 ; 3).

Le sommet a pour coordonnées (2 ; 4).

L'axe de symétrie a pour équation x = 2.

Les points d'intersection avec l'axe x ont pour coordonnées (–2 ; 0) et (6 ; 0).

Fonctions du second degré et caractéristiques de leurs graphiques

Exercices

1 Parmi les fonctions suivantes, entoure celles du second degré.

$f_1 : x \to y = 2x^2 - 3x + 7$ $f_2 : x \to y = -5x + 2$ $f_3 : x \to y = -x - x^2$

$f_4 : x \to y = 5(1 - x)$ $f_5 : x \to y = x(x + 2)$ $f_6 : x \to y = \dfrac{x^2}{3}$

$f_7 : x \to y = (2x + 1)^2$ $f_8 : x \to y = \dfrac{3}{x}$ $f_9 : x \to y = 4x$

2 Parmi les graphiques ci-dessous, entoure la lettre de ceux qui représentent des fonctions du second degré.

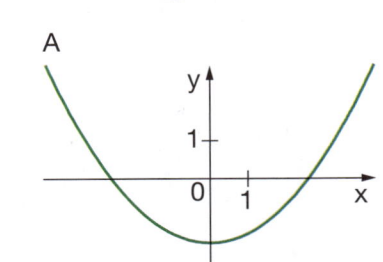

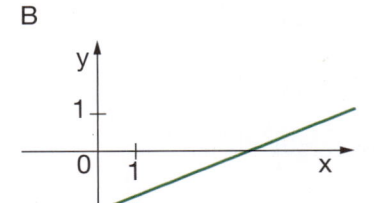

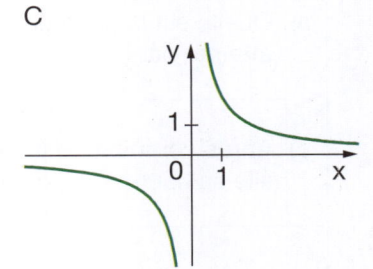

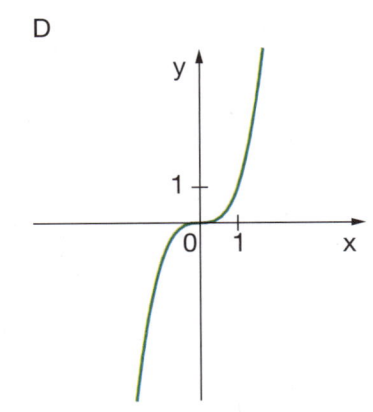

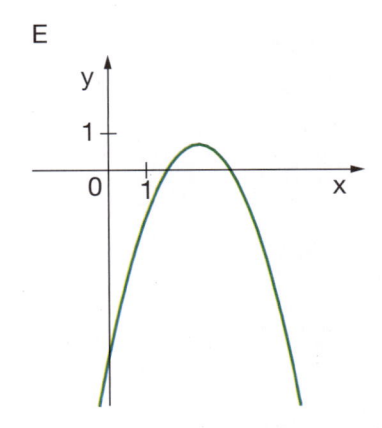

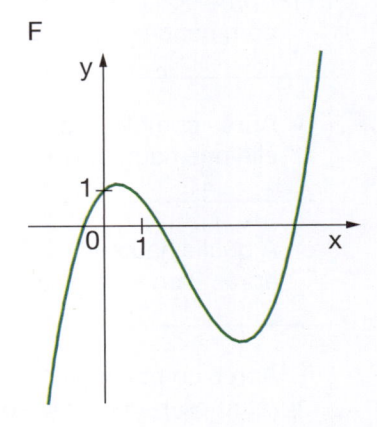

A   B   C

D   E   F

3 La partie de parabole ci-dessous représente la trajectoire d'une craie lancée du troisième étage d'un bâtiment scolaire.

a) De quelle hauteur la craie est-elle lancée ?

....

À quelle caractéristique de la parabole peux-tu associer cette réponse ?

....

b) À quelle distance (en m) du pied du mur la craie atterrit-elle ?

....

À quelle caractéristique de la parabole peux-tu associer cette réponse ?

....

4 Fonctions du second degré et caractéristiques de leurs graphiques

4 La hauteur h, exprimée en mètres, d'une balle de golf peut être déterminée à tout instant t, exprimé en secondes, grâce à la parabole ci-dessous. Réponds aux questions du tableau et associe à chacune de tes réponses une caractéristique de la parabole.

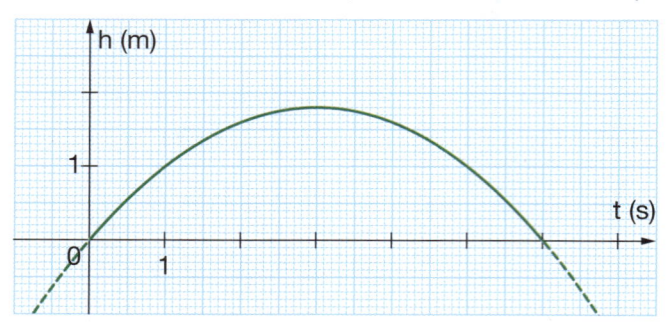

La position de la balle est donnée par la fonction :

$$f : t \to h = -0{,}2t^2 + 1{,}2t$$

Questions	Réponses	Caractéristiques
a) Quelle est la hauteur maximale atteinte par la balle ?		
b) Après combien de temps atteint-elle sa hauteur maximale ?		
c) Après combien de temps commence-t-elle à descendre ?		
d) Après combien de temps atteint-elle une hauteur de 1 m ?		
e) À quelle hauteur se situe-t-elle après 2 ou 4 secondes ?		
f) Après combien de temps retombe-t-elle sur le sol ?		

5 Repère les caractéristiques des deux paraboles, graphiques des fonctions f et g, représentées ci-dessous et complète le tableau.

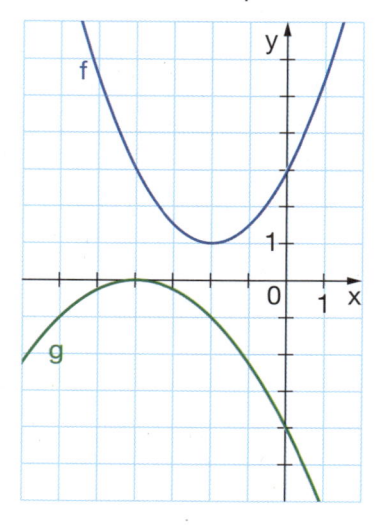

	Graphique de f	Graphique de g
Concavité tournée vers...		
Équation de l'axe de symétrie		
Coordonnées du sommet		
Abscisse(s) du (des) point(s) d'intersection avec l'axe x		
Ordonnée du point d'intersection avec l'axe y		

Fonctions du second degré et caractéristiques de leurs graphiques

6 Repère la ou les paraboles dont les caractéristiques sont données.

L'axe de symétrie est x = 3.

....

L'axe de symétrie est x = −2.

....

L'axe de symétrie est $x = \dfrac{3}{2}$.

....

Le sommet a pour coordonnées (−2 ; −3).

....

Le sommet a pour coordonnées (3 ; 0).

....

Le sommet a pour coordonnées (3 ; −4).

....

La concavité est tournée vers le bas.

....

La concavité est tournée vers le haut.

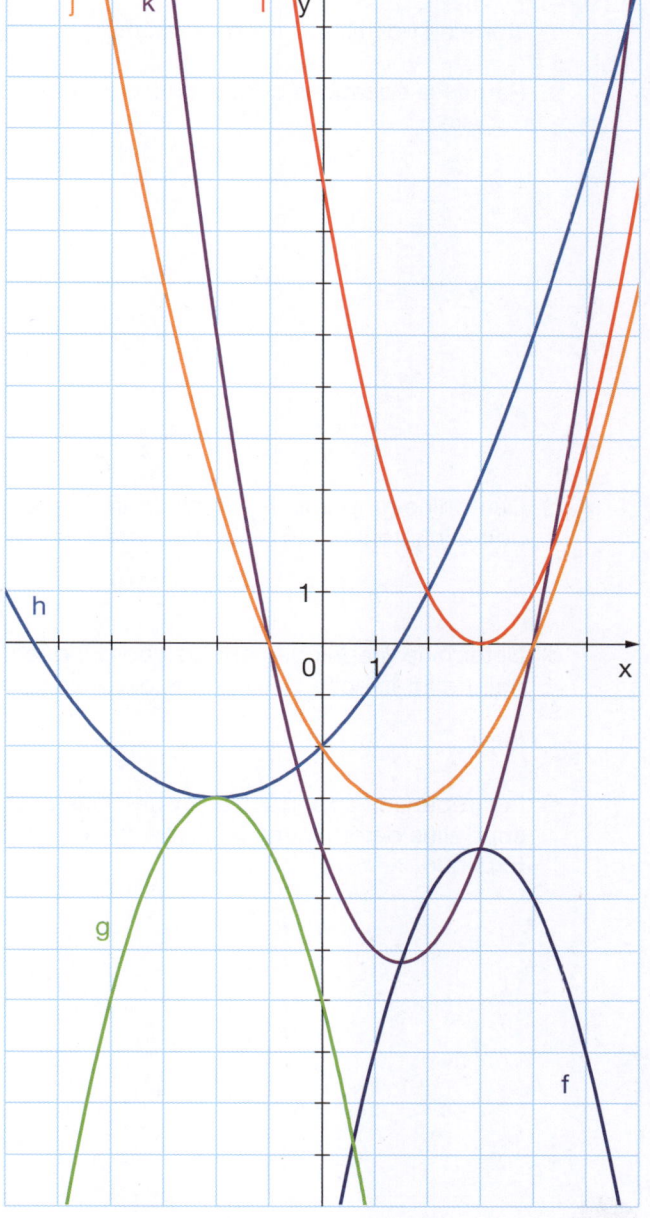

....

L'ordonnée du point d'intersection avec l'axe y est −2.

....

L'ordonnée du point d'intersection avec l'axe y est −7.

....

Les abscisses des points d'intersection avec l'axe x sont −1 et 4.

....

Il n'existe pas de point d'intersection avec l'axe x.

....

4 Fonctions du second degré et caractéristiques de leurs graphiques

7 La parabole f ci-contre a pour équation
$y = 3x^2 - 13x + 5,3$.

a) Trace en pointillés l'axe de symétrie.

b) Parmi les équations ci-dessous, entoure celle de cet axe.

   $x = 2$ $x = -9$

   $x = \dfrac{7}{3}$ $x = \dfrac{13}{6}$

   $x = \dfrac{8}{3}$ $x = \dfrac{5}{2}$

c) Détermine graphiquement les coordonnées des points d'intersection de la parabole avec l'axe x.

   (............ ; 0) et (............ ; 0)

d) Détermine graphiquement les coordonnées du point d'intersection de la parabole avec l'axe y

   (0 ; ....)

e) Les réponses apportées aux questions c) et d) sont-elles déterminées facilement avec précision? Explique.

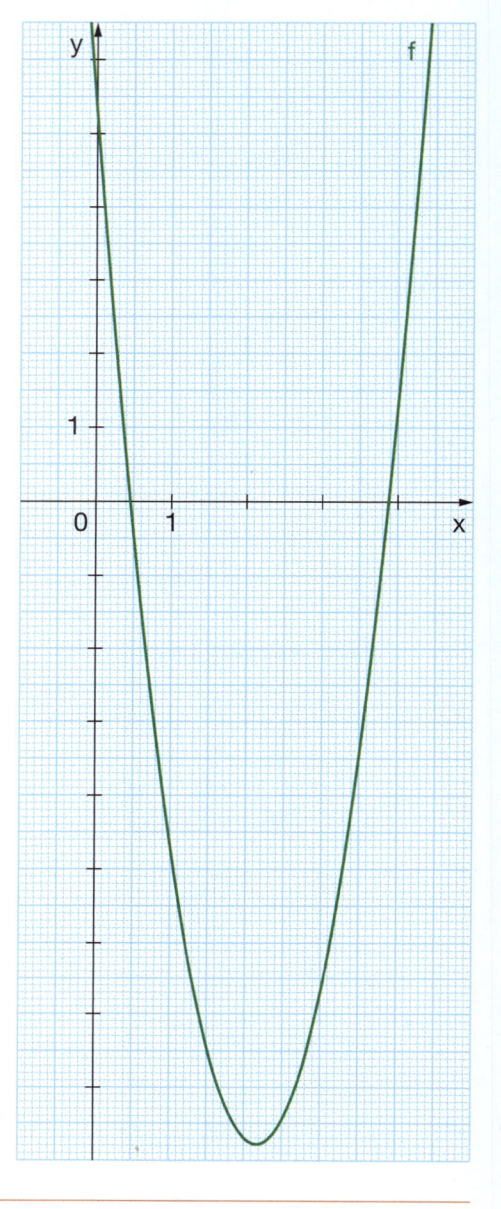

   ....

   ....

8 En observant la parabole, coche la réponse exacte dans chaque série.

a) L'équation de l'axe de symétrie est

   ❑ $x = -0,5$ ❑ $x = -0,4$ ❑ $x = -0,3$

   ❑ Je ne peux pas déterminer l'équation de l'axe de symétrie avec précision.

b) Les coordonnées du point d'intersection avec l'axe y sont

   ❑ (0 ; 3)   ❑ (0 ; –3)

   ❑ Je ne peux pas déterminer les coordonnées du point d'intersection avec l'axe y avec précision.

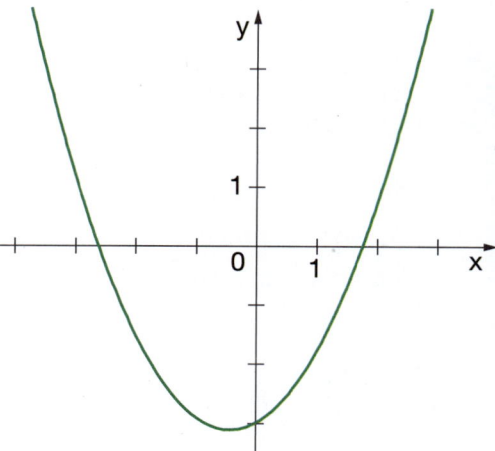

c) Les coordonnées d'un des points d'intersection avec l'axe x sont

   ❑ (1,7 ; 0)   ❑ (1,8 ; 0)

   ❑ Je ne peux pas déterminer les coordonnées des points d'intersection avec l'axe x avec précision.

Fonctions du second degré et caractéristiques de leurs graphiques   4

Activité 2 • Caractéristiques de la fonction $f : x \rightarrow y = ax^2$

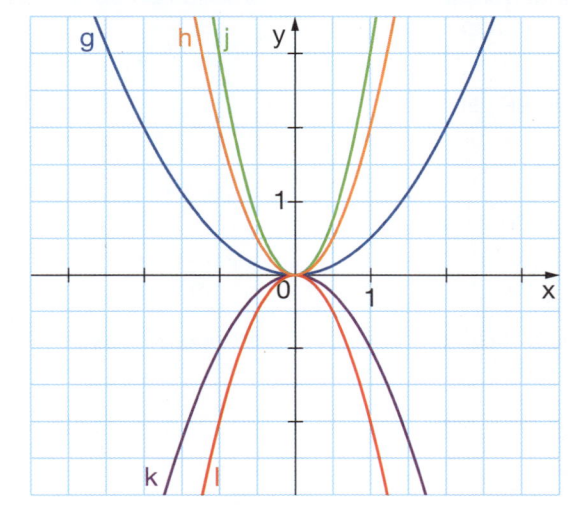

1 a) Associe à chaque fonction le graphique correspondant.

$f_1 : x \rightarrow y = 0{,}5x^2$ • • g

$f_2 : x \rightarrow y = -x^2$ • • h

$f_3 : x \rightarrow y = 3x^2$ • • j

$f_4 : x \rightarrow y = -2x^2$ • • k

$f_5 : x \rightarrow y = 2x^2$ • • l

b) Explique ton procédé.

....

....

....

c) Entoure la forme générale correspondant aux expressions analytiques des fonctions ci-dessus.

$f : x \rightarrow y = ax^2 + bx + c$ $f : x \rightarrow y = ax^2 + bx$ $f : x \rightarrow y = ax^2$ $f : x \rightarrow y = ax^2 + c$

2 a) Classe les paraboles en fonction du sens de leur concavité et dans l'ordre croissant de leur amplitude ⇆.

Vérifie ensuite ton classement en déterminant, pour chacune d'elles, la valeur de a.

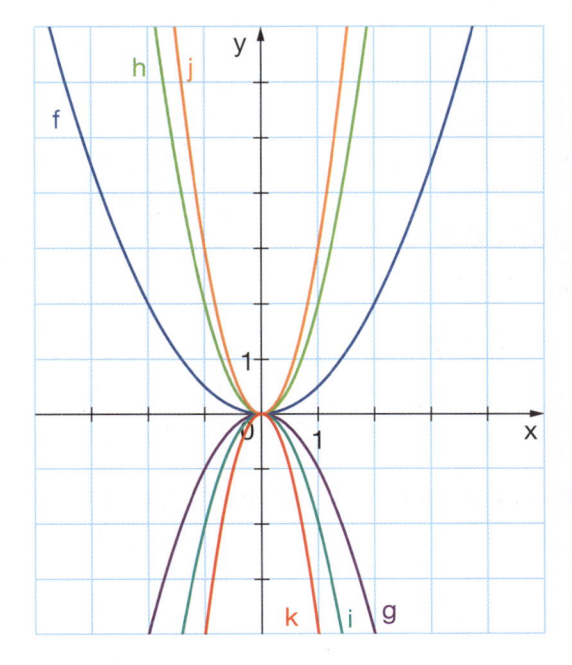

	Concavités tournées vers le bas		
Paraboles dans l'ordre croissant des amplitudes			
Valeurs de a			

	Concavités tournées vers le haut		
Paraboles dans l'ordre croissant des amplitudes			
Valeurs de a			

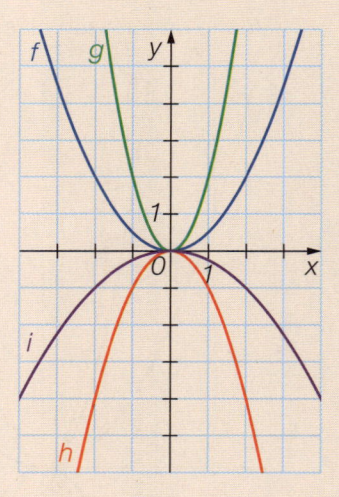

4 Fonctions du second degré et caractéristiques de leurs graphiques

b) Complète l'expression analytique de chaque fonction.

f : x → y = ... g : x → y = ... h : x → y = ...

i : x → y = ... j : x → y = ... k : x → y = ...

c) Propose l'expression analytique de fonctions du même type que celles présentes dans les exercices ci-dessus et répondant aux conditions émises.
Justifie chacune de tes propositions.

(1) La concavité de la parabole est tournée vers le bas.

....

(2) La concavité de la parabole est tournée vers le haut.

....

(3) L'amplitude de la parabole est plus grande que celle de la parabole représentant la fonction j : x → y = $3x^2$.

....
....

Caractéristiques de la fonction f : x → y = ax^2

A. Rôles de a

1. Sens de la concavité de la parabole

   Si a > 0, la concavité est tournée vers le haut.

   Exemples : f et g

   Si a < 0, la concavité est tournée vers le bas.

   Exemples : h et i

2. Amplitude de la parabole

   Plus la valeur absolue de a est grande, plus l'amplitude de la parabole est petite.

   Exemple : l'amplitude de la parabole représentant la fonction g est plus petite que celle de la parabole représentant la fonction f.

3. Le point (1 ; a) appartient à la parabole.

Exemples

f : x → y = $0,5x^2$

g : x → y = $2x^2$

h : x → y = $-x^2$

i : x → y = $-0,25x^2$

B. Caractéristiques du graphique de f : x → y = ax^2

Équation de l'axe de symétrie	x = 0
Coordonnées du sommet	(0 ; 0)
Coordonnées du point d'intersection avec les axes x et y.	(0 ; 0)

Fonctions du second degré et caractéristiques de leurs graphiques

Exercices

1 Les paraboles ci-dessous ont été représentées dans un même repère cartésien mais ce dernier a été effacé.
En utilisant les propriétés du coefficient de x^2 (a), associe à chaque équation son graphique.

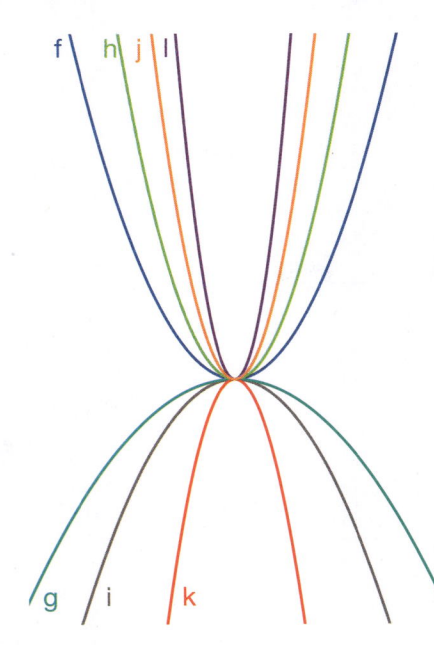

$y = 0,5x^2$ ....

$y = -0,4x^2$ ....

$y = 4x^2$ ....

$y = -0,2x^2$ ....

$y = -2x^2$ ....

$y = x^2$ ....

$y = 2x^2$ ....

2 À l'aide des graphiques des fonctions représentés ci-dessous, complète l'expression analytique de chacune d'elles.

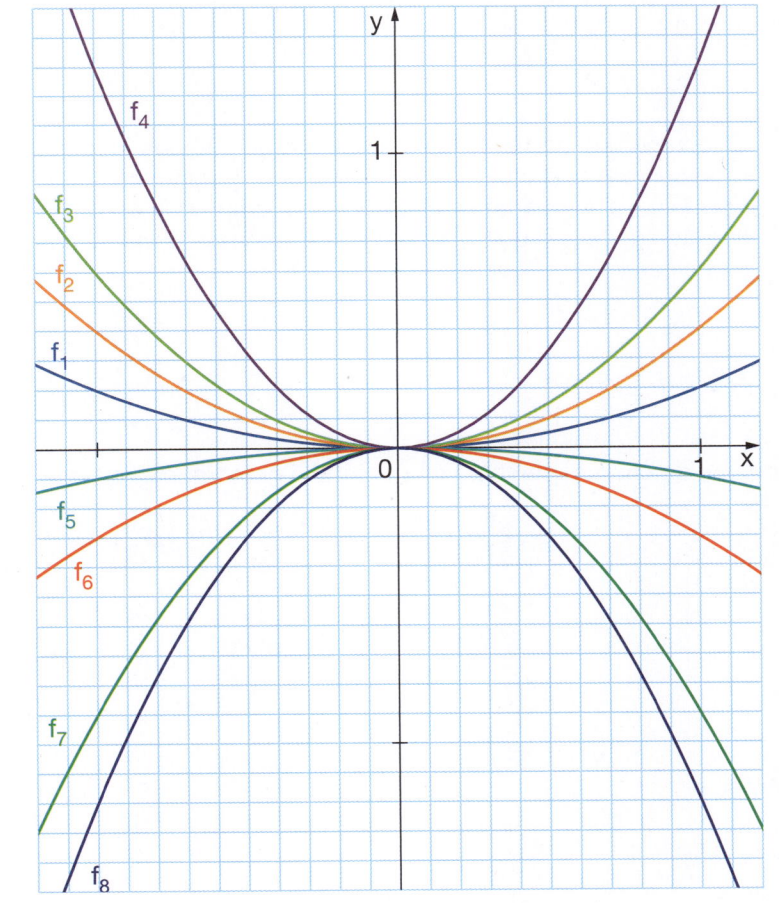

$f_1 : x \rightarrow y = $ ....

$f_2 : x \rightarrow y = $ ....

$f_3 : x \rightarrow y = $ ....

$f_4 : x \rightarrow y = $ ....

$f_5 : x \rightarrow y = $ ....

$f_6 : x \rightarrow y = $ ....

$f_7 : x \rightarrow y = $ ....

$f_8 : x \rightarrow y = $ ....

4 Fonctions du second degré et caractéristiques de leurs graphiques

Activité 3 • Caractéristiques du graphique de la fonction $f : x \rightarrow y = a(x - \alpha)^2 + \beta$

1. Rôle de β (bêta)

1 Lorsque le papa de Mélodie et de Benoit va à l'aéroport, il gare sa voiture dans un parking construit à flanc de colline. Depuis celui-ci, il est possible de lancer des projectiles vers l'extérieur. Mélodie et Benoit s'amusent régulièrement à lancer des bouts de gommes depuis différents étages.

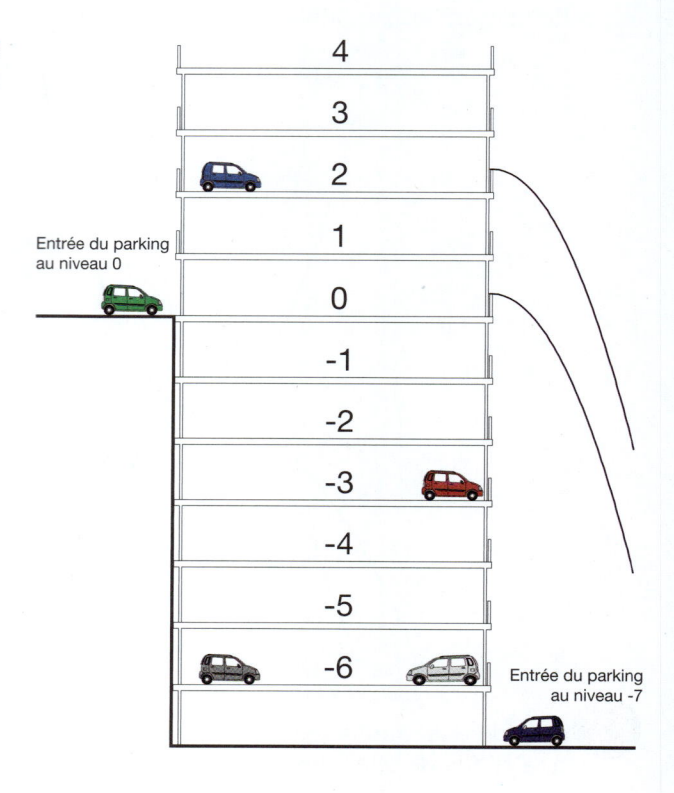

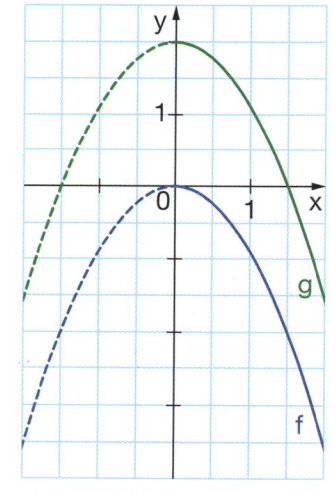

Ci-contre, une partie de la parabole f, graphique de la fonction f, représente la trajectoire suivie par un bout de gomme lancé du niveau 0, et une partie de la parabole g, graphique de la fonction g, celle d'un bout de gomme lancé de la même manière du niveau 2.

a) Complète les caractéristiques de chaque parabole en utilisant le graphique ci-dessus.

Caractéristiques	Parabole f	Parabole g
Concavité		
Équation de l'axe de symétrie		
Coordonnées du sommet		
Ordonnée du point d'intersection avec l'axe y		

Fonctions du second degré et caractéristiques de leurs graphiques

b) (1) Quelle transformation du plan permet de passer de la parabole f à la parabole g ?

   ....

   (2) Précise les caractéristiques de cette transformation.

   ....

c) Entoure, dans le tableau de la question a), la (les) caractéristique(s) invariante(s).

d) L'amplitude de la parabole est-elle conservée ? Justifie.

   ....

e) Les expressions analytiques ci-dessous sont celles des fonctions f et g. Détermine quelle est celle de f et celle de g.

   .... : $x \rightarrow y = -\dfrac{8}{9}x^2$ .... : $x \rightarrow y = -\dfrac{8}{9}x^2 + 2$

f) Comment établir l'expression analytique de la fonction g à partir de celle de f ?

   ....

   ....

g) Vérifie algébriquement l'ordonnée à l'origine de la fonction g à l'aide de son expression analytique.

   ....

Rôle de β – Translation verticale

La parabole $g \equiv y = ax^2 + \beta$ est obtenue par une **translation** de la parabole $f \equiv y = ax^2$.

Exemple

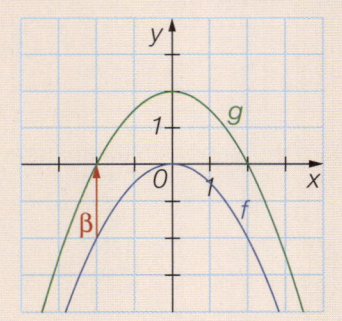

Cette translation est **verticale**, de **β unités**, vers le **haut** si β est **positif**,
ou vers le **bas** si β est **négatif**.

Les paraboles f et g ont la **même amplitude**.

Caractéristiques	Parabole $f \equiv y = ax^2$	Parabole $g \equiv y = ax^2 + \beta$
Concavité	Si a < 0 : tournée vers le bas Si a > 0 : tournée vers le haut	
Équation de l'axe de symétrie	x = 0	
Coordonnées du sommet	(0 ; 0)	(0 ; β)
Ordonnée du point d'intersection avec l'axe y	0	$x = 0 \Rightarrow y = a \cdot 0^2 + \beta = \beta$

4 Fonctions du second degré et caractéristiques de leurs graphiques

Exercices

1 a) Les paraboles f, g et h sont obtenues par une translation d'une parabole dont l'équation est de la forme $y = ax^2$.
Pour chacune d'elles, indique l'équation de la parabole initiale et décris la translation appliquée à celle-ci.

Équation de la parabole	Parabole initiale	Description de la translation
$f \equiv y = 2x^2 - 3$	$j \equiv$	
$g \equiv y = 0{,}3x^2 + 1{,}5$	$k \equiv$	
$h \equiv y = -\dfrac{3}{4}x^2 - 1$	$l \equiv$	

b) Complète le tableau ci-dessous avec les caractéristiques de chaque parabole.

Caractéristiques	$f \equiv y = 2x^2 - 3$	$g \equiv y = 0{,}3x^2 + 1{,}5$	$h \equiv y = -\dfrac{3}{4}x^2 - 1$
Concavité			
Équation de l'axe de symétrie			
Coordonnées du sommet			
Ordonnée du point d'intersection avec l'axe y			

c) Schématise chaque parabole en faisant apparaître, si possible, les caractéristiques relevées dans le tableau.

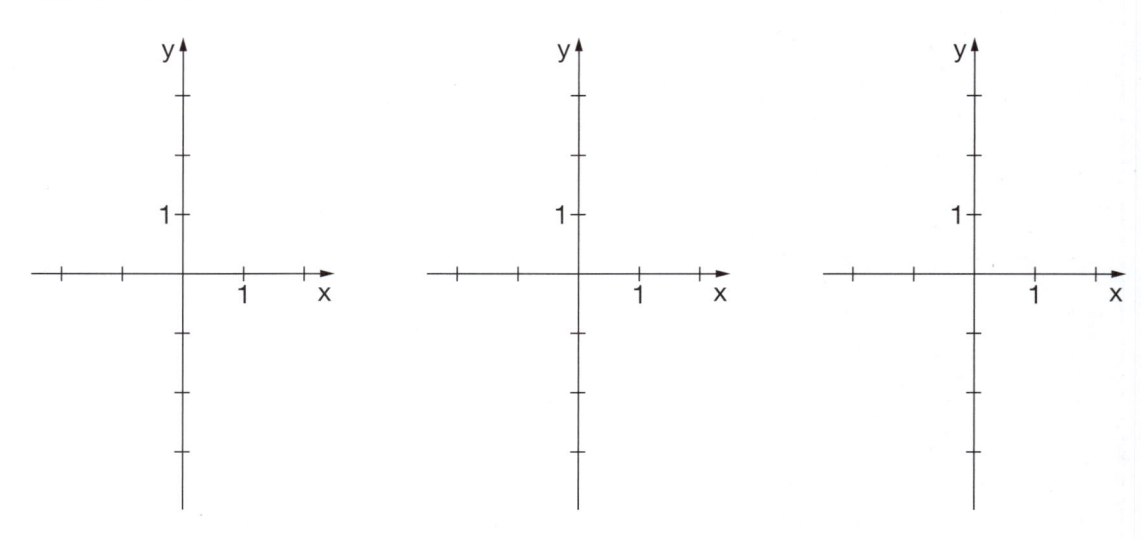

d) Afin de vérifier tes réponses, construis les paraboles à l'aide d'un logiciel ou d'une calculatrice graphique.

Fonctions du second degré et caractéristiques de leurs graphiques — 4

2. Rôle de α (alpha)

1 Une mouette tentant de capturer un poisson à la surface de l'eau suit une trajectoire parabolique.

Ci-contre, les paraboles f et g, graphiques des fonctions f et g, représentent les trajectoires de deux essais successifs de la mouette, sachant que le poisson s'est déplacé entre les deux tentatives.

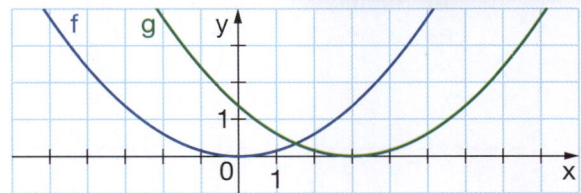

a) Complète les caractéristiques de chaque parabole en utilisant le graphique ci-dessus.

Caractéristiques	Parabole f	Parabole g
Concavité		
Équation de l'axe de symétrie		
Coordonnées du sommet		
Ordonnée du point d'intersection avec l'axe y		

b) (1) Quelle transformation du plan permet de passer de la parabole f à la parabole g ?

....

(2) Précise les caractéristiques de cette transformation.

....

c) Entoure, dans le tableau de la question a), la ou les caractéristique(s) invariante(s) du graphique.

d) L'amplitude de la parabole est-elle conservée ? Justifie.

....

e) L'expression analytique de la fonction f est f : x → y = 0,15x².

Voici deux propositions pour la fonction g :   g : x → y = 0,15 . (x + 3)²

ou   g : x → y = 0,15 . (x − 3)²

Utilise les coordonnées du sommet de la parabole g pour faire ton choix.

....

....

....

....

....

4 Fonctions du second degré et caractéristiques de leurs graphiques

f) Comment établir l'expression analytique de la fonction g à partir de celle de f ?

....

....

g) Détermine avec précision l'ordonnée à l'origine de la fonction g à l'aide de son expression analytique.

....

Rôle de α - Translation horizontale

La parabole $g \equiv y = a(x - \alpha)^2$ est obtenue par une translation de la parabole $f \equiv y = ax^2$.

Exemple

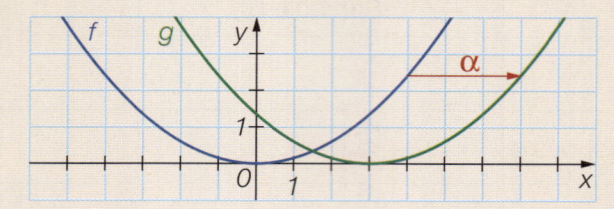

Cette translation est **horizontale**, de α unités, vers la **droite** si α est **positif** ou vers la **gauche** si α est **négatif**.

Les paraboles f et g ont la **même amplitude**.

Caractéristiques	Parabole $f \equiv y = ax^2$	Parabole $g \equiv y = a(x - \alpha)^2$
Concavité	Si a < 0 : tournée vers le bas Si a > 0 : tournée vers le haut	
Équation de l'axe de symétrie	x = 0	x = α
Coordonnées du sommet	(0 ; 0)	(α ; 0)
Ordonnée du point d'intersection avec l'axe y	0	$x = 0 \Rightarrow y = a \cdot (0 - \alpha)^2$ $y = a \cdot (-\alpha)^2$ $y = a \cdot \alpha^2$

Exercices

1 a) Les paraboles f, g et h sont obtenues par une translation d'une parabole dont l'équation est de la forme $y = ax^2$.
Pour chacune d'elles, indique l'équation de la parabole initiale et décris la translation appliquée à celle-ci.

Équation de la parabole	Parabole initiale	Description de la translation
$f \equiv y = 2(x - 3)^2$	$j \equiv$	
$g \equiv y = 0{,}3(x + 2)^2$	$k \equiv$	
$h \equiv y = \dfrac{-3}{4}(x - 1)^2$	$l \equiv$	

Fonctions du second degré et caractéristiques de leurs graphiques

b) Complète le tableau ci-dessous avec les caractéristiques de chaque parabole.

Caractéristiques	$f \equiv y = 2(x-3)^2$	$g \equiv y = 0{,}3(x+2)^2$	$h \equiv y = \dfrac{-3}{4}(x-1)^2$
Concavité			
Équation de l'axe de symétrie			
Coordonnées du sommet			
Ordonnée du point d'intersection avec l'axe y			

c) Schématise chaque parabole en faisant apparaître, si possible, les caractéristiques relevées dans le tableau.

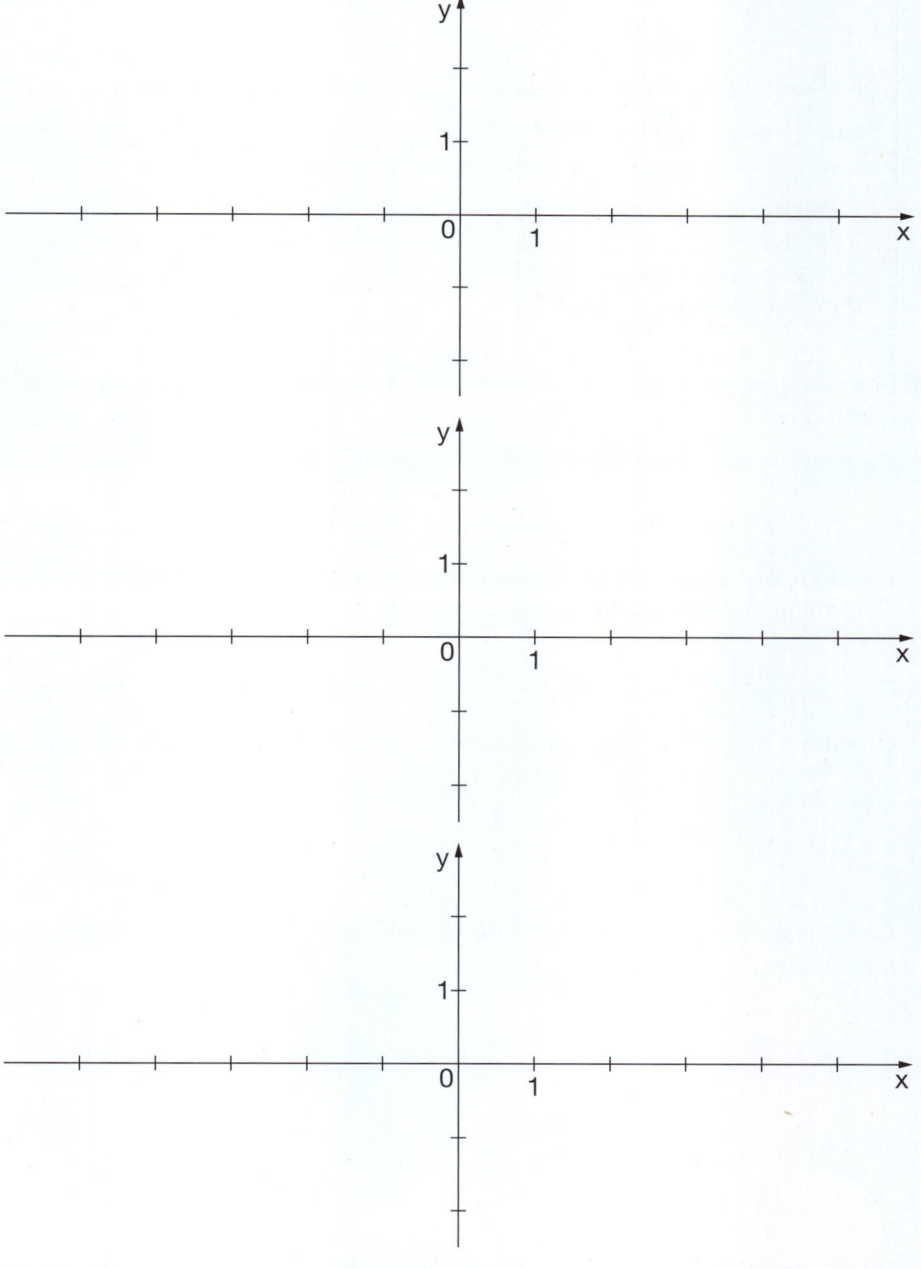

d) Afin de vérifier tes réponses, construis les paraboles à l'aide d'un logiciel ou d'une calculatrice graphique.

4 Fonctions du second degré et caractéristiques de leurs graphiques

3. Rôles de α et β – Composée de deux translations

1 La **parabole g** est l'image de la **parabole f** par la composée d'une translation horizontale et d'une translation verticale.

a) (1) À l'aide de vecteurs, indique sur le graphique les deux translations consécutives qui permettent de passer de la parabole f à la parabole g.

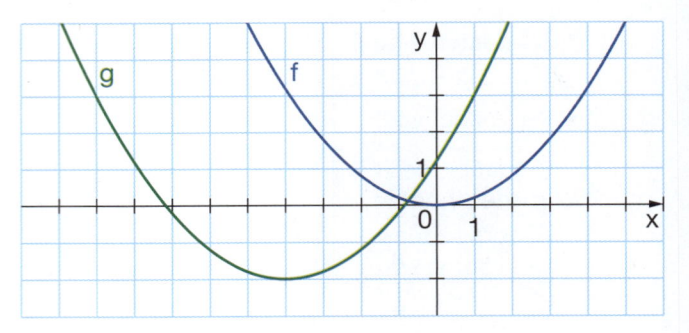

(2) Précise les caractéristiques de ces transformations.

....

....

b) Complète les caractéristiques de chaque parabole en utilisant le graphique ci-dessus.

Caractéristiques	Parabole f	Parabole g
Concavité		
Équation de l'axe de symétrie		
Coordonnées du sommet		
Ordonnée du point d'intersection avec l'axe y		

c) Entoure dans le tableau de la question b), la ou les caractéristique(s) invariante(s) du graphique.

d) L'amplitude de la parabole est-elle conservée ? Justifie.

....

e) Les deux expressions analytiques ci-dessous sont celles des fonctions f et g. Détermine quelle est celle de f et celle de g.

.... : x → y = 0,2 (x + 4)² – 2   .... : x → y = 0,2x²

f) Comment établir l'expression analytique de la fonction g à partir de celle de f ?

....

....

g) Détermine avec précision l'ordonnée à l'origine de la fonction g à l'aide de son expression analytique.

....

....

4 Fonctions du second degré et caractéristiques de leurs graphiques

Rôles de α et β - Composée de deux translations

L'expression analytique d'une fonction du second degré peut s'écrire sous la forme canonique :

$$f : x \to y = a(x - \alpha)^2 + \beta \qquad (a \neq 0)$$

La parabole $g \equiv y = a(x - \alpha)^2 + \beta$ est obtenue par la composée de deux translations de la parabole $f \equiv y = ax^2$.

Une translation horizontale, de α unités, vers la droite si α est positif ou vers la gauche si α est négatif

et une translation verticale, de β unités, vers le haut si β est positif ou vers le bas si β est négatif.

Les paraboles f et g ont la même amplitude.

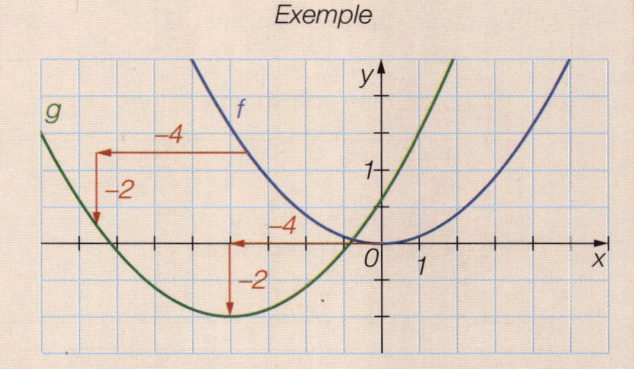

Exemple

Caractéristiques	Parabole $f \equiv y = ax^2$	Parabole $g \equiv y = a(x - \alpha)^2 + \beta$
Concavité	Si a < 0 : tournée vers le bas Si a > 0 : tournée vers le haut	
Équation de l'axe de symétrie	x = 0	x = α
Coordonnées du sommet	(0 ; 0)	(α ; β)
Ordonnée du point d'intersection avec l'axe y	0	$x = 0 \Rightarrow y = a \cdot (0 - \alpha)^2 + \beta$ $y = a \cdot (-\alpha)^2 + \beta$ $y = a \cdot \alpha^2 + \beta$

Exercices

1 a) Les paraboles f, g, h et i sont obtenues par une translation ou la composée de deux translations d'une parabole dont l'équation est de la forme $y = ax^2$.
Pour chacune d'elles, indique l'équation de la parabole initiale et décris la translation ou la composée des translations appliquée à celle-ci.

Équation de la parabole	Parabole initiale	Description de la (des) translation(s)
$f \equiv y = 3(x - 2)^2 + 1$	$k \equiv$	
$g \equiv y = -0{,}5(x + 2)^2 + 2$	$l \equiv$	
$h \equiv y = \dfrac{1}{5}x^2 - 4$	$m \equiv$	
$i \equiv y = \dfrac{-2}{3}(x + 4)^2$	$n \equiv$	

4 Fonctions du second degré et caractéristiques de leurs graphiques

b) Complète le tableau ci-dessous avec les caractéristiques de chaque parabole.

Caractéristiques	$f \equiv y = 3(x - 2)^2 + 1$	$g \equiv y = -0,5(x + 2)^2 + 2$
Concavité		
Équation de l'axe de symétrie		
Coordonnées du sommet		
Ordonnée du point d'intersection avec l'axe y		

Caractéristiques	$h \equiv y = \dfrac{1}{5}x^2 - 4$	$i \equiv y = \dfrac{-2}{3}(x + 4)^2$
Concavité		
Équation de l'axe de symétrie		
Coordonnées du sommet		
Ordonnée du point d'intersection avec l'axe y		

c) Schématise chaque parabole en faisant apparaître, si possible, les caractéristiques relevées dans le tableau.

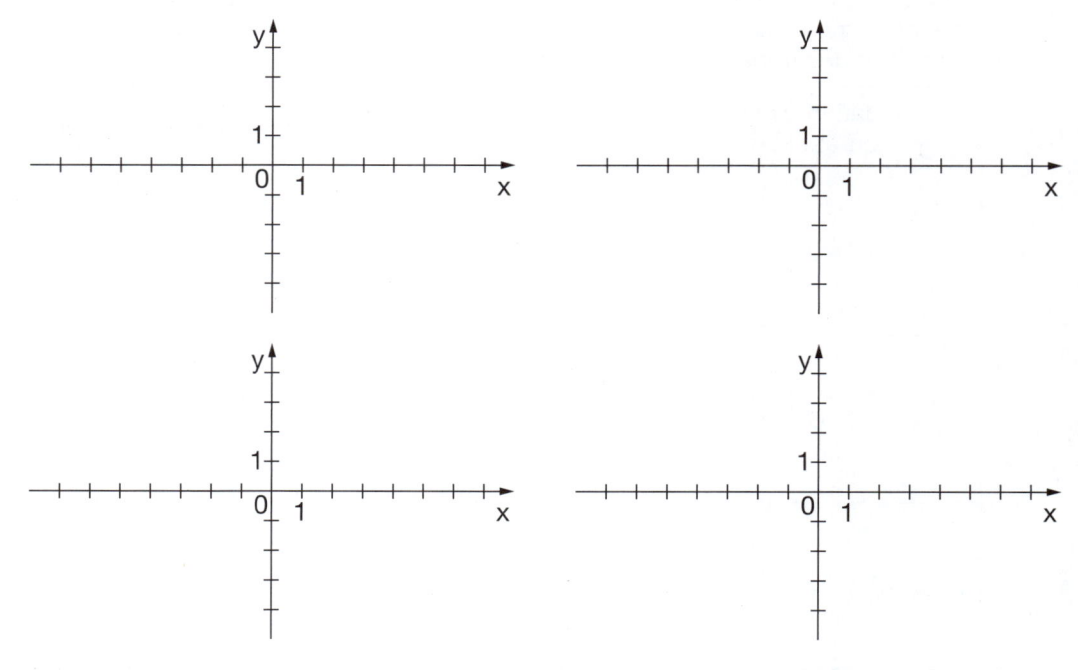

d) Afin de vérifier tes réponses, construis les paraboles à l'aide d'un logiciel ou d'une calculatrice graphique.

Fonctions du second degré et caractéristiques de leurs graphiques

4. Valeur de « a » à partir du graphique de p ≡ y = a(x − α)² + β   (α ou β non nuls)

1 Les paraboles f', g' et h' sont obtenues respectivement par une composée de translations des paraboles f, g et h.

a) (1) En observant les graphiques, complète l'équation des paraboles f, g et h.

  f ≡ y = ...

  g ≡ y = ...

  h ≡ y = ...

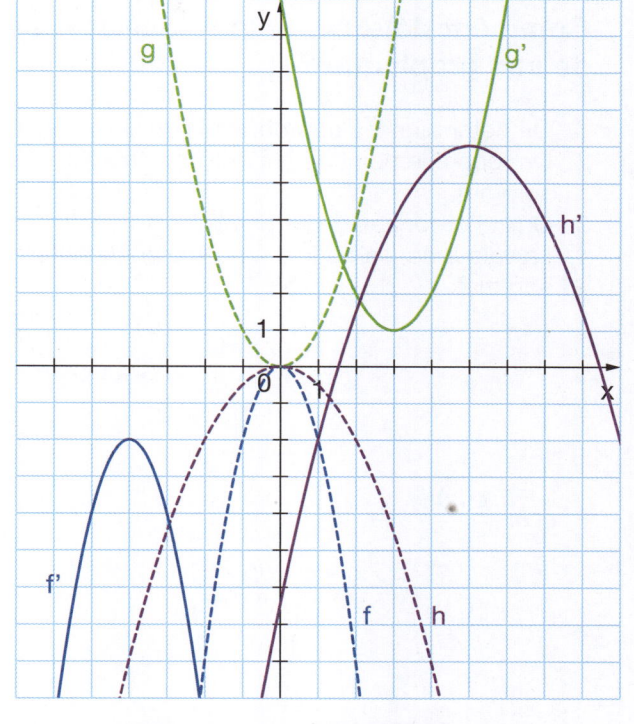

(2) Explique ton procédé pour déterminer la valeur de « a » de chaque équation.

....
....
....
....

b) (1) À l'aide des translations qu'ont subies les paraboles, complète l'équation de f', g' et h'.

  f' ≡ y = ... g' ≡ y = ... h' ≡ y = ...

(2) Pour déterminer les valeurs de "a", complète les coordonnées du sommet de chaque parabole et celles du point dont l'abscisse vaut une unité de plus que celle du sommet. Complète ensuite les flèches supérieures en comparant les ordonnées que tu viens d'écrire. Compare tes réponses avec les valeurs de "a" trouvées au (1).

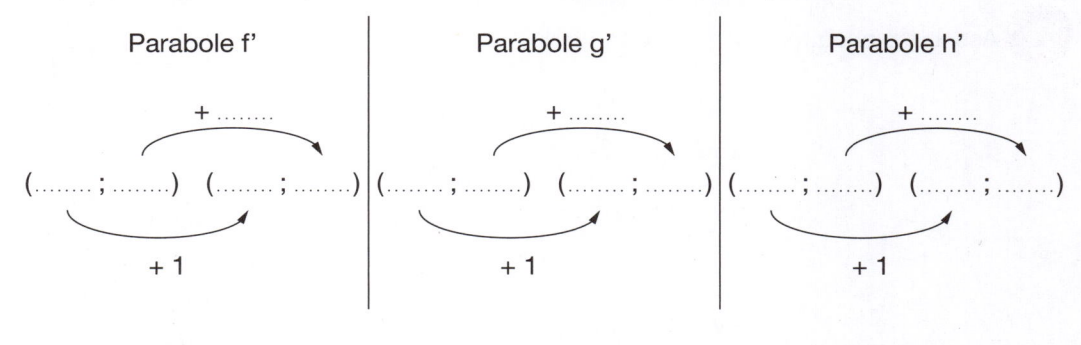

Parabole f'	Parabole g'	Parabole h'
+	+	+ ....
(...... ; ......) (...... ; ......)	(...... ; ......) (...... ; ......)	(...... ; ......) (...... ; ......)
+ 1	+ 1	+ 1

....
....

4 Fonctions du second degré et caractéristiques de leurs graphiques

Valeur de « a » à partir du graphique de $p \equiv y = a(x - \alpha)^2 + \beta$ (α ou β non nuls)

Comment déterminer la valeur de « a » de l'équation d'une parabole à partir de son graphique ?

1. On détermine les coordonnées du sommet.
2. On repère le point de la parabole dont l'abscisse est d'une unité supérieure à celle du sommet.
3. On lit l'ordonnée de ce point.
4. La valeur de a s'obtient en calculant la différence entre cette ordonnée et l'ordonnée du sommet.

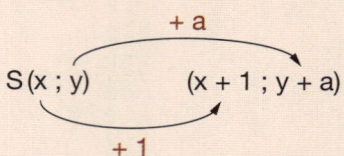

$S(x\,;\,y) \xrightarrow{+1,\ +a} (x+1\,;\,y+a)$

Exemples

$g \equiv y = 3(x-1)^2 + 2$

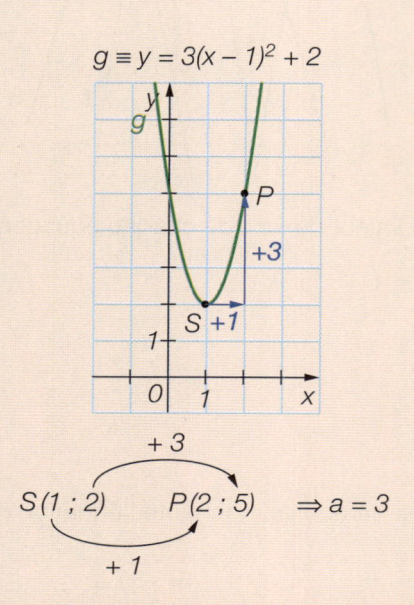

$S(1\,;\,2) \xrightarrow{+1,\ +3} P(2\,;\,5) \Rightarrow a = 3$

$h \equiv y = -2(x+2)^2 - 1$

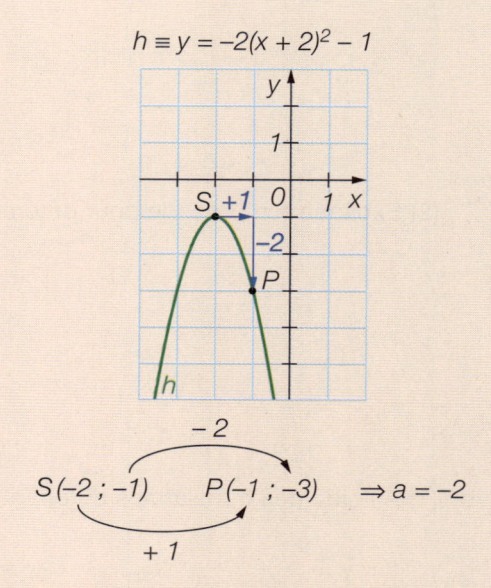

$S(-2\,;\,-1) \xrightarrow{+1,\ -2} P(-1\,;\,-3) \Rightarrow a = -2$

Exercices

1 Associe à chaque équation sa parabole.

.... $\equiv y = 2(x+3)^2$

.... $\equiv y = -(x-3)^2 + 1$

.... $\equiv y = 2(x+1)^2 - 2$

.... $\equiv y = -2(x-3)^2 + 1$

.... $\equiv y = 2(x+3)^2 - 2$

.... $\equiv y = 3(x-2)^2 + 3$

.... $\equiv y = 0{,}5(x-2)^2 + 3$

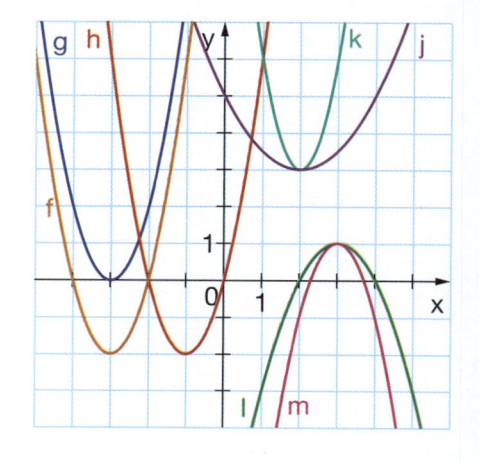

Fonctions du second degré et caractéristiques de leurs graphiques

2 Associe à chaque équation sa parabole.

.... ≡ y = 0,6(x − 0,5)² + 0,5

.... ≡ y = −0,7(x + 0,3)² + 0,4

.... ≡ y = −0,9(x + 0,3)² + 0,4

.... ≡ y = 0,5(x − 0,5)² + 0,5

.... ≡ y = −0,3(x + 0,3)² + 0,4

.... ≡ y = 0,8(x − 0,5)² + 0,5

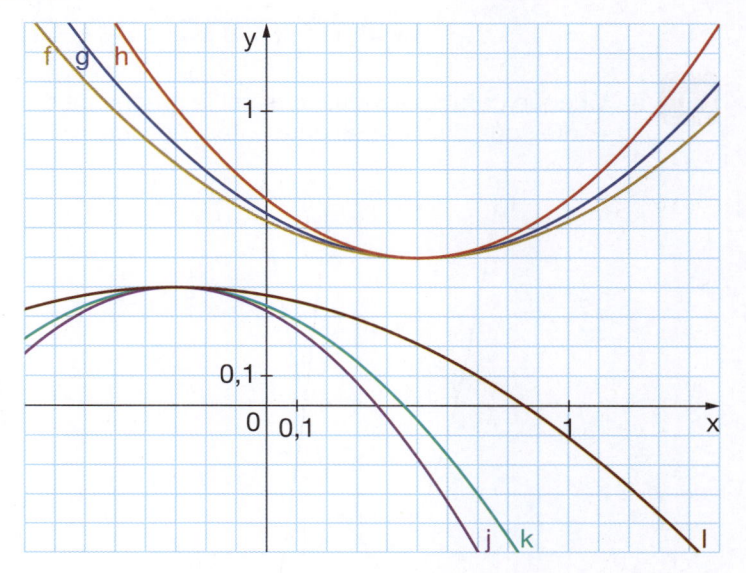

3 Détermine l'équation de chaque parabole.

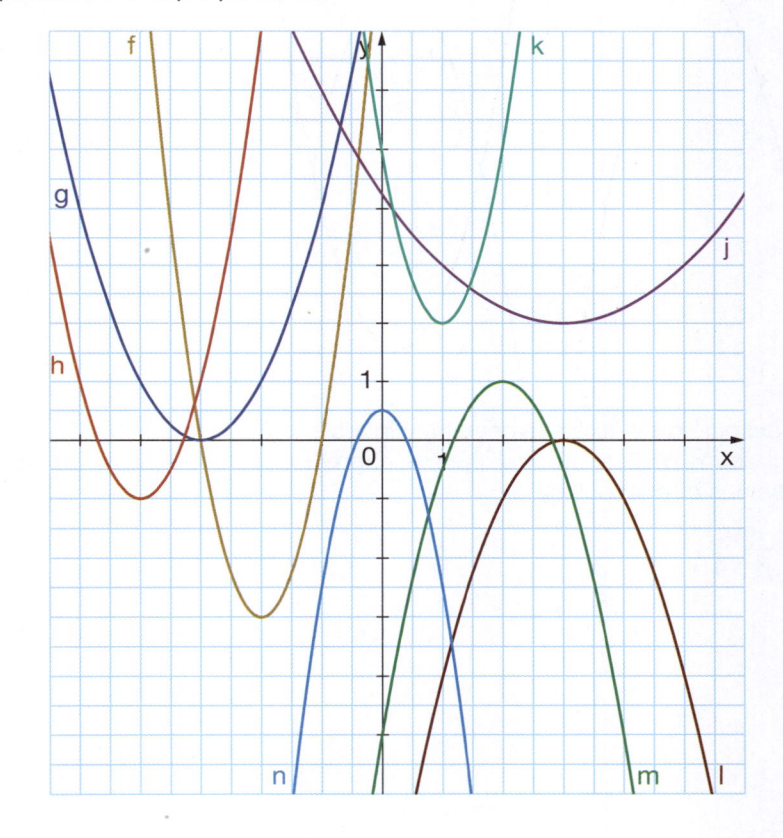

f ≡ y = ... k ≡ y = ...

g ≡ y = ... l ≡ y = ...

h ≡ y = ... m ≡ y = ...

j ≡ y = ... n ≡ y = ...

4 Fonctions du second degré et caractéristiques de leurs graphiques

Activité 4 • Formes de l'expression analytique de la fonction du second degré

1 a) Chaque parabole ci-dessous est le graphique d'une fonction du second degré pouvant être écrite sous des formes différentes. Associe chaque fonction à deux des formes proposées.

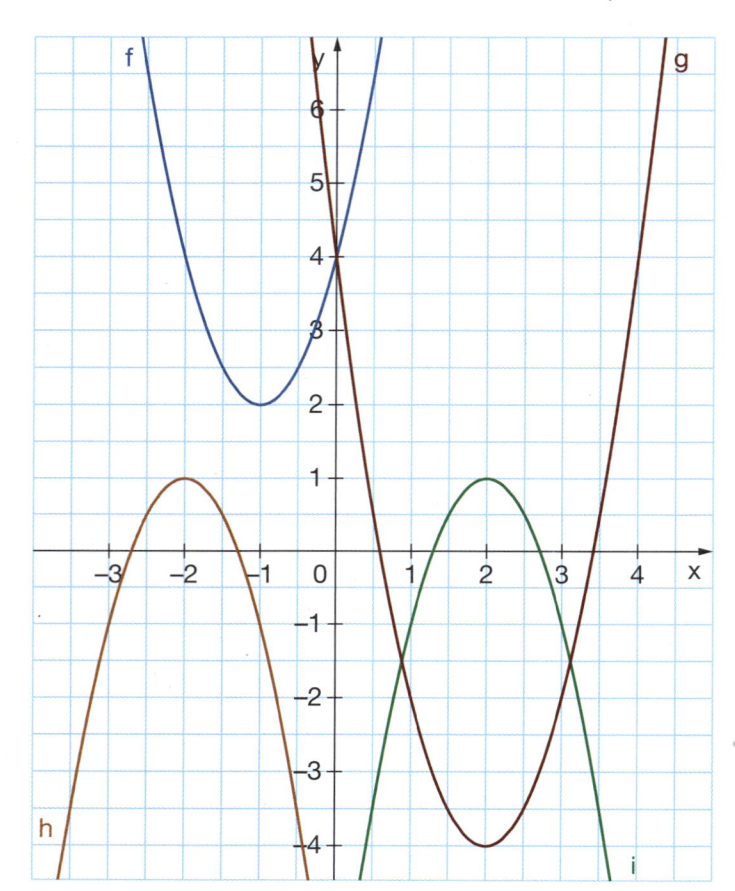

.... : $x \to y = 2(x-2)^2 - 4$

.... : $x \to y = -2(x-2)^2 + 1$

.... : $x \to y = -2(x+2)^2 + 1$

.... : $x \to y = 2(x+1)^2 + 2$

.... : $x \to y = -2x^2 + 8x - 7$

.... : $x \to y = -2x^2 - 8x - 7$

.... : $x \to y = 2x^2 + 4x + 4$

.... : $x \to y = 2x^2 - 8x + 4$

b) Tu as associé deux expressions analytiques à chaque fonction.
Pour chacune d'elles, montre que ces expressions sont équivalentes en développant les expressions ci-dessous.

$2(x-2)^2 - 4$

$-2(x+2)^2 + 1$

$-2(x-2)^2 + 1$

$2(x+1)^2 + 2$

Fonctions du second degré et caractéristiques de leurs graphiques

Formes de l'expression analytique de la fonction du second degré

A. Écritures de l'expression analytique de la fonction du second degré

L'expression analytique d'une fonction du second degré peut s'écrire sous plusieurs formes.

Forme générale : $f : x \to y = ax^2 + bx + c$ $(a \neq 0)$

Forme canonique : $f : x \to y = a(x - \alpha)^2 + \beta$ $(a \neq 0)$

B. Comment déterminer la forme générale de l'expression d'une fonction du second degré à partir de sa forme canonique ?

Il suffit de faire disparaître les parenthèses de l'expression canonique à l'aide de techniques algébriques puis de réduire les termes semblables.

Exemple

L'expression analytique de la fonction représentée par la parabole ci-contre peut s'écrire :

$f : x \to y = \underbrace{2(x - 1)^2 - 3}_{\text{Forme canonique}}$ ou $f : x \to y = \underbrace{2x^2 - 4x - 1}_{\text{Forme générale}}$

En effet, $y = 2(x - 1)^2 - 3$

$y = 2(x^2 - 2x + 1) - 3$ (carré d'une différence)

$y = 2x^2 - 4x + 2 - 3$ (simple distributivité)

$y = 2x^2 - 4x - 1$ (réduction d'une somme)

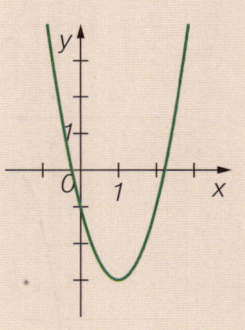

Exercices

1 Écris sous la forme générale les expressions données sous leur forme canonique.

a) $y = 2(x + 1)^2$

b) $y = -3(x + 4)^2$

c) $y = -(x - 2)^2$

d) $y = -4x^2 + 2$

e) $y = \dfrac{1}{2}(x + 1)^2 + \dfrac{3}{2}$

f) $y = 0{,}3(x - 1{,}1)^2 - 2$

4 Fonctions du second degré et caractéristiques de leurs graphiques

2 Écris l'équation de chaque parabole sous la forme canonique puis sous la forme générale.

	Forme canonique	Forme générale

Activité 5 • Caractéristiques de la parabole d'équation y = ax² + bx + c

1 On a représenté ci-dessous la parabole d'équation $y = 2(x - 1)^2 - 3$.

   a) Trace l'axe de symétrie de cette parabole.

   b) Quelle est l'équation de cet axe de symétrie ? ....

   c) Quelles sont les coordonnées du sommet ? ....

   d) Développe et réduis l'expression $2(x - 1)^2 - 3$.
      Détermine ensuite les valeurs de a, b et c.

   ....
   ....
   ....
   ....
   ....

2 On considère la parabole d'équation $y = a(x - \alpha)^2 + \beta$.

   a) Quelle est l'équation de l'axe de symétrie ? ....

   b) Quelles sont les coordonnées du sommet ? ....

   c) Développe l'expression $a(x - \alpha)^2 + \beta$ et réduis les termes semblables.

   ....
   ....
   ....

   d) (1) Complète le tableau ci-dessous.

	Dans la forme générale $y = ax^2 + bx + c$	Dans la réponse du 2c)
Coefficient de x^2		
Coefficient de x		
Terme indépendant		

   (2) Que constates-tu sur la ligne du coefficient de x^2 ?

   ....
   ....

   (3) Complète la première égalité en comparant les valeurs du coefficient de x du tableau, puis isole α.

   b = ...   α = ...

4 Fonctions du second degré et caractéristiques de leurs graphiques

(4) Complète l'égalité en comparant les valeurs du terme indépendant du tableau, puis remplace α par l'expression trouvée au 3).

c = ...

c = ...

Isole β et réduis l'expression pour obtenir une fraction.

β = ...

....

....

....

e) Complète le tableau ci-dessous.

Caractéristiques	Dans la forme canonique $y = a(x - α)^2 + β$	Dans la forme générale $y = ax^2 + bx + c$
Équation de l'axe de symétrie		
Coordonnées du sommet		

3

a) Calcule l'ordonnée du point d'intersection de la parabole d'équation $y = 2x^2 - 4x - 1$ avec l'axe y.

....

....

b) Calcule l'ordonnée du point d'intersection de la parabole d'équation $y = ax^2 + bx + c$ avec l'axe y.

....

....

c) Complète le tableau ci-dessous.

Caractéristique	Dans la forme canonique $y = a(x - α)^2 + β$	Dans la forme générale $y = ax^2 + bx + c$
Ordonnée du point d'intersection avec l'axe y		

Fonctions du second degré et caractéristiques de leurs graphiques

Caractéristiques de la parabole d'équation $y = ax^2 + bx + c$

Caractéristiques de la parabole

La concavité est tournée vers le haut si a est positif,
vers le bas si a est négatif.

L'équation de l'axe de symétrie est $x = \dfrac{-b}{2a}$.

Les coordonnées du sommet sont $\left(\dfrac{-b}{2a} \; ; \; \dfrac{4ac - b^2}{4a}\right)$.

> Remarque
> On peut aussi obtenir l'ordonnée du sommet en remplaçant x par la valeur de son abscisse $\left(\dfrac{-b}{2a}\right)$ dans l'équation de le parabole.

L'ordonnée du point d'intersection de la parabole avec l'axe y est c.

Exemples

$f \equiv y = 2x^2 - 4x - 1$ $a = 2 \; ; \; b = -4 \; ; \; c = -1$

- La concavité est tournée vers le haut
  car $a = 2 > 0$.

- L'équation de l'axe de symétrie est $x = 1$
  car $\dfrac{-b}{2a} = \dfrac{-(-4)}{2 \cdot 2} = \dfrac{4}{4} = 1$.

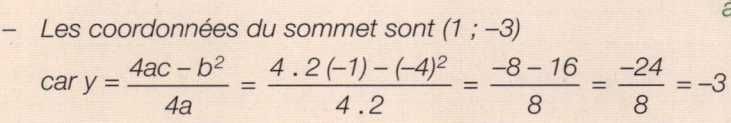

- Les coordonnées du sommet sont $(1 \; ; \; -3)$
  car $y = \dfrac{4ac - b^2}{4a} = \dfrac{4 \cdot 2 \cdot (-1) - (-4)^2}{4 \cdot 2} = \dfrac{-8 - 16}{8} = \dfrac{-24}{8} = -3$

  ou $y = 2 \cdot 1^2 - 4 \cdot 1 - 1 = 2 - 4 - 1 = -3$

- L'ordonnée du point d'intersection de la parabole avec l'axe y est -1 car $c = -1$.

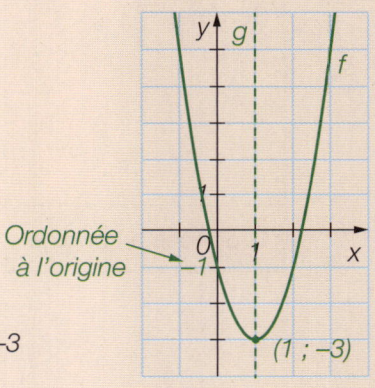

$g \equiv y = -0{,}5x^2 + 3x - 2$ $a = -0{,}5 \; ; \; b = 3 \; ; \; c = -2$

- La concavité est tournée vers le bas
  car $a = -0{,}5 < 0$.

- L'équation de l'axe de symétrie est $x = 3$
  car $\dfrac{-b}{2a} = \dfrac{-3}{2 \cdot (-0{,}5)} = \dfrac{-3}{-1} = 3$.

- Les coordonnées du sommet sont $\left(3 \; ; \; \dfrac{5}{2}\right) = (3 \; ; \; 2{,}5)$

  car $y = \dfrac{4ac - b^2}{4a} = \dfrac{4 \cdot (-0{,}5) \cdot (-2) - 3^2}{4 \cdot (-0{,}5)} = \dfrac{4 - 9}{-2} = \dfrac{-5}{-2} = \dfrac{5}{2}$

  ou $y = -0{,}5 \cdot 3^2 + 3 \cdot 3 - 2 = -0{,}5 \cdot 9 + 9 - 2 = -4{,}5 + 9 - 2 = 2{,}5$

- L'ordonnée du point d'intersection de la parabole avec l'axe y est -2 car $c = -2$.

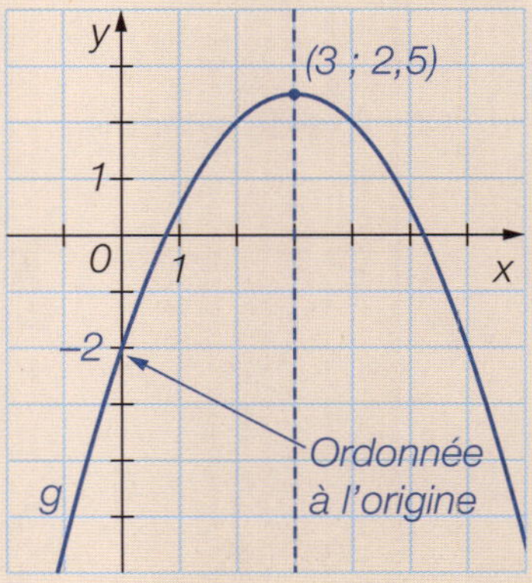

4 Fonctions du second degré et caractéristiques de leurs graphiques

Exercices

1 a) Détermine les éléments caractéristiques des paraboles à partir de leur équation.

	$y = 3x^2 - 6x + 1$			$y = -2x^2 + 7x - 5$		
	a	b	c	a	b	c
Sens de la concavité						
Axe de symétrie						
Sommet						
Ordonnée à l'origine						

	$y = x^2 + 2x$			$y = -3 - x^2 - 2x$		
	a	b	c	a	b	c
Sens de la concavité						
Axe de symétrie						
Sommet						
Ordonnée à l'origine						

Fonctions du second degré et caractéristiques de leurs graphiques   4

b) Voici les paraboles étudiées en a).
Associe chacune d'elles à son équation.

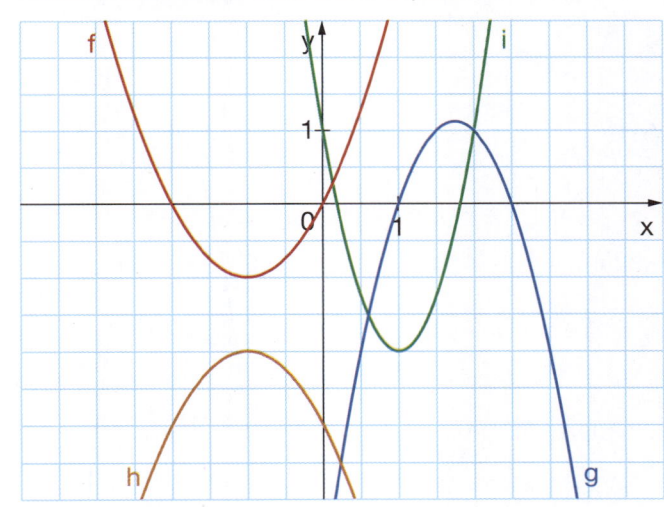

$y = 3x^2 - 6x + 1$ • • f

$y = -2x^2 + 7x - 5$ • • g

$y = x^2 + 2x$ • • h

$y = -3 - x^2 - 2x$ • • i

c) Écris chaque équation sous sa forme canonique.

$y = 3x^2 - 6x + 1$	....
$y = -2x^2 + 7x - 5$	....
$y = x^2 + 2x$	....
$y = -3 - x^2 - 2x$	....

2 Écris chaque équation sous sa forme canonique.

a) $f \equiv y = 4x^2 - 8x + 7$ b) $g \equiv y = 9x^2 - 6x + 3$ c) $h \equiv y = -2x^2 - 4x - 2$

125

4 Fonctions du second degré et caractéristiques de leurs graphiques

3 a) Détermine les caractéristiques de la parabole ci-dessous et compète le tableau.

Concavité tournée vers...	
Équation de l'axe de symétrie	
Coordonnées du sommet	
Ordonnée du point d'intersection avec l'axe y	
Abscisse des points d'intersection avec l'axe x	

b) Écris l'équation de la parabole sous sa forme canonique.

....

....

c) Vérifie l'ordonnée du point d'intersection de la parabole avec l'axe y à partir de la forme canonique de l'équation.

....

d) Écris l'équation de cette parabole sous sa forme générale.

....

....

....

....

e) Vérifie tes réponses en déterminant les caractéristiques de la parabole à partir de l'équation écrite sous sa forme générale.

Concavité	
Équation de l'axe de symétrie	
Sommet	
Ordonnée du point d'intersection avec l'axe y	

Chapitre 5
Équations du second degré

Compétences à développer

○ Traiter un problème en utilisant des fonctions du deuxième degré.

Processus

Connaître

○ Lier les diverses écritures de la fonction du deuxième degré avec certaines caractéristiques de la fonction ou de son graphique.
○ Interpréter graphiquement les solutions d'une équation ou d'une inéquation du deuxième degré.

Appliquer

○ Associer l'expression analytique d'une fonction du deuxième degré à son graphique et réciproquement.
○ Rechercher des caractéristiques d'une fonction du deuxième degré.
○ Rechercher des caractéristiques d'une parabole d'axe vertical.
○ Résoudre une équation du deuxième degré.

Transférer

○ Modéliser et résoudre des problèmes issus de situations diverses.

5 Équations du second degré

Activité 1 • Produit nul

1 Résous les équations.

$x - 1 = 0$ $x - 6 = 0$ $2x + 2 = 0$ $3 - x = 0$

....

....

2 Voici les expressions analytiques de deux fonctions f_1 et f_2 et leur graphique.

$$f_1 : x \rightarrow y = (x - 1) \cdot (x - 6)$$
$$f_2 : x \rightarrow y = (2x + 2) \cdot (3 - x)$$

a) Montre qu'il s'agit de fonctions du second degré. Justifie.

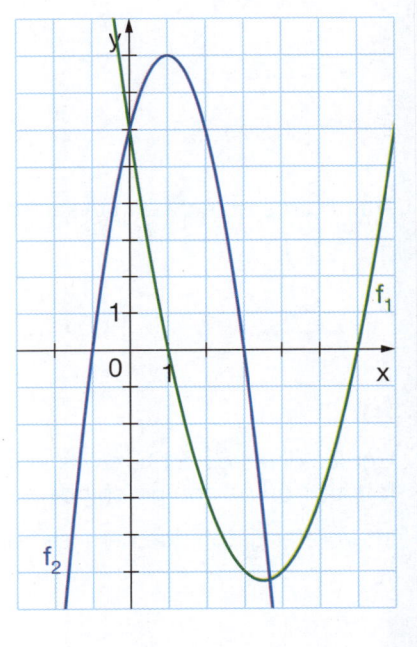

....

....

....

....

....

....

b) Pour chaque fonction, en utilisant sa forme factorisée, écris l'équation te permettant de trouver les abscisses des points d'intersection du graphique avec l'axe x.

f_1 : .... f_2 : ....

Résous graphiquement les équations que tu viens d'écrire.

....

....

....

c) Comment aurais-tu pu trouver ces solutions algébriquement ?

....

....

Produit nul

Un **produit** est **nul** si et seulement si au moins un de ses **facteurs** est **nul**.

$$a \cdot b = 0 \Leftrightarrow a = 0 \text{ ou } b = 0$$

Équations du second degré

Exemples

$$x(x-3) = 0$$
$$\updownarrow$$
$$x = 0 \text{ ou } x - 3 = 0$$
$$x = 3$$

$$(x-2)(2x+3) = 0$$
$$\updownarrow$$
$$x - 2 = 0 \text{ ou } 2x + 3 = 0$$
$$x = 2 \text{ ou } \quad x = -\frac{3}{2}$$

$$(x-5)^2 = 0$$
$$\updownarrow$$
$$x - 5 = 0$$
$$x = 5$$

Exercices

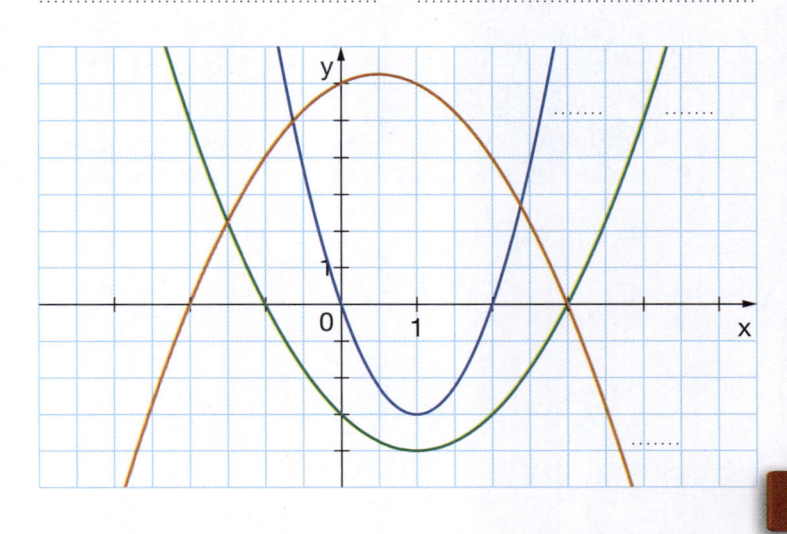

1 Résous les équations.

$(x-2)(x+4) = 0$ \qquad $2x(1-2x) = 0$ \qquad $2(3-4x)(x-2) = 0$

$(x+5)^2 = 0$ \qquad $(2x+3)(2-x) = 0$ \qquad $-3(1-x)(x+3) = 0$

2 a) Résous les équations.

$(x+1)(x-3) = 0$ \qquad $3x(x-2) = 0$ \qquad $(x+2)(3-x) = 0$

b) Voici, dans un même repère, les graphiques de trois fonctions. En utilisant les solutions trouvées au a), associe chaque parabole à la fonction qu'elle représente.

$f_1 : x \rightarrow y = (x+1)(x-3)$

$f_2 : x \rightarrow y = 3x(x-2)$

$f_3 : x \rightarrow y = (x+2)(3-x)$

5 Équations du second degré

3 Entoure les solutions des équations suivantes.

Équations	Solutions proposées				
$x(x+3) = 0$	3	1	0	–2	–3
$(4-x)(x+1) = 0$	–1	$\frac{1}{4}$	–4	4	1
$(2x+3)(x-3) = 0$	3	–3	$-\frac{3}{2}$	$-\frac{2}{3}$	$\frac{3}{2}$
$(x+2)^2$	0	2	–2	–4	4
$-7x(1-4x) = 0$	0	$\frac{1}{7}$	$-\frac{1}{4}$	7	$\frac{1}{4}$
$3(2-x)(2+3x) = 0$	3	2	0	$-\frac{2}{3}$	$-\frac{3}{2}$

Activité 2 • Produit nul et équations particulières du second degré

1 **Équations de la forme $ax^2 + bx = 0$**

Ci-dessous, les trajectoires paraboliques d'un nageur réalisant des apnées sont données sous la forme d'équations et/ou représentées par des paraboles.

Pour chaque situation,
a) écris l'équation permettant de trouver les abscisses des points d'intersection de chaque parabole avec l'axe x.
b) détermine ces abscisses.

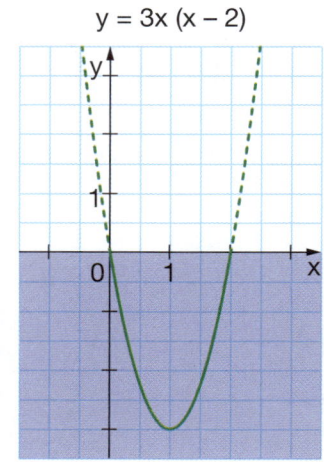

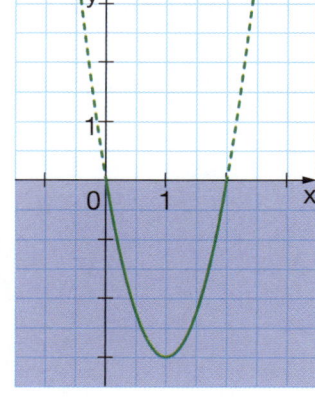

$y = 3x^2 - 6x$ $y = 3x(x-2)$ $y = x^2 - 3x$

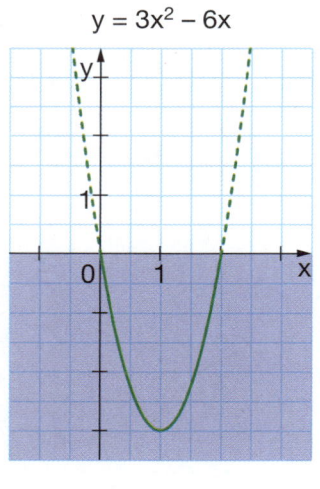

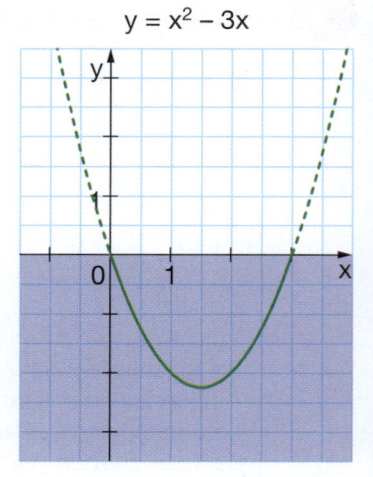

a) ....   a) ....   a) ....

b) ....   b) ....   b) ....

Équations du second degré

$y = 2x(x + 2)$	$y = 2x^2 + 4x$	$y = 4x^2 - 4x$
a)	a)	a) ....
b)	b)	b) ....

Lorsque l'équation ne se présentait pas sous la forme d'un produit nul, quelle technique as-tu utilisée pour la ramener sous cette forme ?

....

2 Équations de la forme $ax^2 + c = 0$

a) Lors de la Coupe du monde, un rugbyman botte le ballon entre les poteaux afin de marquer deux points. Le ballon suit une trajectoire parabolique d'équation $y = 9 - x^2$.

(1) Détermine graphiquement les abscisses des points d'intersection de la parabole avec l'axe x.

....

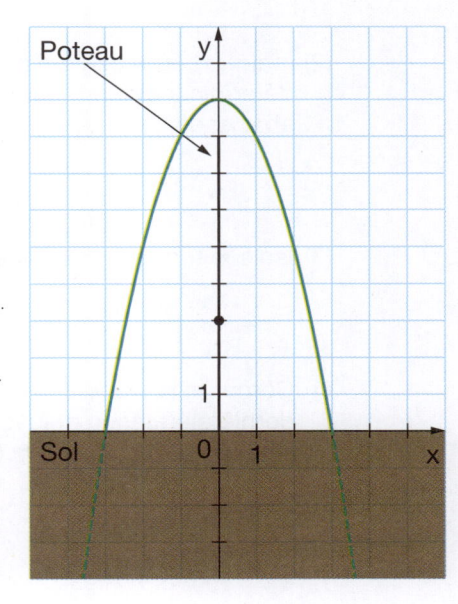

(2) Indique l'équation permettant de déterminer algébriquement ces abscisses.

....

(3) Complète.

Le premier membre de l'équation se présente sous

la forme d'une .... de deux ....

En effet, $9 - x^2$ peut s'écrire ....

(4) Parmi ces trois expressions

$(a - b)^2$, $(a + b)^2$ et $(a - b) \cdot (a + b)$,

écris celle qui te permet de compléter l'égalité ci-dessous. Justifie ta réponse.

$a^2 - b^2 = $ ....

....

5 Équations du second degré

(5) Résous l'équation indiquée au point (2) en utilisant le produit remarquable que tu viens d'écrire et précise la signification de la (des) solution(s) sur le terrain de rugby.

....

....

....

....

....

....

....

....

b) Lors d'un concours, un juge regarde du sol un pilote d'avion qui réalise une acrobatie suivant la trajectoire parabolique d'équation $y = x^2 + 6$ représentée ci-dessous.

(1) Détermine graphiquement l'abscisse du (des) point(s) d'intersection éventuel(s) de la parabole avec l'axe x et justifie en t'aidant de la situation concrète.

....

....

(2) Indique l'équation qui aurait permis de déterminer algébriquement cette (ces) abscisse(s).

....

(3) Isole le terme en x^2 de cette équation.

....

(4) Compare le signe des membres de cette dernière équation et justifie algébriquement la réponse à la question (1).

....

....

....

....

Équations du second degré — 5

3 Équations particulières de la forme $ax^2 + bx + c = 0$

a) Un martin-pêcheur désirant attraper un poisson nageant en surface se lance du tronc d'un arbre en suivant une trajectoire parabolique d'équation $y = x^2 - 6x + 9$.

(1) Détermine graphiquement l'abscisse du (des) point(s) d'intersection éventuel(s) de la parabole avec l'axe x.

....

(2) Indique l'équation permettant de déterminer algébriquement cette ou ces abscisse(s).

....

(3) Parmi ces trois expressions

$(a - b)^2$, $(a + b)^2$ et $(a - b) \cdot (a + b)$,

écris celle qui te permet de compléter l'égalité ci-dessous. Justifie ta réponse.

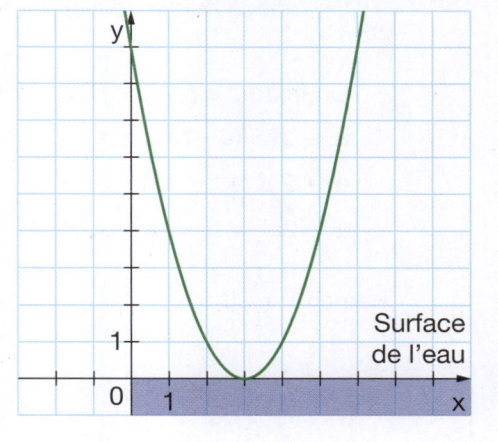

$a^2 - 2ab + b^2 = $ ....

....

....

(4) Résous l'équation notée au point (2) en utilisant ce produit remarquable et précise la signification de la (des) solution(s) pour le martin-pêcheur.

....

....

....

....

b) Dans cette activité, tu as déjà factorisé des expressions à l'aide des formules suivantes :

$a^2 - b^2 = (a - b) \cdot (a + b)$ et $a^2 - 2ab + b^2 = (a - b)^2$

De façon similaire, tu vas découvrir comment factoriser une expression en utilisant le carré d'une somme. Tu pourras ensuite utiliser cette formule pour résoudre certaines équations du second degré.

(1) Développe. $(a + b)^2 = $ ....

(2) Complète la formule permettant de factoriser un « trinôme carré parfait » sous la forme du carré d'une somme.

$$\text{...................................} = (a + b)^2$$

(3) Utilise la formule que tu viens d'établir pour résoudre l'équation $x^2 + 8x + 16 = 0$.

....

....

....

5 Équations du second degré

Produit nul et équations particulières du second degré

A. Factorisation

Factoriser une somme algébrique, c'est la transformer en un produit de facteurs.

B. Comment factoriser une expression du second degré ?

Exemples

- On met en évidence le(s) facteur(s) commun(s).

$$15x^2 - 20x = 5x(3x - 4)$$
$$4(x - 2) - x(x - 2) = (x - 2)(4 - x)$$

- On factorise à l'aide des produits remarquables.

$a^2 - b^2 = (a - b)(a + b)$

$a^2 + 2ab + b^2 = (a + b)^2$

$a^2 - 2ab + b^2 = (a - b)^2$

$4x^2 - 1 = (2x - 1)(2x + 1)$

$9x^2 + 6x + 1 = (3x + 1)^2$

$x^2 - 8x + 16 = (x - 4)^2$

Remarque : Dans certains cas, il est utile d'utiliser d'abord la mise en évidence et ensuite un produit remarquable.

Exemples : $3x^2 - 27 = 3(x^2 - 9) = 3(x - 3)(x + 3)$

$7x^2 + 14x + 7 = 7(x^2 + 2x + 1) = 7(x + 1)^2$

C. Comment résoudre une équation particulière du second degré ?

1) On écrit l'équation sous la forme $ax^2 + bx + c = 0$.
2) On factorise le premier membre de l'équation.
3) On applique la règle du produit nul.

Exemples

$21x^2 = 14x$

$21x^2 - 14x = 0$

$7x(3x - 2) = 0$

$\Updownarrow$

$7x = 0$ ou $3x - 2 = 0$

$x = 0$ ou $x = \dfrac{2}{3}$

$9x^2 = 1$

$9x^2 - 1 = 0$

$(3x - 1)(3x + 1) = 0$

$\Updownarrow$

$3x - 1 = 0$ ou $3x + 1 = 0$

$x = \dfrac{1}{3}$ ou $x = -\dfrac{1}{3}$

$4x^2 + 9 = 12x$

$4x^2 - 12x + 9 = 0$

$(2x - 3)^2 = 0$

$\Updownarrow$

$2x - 3 = 0$

$x = \dfrac{3}{2}$

Cas particulier

Certaines équations sont impossibles à résoudre.

Exemples

$25x^2 + 9 = 0$

$25x^2 = -9$

$3x^2 + 2 = 0$

$3x^2 = -2$

Ces équations sont impossibles, elles ne possèdent pas de solution.

Équations du second degré

Exercices

1 Factorise les expressions suivantes.

Série 1

$35x + 50 = $ .... $20x^2 + 12x = $ ....

$7x^2 - 7x = $ .... $49x^2 + 48x = $ ....

$25x - 45x^2 = $ .... $6x + 9x^2 = $ ....

Série 2

$x^2 - 36 = $ .... $36 - 49x^2 = $ ....

$4x^2 - 9 = $ .... $-16 + x^2 = $ ....

$9x^2 + 25 = $ .... $-25x^2 + 81 = $ ....

Série 3

$x^2 + 6x + 9 = $ .... $4 + 4x^2 - 8x = $ ....

$x^2 + 1 + 2x = $ .... $10x + 1 + 25x^2 = $ ....

$4x^2 - 4x + 1 = $ .... $25 - 60x + 36x^2 = $ ....

Série 4

$9x^2 - 24x + 16 = $ .... $81x - 45x^2 = $ ....

$9x^2 - 25 = $ .... $1 + 8x + 16x^2 = $ ....

$25x^2 + 100x = $ .... $25x^2 - 9 = $ ....

Série 5

$5x^2 - 10x + 5 = $ ....

$20x^2 - 125 = $ ....

$4x^2 + 36 - 24x = $ ....

$2x^2 + 12x + 18 = $ ....

$100x^2 + 25 = $ ....

$12x^2 - 27 = $ ....

Série 6

$(x + 2)(x - 3) - 5(x - 3) = $ ....

....

$(2x - 3)^2 + 5 = $ ....

$(3x - 1)^2 - 9 = $ ....

5 Équations du second degré

$(3x - 2)(4x - 3) + (x - 4)(3x - 2) =$ ....

$(5x + 3)^2 - (4 - 3x)^2 =$ ....

$4(3x + 2)^2 - 144 =$ ....

$(5x + 1)^2 - \dfrac{1}{9} =$ ....

2 Résous les équations suivantes.

a) $9x^2 + 11x = 0$

b) $4x^2 - 9 = 0$

c) $16x^2 + 8x + 1 = 0$

d) $5x^2 + 1 = 0$

e) $35x = 5x^2$

f) $x^2 = 64$

g) $1 = 12x - 36x^2$

h) $(5x - 2)^2 + 2 = 0$

i) $3x^2 + 3 = -6x$

j) $(x + 4)^2 = 3(x + 4)$

k) $2(3x - 5)^2 - 98 = 0$

l) $25(4x + 5)^2 - 100 = 0$

m) $(3x + 4)^2 = 9$

n) $2(3x + 1)^2 + (6x + 2)^2 = 0$

5 Équations du second degré

Activité 3 • Résolution de l'équation générale $ax^2 + bx + c = 0$

Lors de l'activité précédente, tu as découvert comment résoudre des équations par la méthode du produit nul. Tu vas maintenant découvrir une méthode pour trouver les solutions d'une équation générale de la forme $ax^2 + bx + c = 0$.

1 Voici trois paraboles et leur équation. Applique les différentes consignes du tableau pour chacune d'elles.

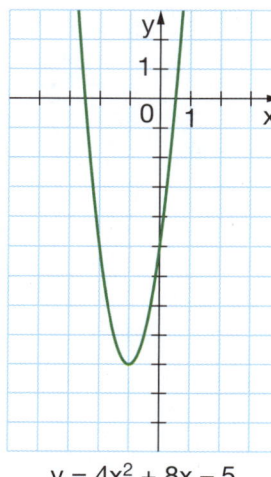

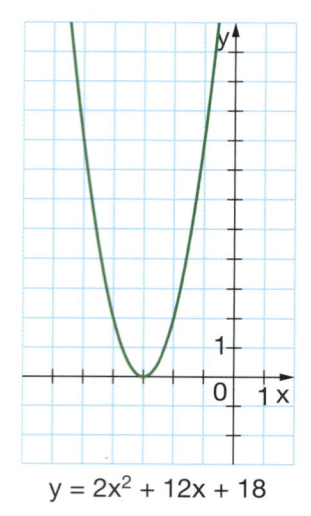

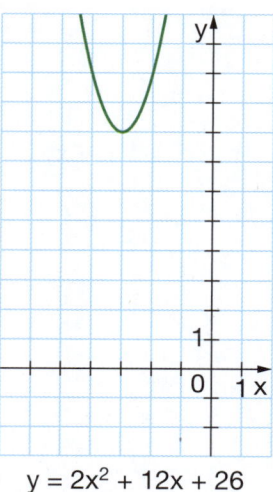

$y = 4x^2 + 8x - 5$ $y = 2x^2 + 12x + 18$ $y = 2x^2 + 12x + 26$

a)	Écris l'équation te permettant de trouver les abscisses du (des) point(s) d'intersection du graphique avec l'axe x.		
	....	....	....
b)	En utilisant le graphique, transforme la forme générale de l'équation pour l'écrire sous la forme canonique : $a(x - \alpha)^2 + \beta = 0$		
	a = ...	a = ...	a = ...
	α = ...	α = ...	α = ...
	β = ...	β = ...	β = ...
c)	Divise les deux membres de l'équation par a : $(x - \alpha)^2 + \dfrac{\beta}{a} = 0$		
	....	....	....
d)	Est-il possible de résoudre chacune de ces équations ? Justifie.		
	....	....	....

Équations du second degré

e) Détermine, sans les calculer, le nombre de solutions de chaque équation.
   Vérifie ta réponse sur les graphiques des paraboles.

| .... | .... | .... |

f) Écris le premier membre sous la forme d'une différence : $(x - \alpha)^2 - \left(\dfrac{-\beta}{a}\right) = 0$.

| .... | .... | .... |

e) Détermine la valeur de $\dfrac{-\beta}{a}$. Complète par $<$, $>$ ou $= 0$.

| $\dfrac{-\beta}{a} = $ .... | $\dfrac{-\beta}{a} = $ .... | $\dfrac{-\beta}{a} = $ .... |
| $\dfrac{-\beta}{a}$ .... 0 | $\dfrac{-\beta}{a}$ .... 0 | $\dfrac{-\beta}{a}$ .... 0 |

2 Tu as pu observer dans le tableau de l'exercice 1 que le signe de $\dfrac{-\beta}{a}$ influence le nombre de solutions de chaque équation.

a) Développe $\dfrac{-\beta}{a}$ pour l'écrire en fonction de a, b et c en utilisant la valeur de $\beta = \dfrac{4ac - b^2}{4a}$.

$\dfrac{-\beta}{a} = $ ....

b) Pour simplifier l'expression trouvée, on pose $\Delta = b^2 - 4ac$.
   Écris ta dernière réponse en utilisant Δ. (Δ est appelé discriminant et se lit « delta ».)

$\dfrac{-\beta}{a} = $ ....

c) L'expression $4a^2$ étant positive, le signe de $\dfrac{-\beta}{a}$ ne dépend que du signe de Δ. Calcule la valeur de Δ et vérifie qu'il a le même signe que $\dfrac{-\beta}{a}$ pour chacune de tes équations.

| $\Delta = b^2 - 4ac$ | $\Delta = b^2 - 4ac$ | $\Delta = b^2 - 4ac$ |

Complète cette première conclusion.

$\Delta = $ ....
- si $\Delta > 0$, l'équation admet .... solution(s).
- si $\Delta = 0$, l'équation admet .... solution(s).
- si $\Delta < 0$, l'équation admet .... solution(s).

5 Équations du second degré

3 La suite du raisonnement commencé à l'exercice 2 dépend donc du signe de Δ. Applique les différentes consignes pour chaque cas.

a) 1er cas : Δ > 0

1) Écris l'équation trouvée au 1c) pour laquelle Δ > 0 et résous-la.

2) Cette équation s'écrit, de façon générale, $(x - \alpha)^2 - \left(\dfrac{-\beta}{a}\right) = 0$.

Remplace, dans cette équation, α par $\dfrac{-b}{2a}$ et $\dfrac{-\beta}{a}$ par l'expression trouvée à l'exercice 2b). Ensuite, résous-la.

Équations du second degré

b) 2ᵉ cas : $\Delta = 0$

　1) Écris l'équation trouvée au 1c) pour laquelle $\Delta = 0$ et résous-la.

　　..

　　..

　　..

　2) Cette équation s'écrit, de façon générale, $(x - \alpha)^2 = 0$.

　　Remplace, dans cette équation, α par $\dfrac{-b}{2a}$. Ensuite, résous-la.

　　..

　　..

　　..

　　..

c) 3ᵉ cas : $\Delta < 0$

　1) Écris l'équation trouvée au 1c) pour laquelle $\Delta < 0$ et explique pourquoi cette équation est impossible.

　　..

　　..

　　..

　2) Cette équation s'écrit, de façon générale, $(x - \alpha)^2 - \left(\dfrac{-\beta}{\alpha}\right) = 0$.

　　Remplace, dans cette équation, α par $\dfrac{-b}{2a}$ et $\dfrac{-\beta}{a}$ par l'expression trouvée au 2b).

　　Étudie ensuite le signe de chacun des termes de cette équation et déduis-en qu'elle n'admet pas de solution.

　　..

　　..

　　..

　　..

　　..

5 Équations du second degré

Résolution de l'équation générale $ax^2 + bx + c = 0$

Comment résoudre une équation du type $ax^2 + bx + c = 0$? ($a \neq 0$)

On calcule le **discriminant** $\Delta = b^2 - 4ac$.   (La lettre grecque Δ se lit "delta".)

Ensuite, selon le signe de ce dernier, on détermine les éventuelles solutions.

Illustrations graphiques

1er cas : $\Delta > 0$

   L'équation admet **deux solutions** distinctes :

   $$x_1 = \frac{-b + \sqrt{\Delta}}{2a} \text{ et } x_2 = \frac{-b - \sqrt{\Delta}}{2a}$$

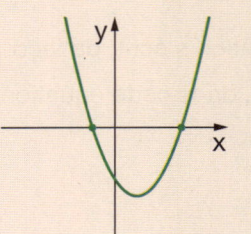

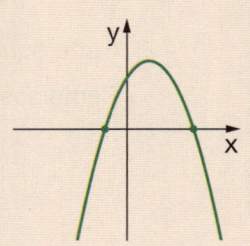

2e cas : $\Delta = 0$

   L'équation admet **une solution** :

   $$x = \frac{-b}{2a}$$

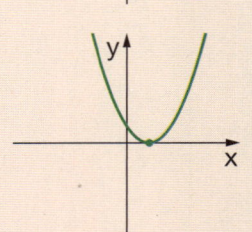

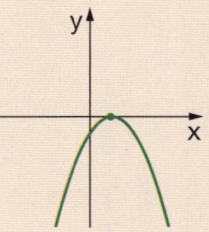

3e cas : $\Delta < 0$

   L'équation n'admet **aucune solution**.

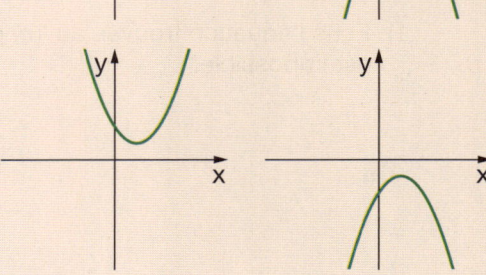

Exemples

$2x^2 - 3x - 2 = 0$

   Coefficients : $a = 2$; $b = -3$; $c = -2$

   Calcul de Δ : $\Delta = b^2 - 4ac = (-3)^2 - 4 \cdot 2 \cdot (-2) = 9 + 16 = 25 > 0$

   L'équation admet deux solutions : $x_1 = \dfrac{-b + \sqrt{\Delta}}{2a} = \dfrac{-(-3) + \sqrt{25}}{2 \cdot 2} = \dfrac{3 + 5}{4} = \dfrac{8}{4} = 2$

   $x_2 = \dfrac{-b - \sqrt{\Delta}}{2a} = \dfrac{-(-3) - \sqrt{25}}{2 \cdot 2} = \dfrac{3 - 5}{4} = \dfrac{-2}{4} = \dfrac{-1}{2}$

$9x^2 - 6x + 1 = 0$

   Coefficients : $a = 9$; $b = -6$; $c = 1$

   Calcul de Δ : $\Delta = b^2 - 4ac = (-6)^2 - 4 \cdot 9 \cdot 1 = 36 - 36 = 0$

   L'équation admet une solution : $x = \dfrac{-b}{2a} = \dfrac{-(-6)}{2 \cdot 9} = \dfrac{6}{18} = \dfrac{1}{3}$

$-2x^2 + 5x - 4 = 0$

   Coefficients : $a = -2$; $b = 5$; $c = -4$

   Calcul de Δ : $\Delta = b^2 - 4ac = 5^2 - 4 \cdot (-2) \cdot (-4) = 25 - 32 = -7 < 0$

   L'équation n'admet aucune solution.

Remarques

– Dans le cas où l'équation admet deux solutions ($\Delta > 0$), on écrit parfois les deux solutions en utilisant la formule unique : $x_{1,2} = \dfrac{-b \pm \sqrt{\Delta}}{2a}$

  Exemple : $2x^2 - 3x - 2 = 0$

  Coefficients : $a = 2$; $b = -3$; $c = -2$

  Calcul de Δ : $\Delta = b^2 - 4ac = (-3)^2 - 4 \cdot 2 \cdot (-2) = 9 + 16 = 25 > 0$

  L'équation admet deux solutions.

  $x_{1,2} = \dfrac{-b \pm \sqrt{\Delta}}{2a} = \dfrac{-(-3) \pm \sqrt{25}}{2 \cdot 2} = \dfrac{3 \pm 5}{4}$

  $\dfrac{3+5}{4} = \dfrac{8}{4} = 2$

  $\dfrac{3-5}{4} = \dfrac{-2}{4} = \dfrac{-1}{2}$

– Le discriminant Δ se note aussi parfois à l'aide de la lettre grecque ρ (« rhô ») et s'appelle réalisant.

Exercices

1 Résous les équations suivantes. Pour chacune d'elles, vérifie à l'aide de ta calculatrice si la ou les solutions trouvées sont correctes.

Série A

a) $x^2 + 5x + 6 = 0$

b) $2x^2 + 7x - 4 = 0$

c) $4x^2 - 20x + 25 = 0$

d) $3x^2 - 4x + 2 = 0$

5 Équations du second degré

e) $3x^2 - 2x - 1 = 0$

f) $-2x^2 - 9x + 5 = 0$

g) $-x^2 + 5x - 4 = 0$

h) $x^2 + 3x + 1 = 0$

Série B

a) $-x + 3x^2 - 14 = 0$

b) $3x^2 + 2 = -8x - 2x^2 - 3$

$3x^2 + 2 + 8x + 2x^2 + 3 = 0$

$5x^2 + 5 + 8x = 0$

c) $2(x^2 - 12) - 8x + 32 = 0$

d) $-4x^2 + 4x - 3 = -6$

e) $6x^2 - 6 = 36x + 12$

f) $2(x - 1)^2 = -3x + 17$

5 Équations du second degré

Activité 4 • Plan de résolution d'une équation du second degré

1 a) Si possible, résous les équations de deux manières différentes.

Équation	Par factorisation	Par la méthode du discriminant
$-2x^2 + 4x - 2 = 0$		
$3x^2 - x = 0$		
$x^2 - 16 = 0$		
$x^2 - 4x + 5 = 0$		
$2x^2 + 2x - 4 = 0$		

b) Quelle méthode est toujours applicable ? ....

c) Lorsque les deux méthodes sont applicables, laquelle est la plus rapide ?

....

Équations du second degré   5

Plan de résolution d'une équation du second degré

Comment résoudre une équation du second degré ?

1. On place tous les termes dans un même membre.
2. De préférence, si possible, on **factorise** et on résout l'équation par la **règle du produit nul**. Sinon, on utilise la **méthode du discriminant** pour rechercher les éventuelles solutions.

Exemples

$-2x^2 = -8$
$-2x^2 + 8 = 0$
$-2(x^2 - 4) = 0$
$-2(x + 2)(x - 2) = 0$
$\updownarrow$
$x + 2 = -0$ ou $x - 2 = 0$
$x = -2$ ou $x = 2$

$3x^2 - 6x = 0$
$3x(x - 2) = 0$
$\updownarrow$
$3x = 0$ ou $x - 2 = 0$
$x = 0$ ou $x = 2$

$12(x^2 + x) = -3$
$12x^2 + 12x + 3 = 0$
$3(4x^2 + 4x + 1) = 0$
$3(2x + 1)^2 = 0$
$\updownarrow$
$2x + 1 = 0$
$2x = -1$
$x = -\dfrac{1}{2}$

$3x^2 + x - 2 = 0$
$a = 3 \ ; b = 1 \ ; c = -2$
$\Delta = 1^2 - 4 \cdot 3 \cdot (-2)$
$\quad = 1 + 24$
$\quad = 25 > 0$
$x_1 = \dfrac{-1 + \sqrt{25}}{2 \cdot 3} = \dfrac{-1 + 5}{6} = \dfrac{4}{6} = \dfrac{2}{3}$
$x_2 = \dfrac{-1 - \sqrt{25}}{2 \cdot 3} = \dfrac{-1 - 5}{6} = \dfrac{-6}{6} = -1$

Exercices

1 Résous les équations suivantes en utilisant la méthode la mieux adaptée.

a) $4x^2 = 4x$

b) $2x^2 - 4x - 30 = 0$

5 Équations du second degré

c) $-x^2 + 6x - 9 = 0$

d) $4(x-3)^2 + 9 = 0$

e) $4x^2 = 25$

f) $9x^2 - 12x + 4 = 0$

g) $2(x-1) = x^2 - 5$

h) $4x^2 + 2x + 1 = 2x + 2$

i) $16x^2 - 2x = 30x$

j) $(x+2)^2 - 9 = 0$

Activité 5 • Forme factorisée de l'expression du second degré

1 Complète les trois tableaux.

Fonctions		Zéros	Coefficients de x^2 (a)
Formes factorisées	Formes générales		
$f_1 : x \to y = (x-1)(x-2)$			
$f_2 : x \to y = (x+2)(x-3)$			
$f_3 : x \to y = 2(x+2)(x-3)$			
$f_4 : x \to y = -7(x+2)(x-3)$			

Fonctions		Zéros	Coefficients de x^2 (a)
Formes factorisées	Formes générales		
		5 et 3	1
		5 et 3	2
		−2 et 4	3
		0 et 1	2

149

5 Équations du second degré

Fonctions		Zéros	Coefficients de x^2 (a)
Formes factorisées	Formes générales		
	$f_1 : x \rightarrow y = x^2 - 6x + 8$		
	$f_2 : x \rightarrow y = 2x^2 + 5x - 3$		
	$f_3 : x \rightarrow y = -3x^2 - 27x - 42$		

2 Factorise les expressions suivantes.

$x^2 - 9 =$ ....

$2x^2 + x - 6 =$ ....

$2x^2 + 4x + 2 =$ ....

$3x^2 - 12 =$ ....

$4x^2 + x =$ ....

Équations du second degré

3 La fonction f : x → y = −2x² + 3x + 2 est représentée par la parabole ci-dessous.

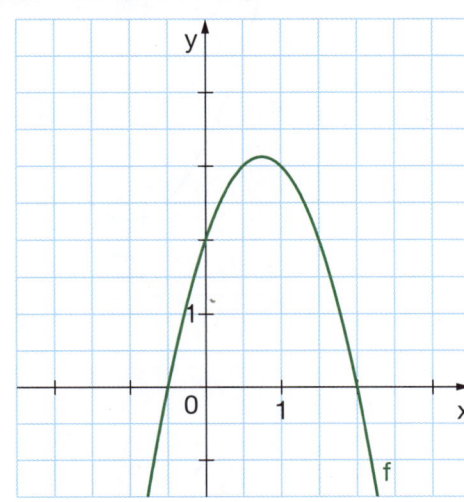

a) Détermine graphiquement les zéros de f.

....

b) Déduis-en le signe du discriminant de l'équation −2x² + 3x + 2 = 0.

....

c) À l'aide de ses zéros, factorise l'expression algébrique de la fonction f.

−2x² + 3x + 2 = ...

d) Afin de vérifier ta réponse, applique la distibutivité à la forme factorisée de l'expression.

....

....

4 Voici deux fonctions et leur représentation graphique.

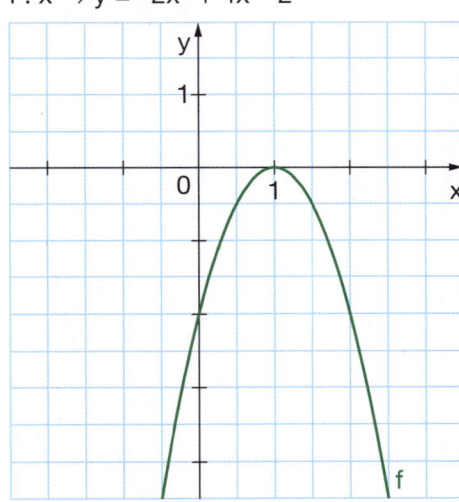

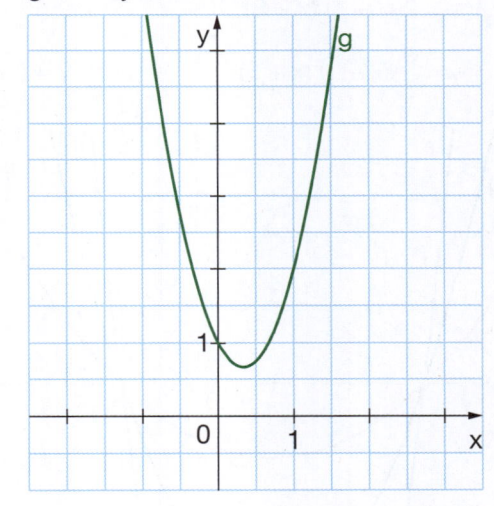

f : x → y = −2x² + 4x − 2

g : x → y = 3x² − 2x + 1

a) Détermine les zéros de ces fonctions.

Zéro(s) de f : ....   Zéro(s) de g : ....

b) Déduis-en le signe du discriminant de chacune des équations.

−2x² + 4x − 2 = 0   3x² − 2x + 1 = 0

....

c) Factorise si possible chaque expression.

−2x² + 4x − 2 = ...   3x² − 2x + 1 = ...

....

5 Équations du second degré

5 On a représenté ci-contre la fonction $f : x \to y = x^2 + 1$.

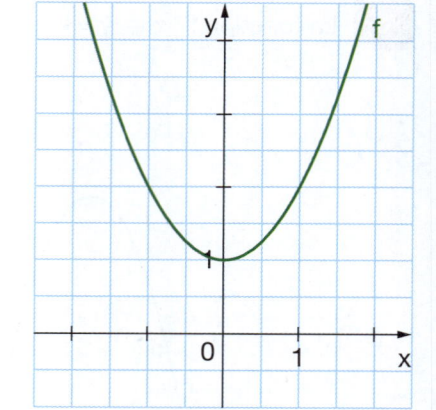

a) Détermine graphiquement les zéros de la fonction f.

   ....

b) Déduis-en le signe du discriminant Δ. ....

c) Vérifie ta réponse en calculant le discriminant Δ.

   ....

   ....

d) Factorise si possible l'expression $x^2 + 1$.

   ....

e) Justifie pourquoi une somme de deux carrés ne sera jamais factorisable.

   ....

   ....

   ....

6 Associe chaque parabole à son équation factorisée.

$y = 2(x - 1)(x + 3)$ .... | $y = (x - 3)(x + 2)$ .... | $y = (x - 2)(x + 1)$ ....

$y = \dfrac{3}{4}(x - 1)(x + 3)$ .... | $y = (x - 1)(x + 1)$ .... | $y = \dfrac{1}{4}(x - 1)(x + 3)$ ....

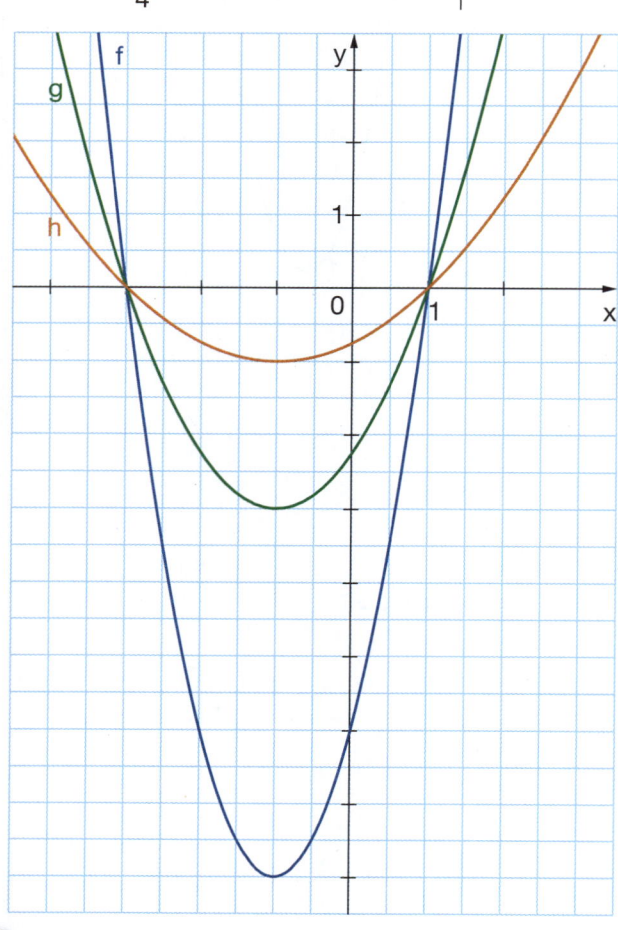

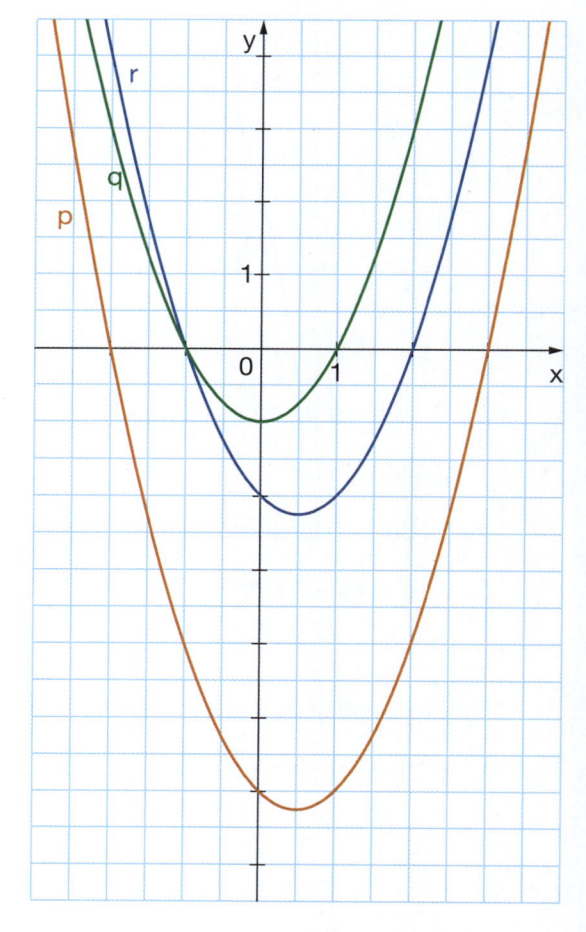

Forme factorisée de l'expression du second degré

A. Comment factoriser ax² + bx + c par la méthode du discriminant ?

On détermine les solutions de l'équation $ax^2 + bx + c = 0$ par la méthode du discriminant.

Si $\Delta > 0$, l'équation possède 2 solutions (x_1 et x_2) et on peut écrire :

$$ax^2 + bx + c = a(x - x_1)(x - x_2)$$

Si $\Delta = 0$, l'équation possède 1 solution (x_1) et on peut écrire :

$$ax^2 + bx + c = a(x - x_1)^2$$

Si $\Delta < 0$, l'équation ne possède pas de solution et l'expression n'est pas factorisable.

Exemples

$2x^2 - x - 3$ $2x^2 - x - 3 = 0$

$$\Delta = 25 > 0$$

$$x_1 = \frac{3}{2}$$

$$x_2 = -1$$

$$2x^2 - x - 3 = 2\left(x - \frac{3}{2}\right)(x + 1)$$

$9x^2 - 6x + 1$ $9x^2 - 6x + 1 = 0$

$$\Delta = 0$$

$$x = \frac{1}{3}$$

$$9x^2 - 6x + 1 = 9\left(x - \frac{1}{3}\right)^2$$

$-2x^2 + 3x - 2$ $-2x^2 + 3x - 2 = 0$

$$\Delta = -7 < 0$$

$-2x^2 + 3x - 2$ n'est pas factorisable.

Remarque : Une somme de deux carrés n'est pas factorisable avec la méthode du discriminant.

Exemples

$x^2 + 1$ n'est pas factorisable
car $\Delta = 0^2 - 4 \cdot 1 \cdot 1 = -4 < 0$

$25x^2 + 9$ n'est pas factorisable
car $\Delta = 0^2 - 4 \cdot 25 \cdot 9 = -900 < 0$

B. Comment factoriser une expression du second degré ?

On utilise la mise en évidence et/ou les produits remarquables.

Si ces deux méthodes ne sont pas applicables ou si l'expression obtenue contient encore un facteur du second degré, on emploie la méthode du discriminant.

Exemples

$$4x^2 + 6x = 2x(2x + 3) \quad \text{Mise en évidence}$$

$$6x^2 + 3 = 3(2x^2 + 1) \quad \text{Mise en évidence}$$

$$9x^2 - 25 = (3x - 5)(3x + 5) \quad \text{Différence de deux carrés}$$

$$2x^2 + 4x + 2 = 2(x^2 + 2x + 1) \quad \text{Mise en évidence et,}$$
$$= 2(x + 1)^2 \quad \text{trinôme carré parfait}$$

$$4x^2 - 12x + 9 = (2x - 3)^2 \quad \text{Trinôme carré parfait}$$

$$2x^2 + 5x - 3 = 2\left(x - \frac{1}{2}\right)(x - 3) \quad \text{Méthode du discriminant}$$

$$\Delta = 49 > 0$$
$$x_1 = \frac{1}{2} \qquad x_2 = 3$$

$$2x^2 - 4x - 6 = 2(x^2 - 2x - 3) \quad \text{Mise en évidence et,}$$
$$= 2(x - 3)(x + 1) \quad \text{méthode du discriminant}$$

$$\Delta = 16 > 0$$
$$x_1 = 3 \qquad x_2 = -1$$

C. Comment écrire l'expression factorisée d'une fonction du second degré à partir de son graphique ?

On détermine graphiquement la valeur de a et les zéros de la fonction.

Si la fonction admet deux zéros (x_1 et x_2), on écrit l'expression analytique de la fonction sous la forme $f : x \rightarrow y = a(x - x_1)(x - x_2)$.

Si la fonction admet un zéro (x_1), on écrit l'expression analytique de la fonction sous la forme $f : x \rightarrow y = a(x - x_1)^2$.

Si la fonction n'admet pas de zéros, l'expression n'est pas factorisable.

Exemples

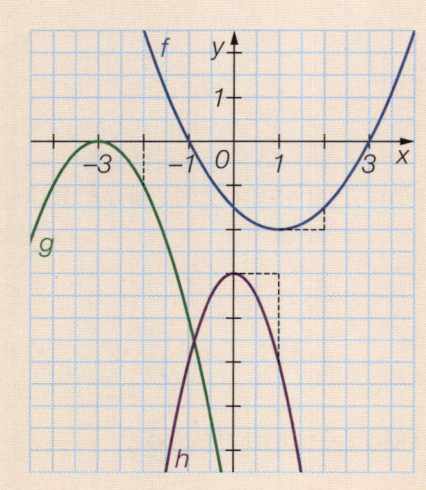

Fonction f : $a = \frac{1}{2}$
Zéros : −1 et 3
donc $f : x \rightarrow y = \frac{1}{2}(x + 1)(x - 3)$

Fonction g : $a = -1$
Zéro : −3
donc $g : x \rightarrow y = -(x + 3)^2$

Fonction h : $a = -2$
La fonction h n'admet pas de zéro, donc son expression analytique n'est pas factorisable.

D. Rôles de a, x_1 et x_2 dans l'expression $f : x \rightarrow y = a(x - x_1)(x - x_2)$

Dans l'expression $f : x \rightarrow y = a(x - x_1)(x - x_2)$,

- a joue le même rôle dans la forme générale et dans la forme canonique ;
- x_1 et x_2 sont les zéros de la fonction f.

Exemples

$f : x \rightarrow y = 2(x - 1)(x + 2)$
$\quad y = 2(x - 1)(x - (-2))$

La concavité est tournée vers le haut car $a = 2 > 0$

1 et –2 sont les zéros de f.

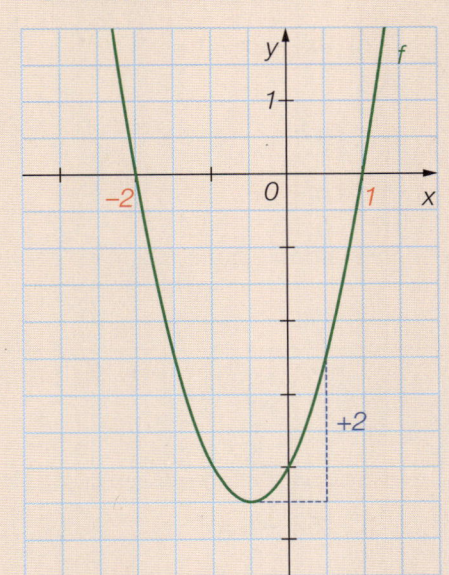

$g : x \rightarrow y = -3(x + 2)(x + 1)$
$\quad y = -3(x - (-2))(x - (-1))$

La concavité est tournée vers le bas car $a = -3 < 0$

–2 et –1 sont les zéros de g.

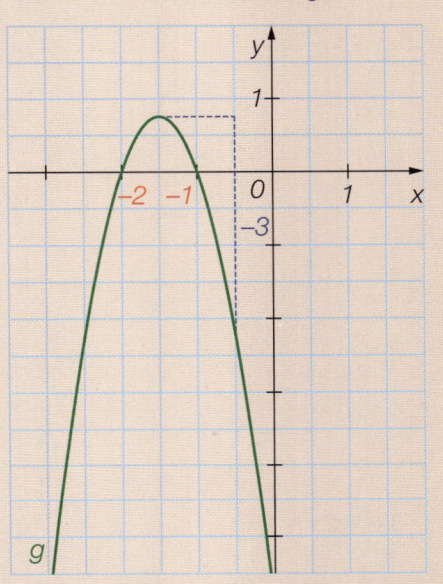

Exercices

1 Factorise en utilisant la méthode la plus rapide.

Série A

a) $2x^2 - 50 =$ ....

b) $4x^2 - 12x + 9 =$ ....

c) $x^2 - 3x - 10 =$ ....

d) $4x^2 + 2x - 2 =$ ....

5 Équations du second degré

e) $3x^2 - 21x + 36 = $ ....

f) $2x^2 + 11x + 12 = $ ....

g) $5x^2 + x - 6 = $ ....

h) $3x^2 - 2x - 1 = $ ....

i) $-3x^2 - 2x - 1 = $ ....

j) $25x^2 - 9 = $ ....

k) $5x^2 + 5x + 5 = $ ....

l) $-3x^2 - 6x = $ ....

Équations du second degré

Série B

a) $-5x + 2(x^2 + 1) =$ ....

b) $9x - 6(1 - x^2) =$ ....

c) $(4x - 7)(-x - 1) - (4x - 7)(2x - 4)$

   $=$ ....

d) $x^2 + 7 - 2(x^2 + 8x - 1)$

   $=$ ....

e) $(3x - 2)^2 - 4$

   $=$ ....

f) $(3x + 4)^2 - (2x - 1)^2$

   $=$ ....

5 Équations du second degré

2 Écris l'expression algébrique d'une fonction du second degré

a) dont les zéros sont 3 et –6.

b) qui admet 7 pour unique zéro.

c) dont les zéros sont identiques à ceux de la fonction $g : x \to y = 2x^2 - 8$.

3 a) Pour chaque fonction représentée ci-dessous, détermine la valeur de a et les zéros.

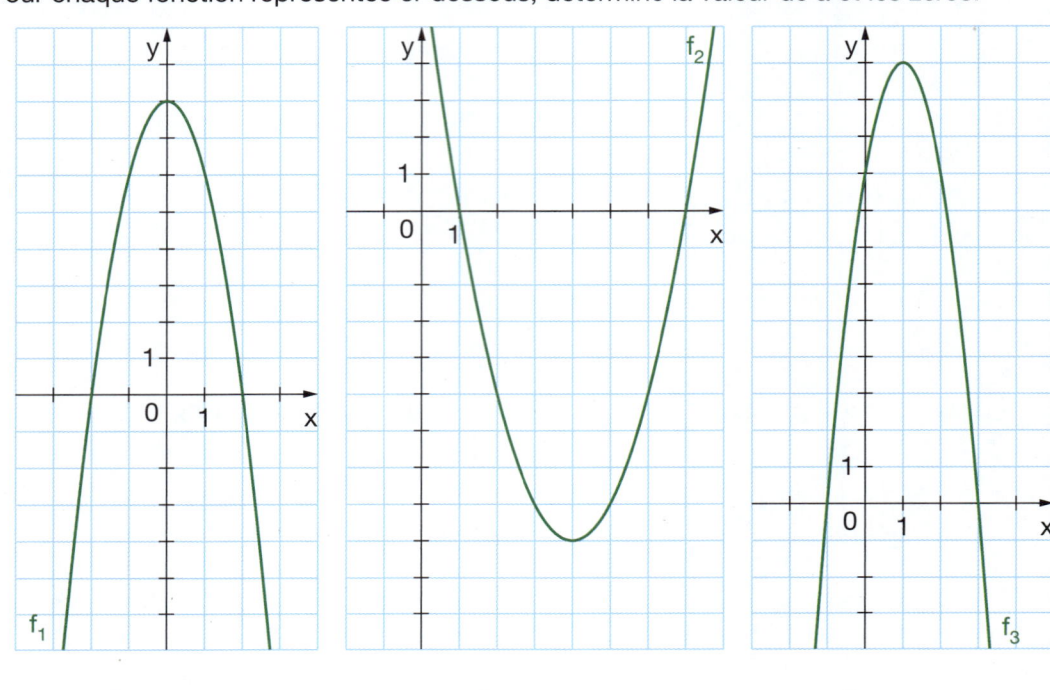

a = ...   a = ...   a = ...

$x_1 = $ .... $x_2 = $ .... $x_1 = $ .... $x_2 = $ .... $x_1 = $ .... $x_2 = $ ....

b) Écris chaque fonction sous une forme factorisée et ensuite sous la forme générale.

	Forme factorisée	Forme générale
f_1		
f_2		
f_3		

Activité 6 • Problèmes simples

1 Un jardinier est chargé d'aménager un terrain carré de 8 m de côté. Il doit y placer quatre parterres qui couvriront un quart du terrain. Ces parterres, disposés comme l'indique la figure ci-contre, doivent être triangulaires et identiques.

Le raisonnement qui suit va te permettre d'aider le jardinier à calculer à quelle distance des coins du terrain il doit placer les sommets de la pelouse.

a) Si x désigne la mesure |DH|, détermine l'expression algébrique de la mesure |DE|.

....

b) (1) Détermine l'expression algébrique de l'aire du parterre triangulaire DHE.

....

(2) Déduis-en une expression algébrique réduite de l'aire des quatre parterres.

$A_{parterres}$ = ...

c) (1) Calcule l'aire totale en m² du terrain.

A_{totale} = ...

(2) Calcule l'aire en m² souhaitée par le client pour l'ensemble des quatre parterres.

$A_{parterres}$ = ...

d) Observe tes réponses aux questions b)(2) et c)(2) ; tu as découvert deux expressions de l'aire des quatre parterres. Égale ces expressions pour former une équation.

....

e) Détermine, à 0,01 près, les solutions de cette équation.

5 Équations du second degré

f) Exprime la solution du problème dans un langage correct.

....

....

g) Représente chaque solution et vérifie qu'elle convient à l'énoncé du problème en complétant le tableau.

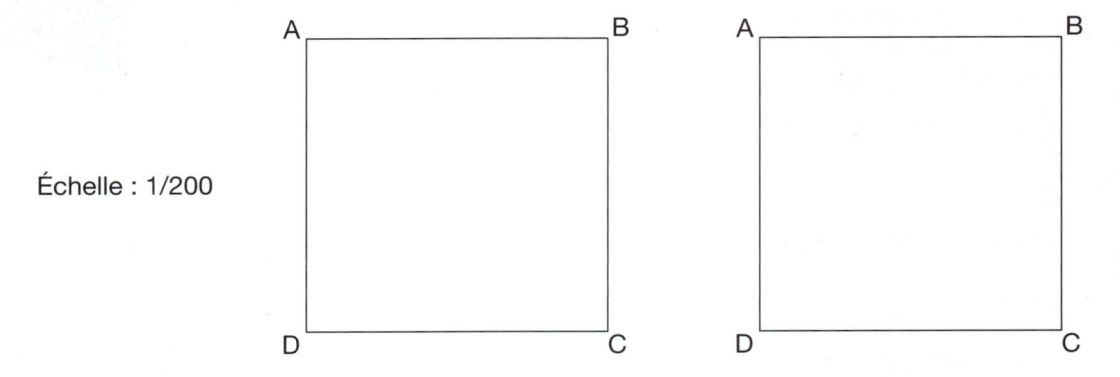

Échelle : 1/200

Aire totale du terrain	....	....
Aire d'un parterre	....	....
Aire des quatre parterres	....	....
$\dfrac{\text{Aire des parterres}}{\text{Aire totale du terrain}}$	....	....

Problèmes simples

Comment résoudre un problème ?

1) **Choix de l'inconnue** : on choisit l'inconnue qui sera notée x et on exprime les autres éléments utiles du problème en fonction de x.

2) **Mise en équation** : on écrit une équation qui traduit l'énoncé du problème.

3) **Résolution de l'équation** : on détermine les solutions de l'équation.

4) **Solution du problème** : on répond à la question posée dans le problème par une phrase correctement construite en rejetant éventuellement les solutions n'ayant aucun sens dans le contexte du problème.

5) **Vérification** : on vérifie que chaque solution trouvée convient pour l'énoncé du problème.

Exercices

1 En découpant quatre bandes d'une même largeur le long de chaque côté d'une feuille de format A4 (210 × 297 mm), on obtient une nouvelle feuille rectangulaire. Quelle doit être la largeur, au mm près, de ces bandes pour que l'aire de la nouvelle feuille représente la moitié de celle de la feuille initiale ?

5 Équations du second degré

2 Lors de la réunion annuelle des jeunes entrepreneurs, chaque participant offre un échantillon d'un de ses produits aux autres.

a) Sachant qu'en 2015, 35 entrepreneurs ont participé à cette réunion, détermine le nombre d'échantillons échangés.

b) Sachant qu'en 2016, 2862 échantillons ont été échangés, détermine le nombre de participants à la réunion.

3 Afin d'organiser un lancer de fléchettes lors d'une fête scolaire, les élèves souhaitent construire une cible circulaire. Celle-ci doit être composée de deux cercles concentriques formant deux zones de même aire. Si la zone externe, notée zone B sur le dessin ci-contre, a une largeur de 10 cm, détermine le rayon du petit cercle au millimètre près.

5 Équations du second degré

Exercices supplémentaires

Vérifie chacune de tes solutions à l'aide d'un logiciel ou d'une calculatrice graphique.

1 Détermine la valeur de x pour que l'aire de chaque figure soit celle indiquée. Les mesures sont exprimées en m.

a) Rectangle de dimensions $x + 12$ et $x - 6$, $A = 1519 \text{ m}^2$

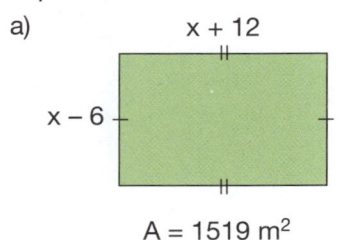

b) Trapèze de hauteur x, grande base $3x - 8$, petite base $x + 6$, $A = 1326 \text{ m}^2$

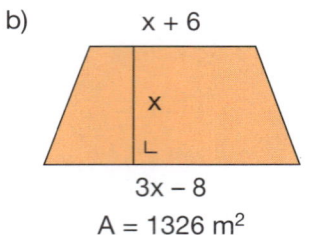

c) Carré de côté $x + 4$, $A = 2500 \text{ m}^2$

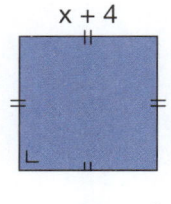

2 Détermine x, à 0,001 près, pour que les aires des surfaces ci-dessous soient égales. Les mesures sont exprimées en cm.

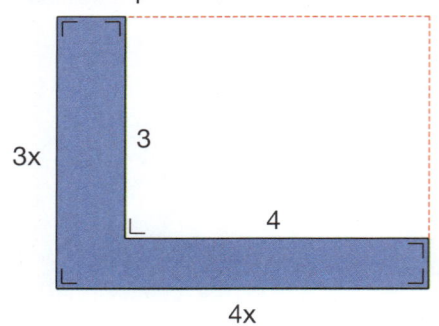

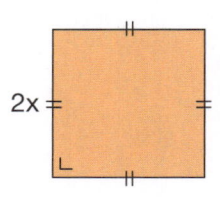

Figure en L : hauteur extérieure $3x$, épaisseur verticale 3, longueur horizontale $4x$, épaisseur horizontale 4.

Carré de côté $2x$.

3 Détermine les dimensions d'un rectangle dont le périmètre est égal à 62 cm et l'aire à 234 cm².

4 Un artificier prépare un spectacle pyrotechnique pour la fête des mathématiques. Une de ses fusées doit exploser exactement à 200 mètres d'altitude. La hauteur de la fusée en fonction du temps écoulé depuis son lancement est donnée par la fonction $f(t) = -5t^2 + 70t$ dans laquelle t est exprimé en secondes.

a) Détermine combien de temps après son lancement la fusée doit exploser.

b) Si un problème technique survient et que la fusée n'explose pas, détermine après combien de temps elle va toucher le sol.

5 La photo ci-contre représente le type de fontaine qu'un architecte prévoit d'installer dans le hall d'entrée d'un bâtiment pour permettre aux visiteurs de se désaltérer. Afin d'évacuer l'eau, il souhaite placer un orifice circulaire dans le plan horizontal à l'endroit où elle touche celui-ci. Dans le plan du jet, il a placé un repère gradué en centimètres. L'intersection des axes est située à la sortie du jet, 5 cm plus haut que la surface horizontale et 2 cm à droite de l'axe vertical du robinet. 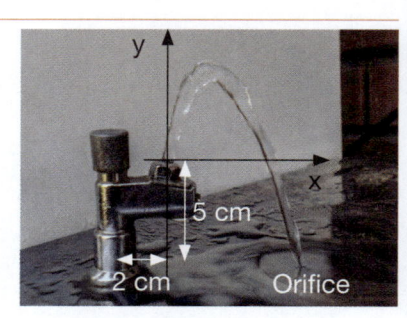
L'eau suit une trajectoire parabolique dont l'équation est $y = -0{,}393x^2 + 2{,}036x$.
Détermine, à 0,1 cm près, à quelle distance horizontale mesurée à partir de l'axe du robinet, il doit placer le centre de cet orifice.

6 Détermine algébriquement les points d'intersection des paraboles d'équations $y = 2x^2 - x - 3$ et $y = -x^2 + 2x + 3$.

Chapitre 6
Étude de la fonction du second degré

Compétences à développer

- Traiter un problème en utilisant des fonctions du deuxième degré.

Processus

Connaître
- Lier les diverses écritures de la fonction du deuxième degré avec certaines caractéristiques de la fonction ou de son graphique.

Appliquer
- Construire un graphique à partir d'un tableau de nombres ou d'une formule.
- Rechercher des caractéristiques d'une fonction du deuxième degré.
- Rechercher des caractéristiques d'une parabole d'axe vertical.
- Résoudre une équation du second degré.

Transférer
- Modéliser et résoudre des problèmes issus de situations diverses.

6 Étude de la fonction du second degré

Activité 1 • Étude de la fonction $f : x \rightarrow y = ax^2 + bx + c$

1 La trajectoire du saut d'un dauphin est donnée par la fonction
$$f : x \rightarrow y = -0{,}5x^2 + 3x - 2{,}5.$$

Le repère se situe au niveau de la bouée et les axes sont gradués en mètres.

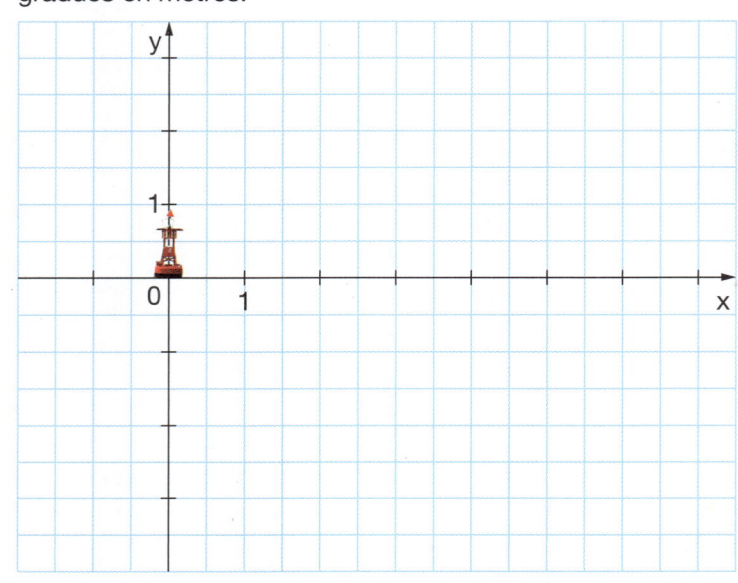

Suis la démarche proposée ci-dessous afin de représenter la fonction f le plus précisément possible.

a) Comment est tournée la concavité de cette parabole ? Justifie.

....

b) (1) Quelle caractéristique de la parabole te permet de déterminer la position horizontale pour laquelle le dauphin se trouve à égale distance du lieu où il sort de l'eau et du lieu où il y entre ?

....

(2) Détermine cette position.

....

....

(3) Représente cette droite d en pointillés sur le graphique.

c) (1) Quelle caractéristique de la parabole te permet de déterminer le point le plus haut atteint par le dauphin ?

....

(2) Calcule les coordonnées de ce point S et repère-le avec précision sur le graphique.

....

....

Étude de la fonction du second degré

d) (1) Quelles caractéristiques de la parabole te permettent de déterminer les lieux où le dauphin sort et entre dans l'eau ?

....

....

(2) Calcule ces positions.

....

....

....

....

(3) Repère, sur le graphique, les points B et C correspondant à ces positions.

e) (1) Quelle caractéristique de la parabole te permet de déterminer à quelle profondeur le dauphin se situe lorsqu'il passe sous la bouée ?

....

(2) Calcule cette profondeur.

....

....

(3) Repère, sur le graphique, le point N correspondant à cette position.

f) (1) Lorsque le dauphin se trouve à une distance horizontale de 1 m de son point le plus haut, à quelle distance horizontale de la bouée se situe-t-il ? Aide-toi du graphique pour répondre.

....

(2) Détermine sa hauteur à ces endroits-là.

....

....

....

(3) Que constates-tu ?

....

....

(4) Repère, sur le graphique, les points F et F' correspondant à ces positions.

g) Trace la parabole à l'aide des points déjà placés sur le graphique et de leurs symétriques.

6 Étude de la fonction du second degré

2 Observe les paraboles et souligne les éléments correspondants.

		Signe de a	Concavité tournée vers …	Le sommet est un …
$f_1 : x \to y = 0{,}5x^2$		positif ou négatif	le bas ou le haut	minimum ou maximum
$f_2 : x \to y = -0{,}5x^2$		positif ou négatif	le bas ou le haut	minimum ou maximum

Étude de la fonction $f : x \to y = ax^2 + bx + c$

A. Vocabulaire

1. Le sommet d'une parabole est
   - un **maximum** absolu si la **concavité** est tournée vers le **bas** (a < 0).
   - un **minimum** absolu si la **concavité** est tournée vers le **haut** (a > 0).

   Remarque : Dans ce chapitre, nous abordons uniquement les fonctions du second degré. Comme elles n'admettent qu'un seul maximum ou minimum absolu, nous les appellerons simplement maximum et minimum.

   Exemples

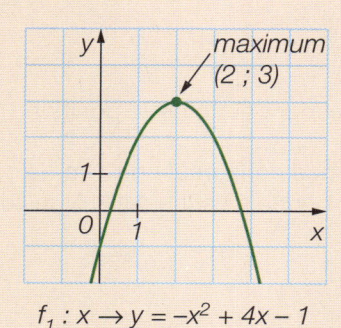

   $f_1 : x \to y = -x^2 + 4x - 1$
   a < 0
   Concavité tournée vers le bas
   maximum (2 ; 3)

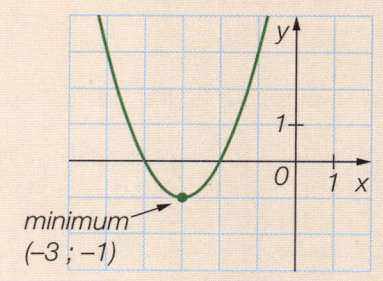

   $f_2 : x \to y = x^2 + 6x + 8$
   a > 0
   Concavité tournée vers le haut
   minimum (−3 ; −1)

2. Le (les) **zéro(s)** d'une fonction correspond(ent) à la (aux) **abscisse(s)** du (des) point(s) d'**intersection** de la parabole avec l'**axe x**.

   Exemple

   Les zéros de la fonction $f : x \to y = x^2 + 6x + 8$ sont −4 et −2.

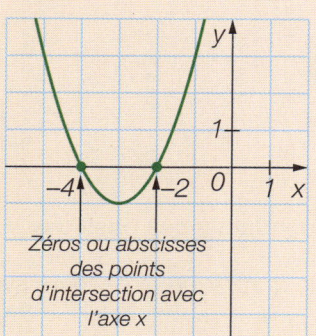

   Pour les déterminer algébriquement, il suffit de résoudre l'équation $x^2 + 6x + 8 = 0$

   $\Delta = b^2 - 4ac = 6^2 - 4 \cdot 1 \cdot 8 = 36 - 32 = 4 > 0$

   $x_{1,2} = \dfrac{-b \pm \sqrt{\Delta}}{2a} = \dfrac{-6 \pm \sqrt{4}}{2 \cdot 1} = \dfrac{-6 \pm 2}{2} = \begin{cases} \dfrac{-4}{2} = -2 \\ \dfrac{-8}{2} = -4 \end{cases}$

   Zéros ou abscisses des points d'intersection avec l'axe x

   Les abscisses des points d'intersection de la parabole avec l'axe x sont −4 et −2.

3. L'**ordonnée à l'origine** d'une fonction correspond :
   – à l'**ordonnée** du point d'**intersection** de la parabole avec l'**axe y** ;
   – au terme **indépendant (c)** de son expression algébrique.

   Exemple

   L'ordonnée à l'origine de la fonction
   $f : x \to y = -x^2 + 4x - 1$ est -1.

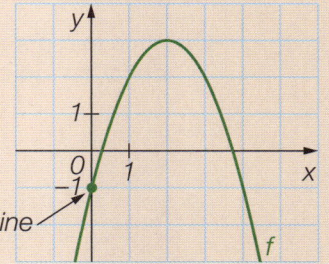

   Ordonnée à l'origine

B. Comment réaliser l'étude complète d'une fonction du second degré ?

Exercice résolu pour $f : x \to y = x^2 - 2x - 8$

1. **On détermine la concavité et on précise si le sommet est un maximum ou un minimum.**

   $a = 1 > 0$ → La concavité est tournée vers le haut et le sommet est un minimum.

2. **On détermine l'équation de l'axe de symétrie.**

   $x = \dfrac{-b}{2a} = \dfrac{-(-2)}{2 \cdot 1} = \dfrac{2}{2} = 1$ → L'équation de l'axe de symétrie est $x = 1$.

3. **On calcule les coordonnées du sommet.**

   $x = 1 \Rightarrow y = 1^2 - 2 \cdot 1 - 8 = 1 - 2 - 8 = -9$ → Les coordonnées du sommet sont $(1 ; -9)$.

4. **On détermine l'ordonnée à l'origine.**

   $c = -8$ → L'ordonnée à l'origine est -8.

5. **On calcule les zéros.**

   $x^2 - 2x - 8 = 0$

   $\Delta = b^2 - 4ac = (-2)^2 - 4 \cdot 1 \cdot (-8) = 4 + 32 = 36 > 0$

   $x_1 = \dfrac{-b + \sqrt{\ }}{2a} = \dfrac{-(-2) + \sqrt{36}}{2 \cdot 1} = \dfrac{2 + 6}{2} = \dfrac{8}{2} = 4$

   $x_2 = \dfrac{-b - \sqrt{\ }}{2a} = \dfrac{-(-2) - \sqrt{36}}{2 \cdot 1} = \dfrac{2 - 6}{2} = \dfrac{-4}{2} = -2$ → Les zéros sont 4 et -2.

6. **On calcule les coordonnées de points supplémentaires.**

   $x = 3 \Rightarrow y = 3^2 - 2 \cdot 3 - 8 = 9 - 6 - 8 = -5$
   $x = 5 \Rightarrow y = 5^2 - 2 \cdot 5 - 8 = 25 - 10 - 8 = 7$ → Les coordonnées des points sont $(3 ; -5)$ et $(5 ; 7)$.

6 Étude de la fonction du second degré

7. On représente la fonction.

On trace le repère cartésien de façon judicieuse. 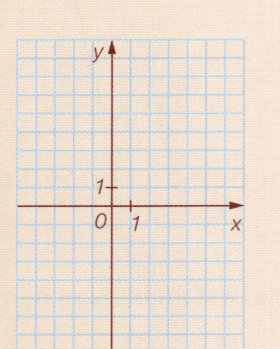	On trace l'axe de symétrie et on repère le sommet S. $d \equiv x = 1$ et $S(1\,;\,-9)$ 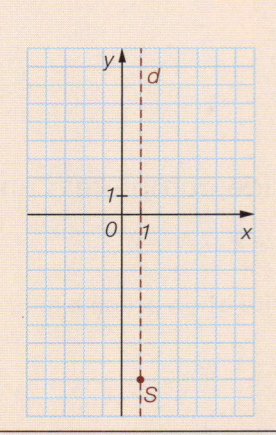	On repère le point d'intersection de la parabole avec l'axe y ainsi que le symétrique de ce point par rapport à l'axe de symétrie. $c = -8$ 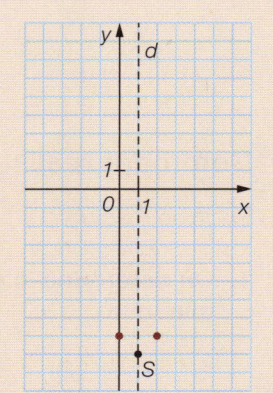
On repère les points d'intersection de la parabole avec l'axe x. Zéros : -2 et 4 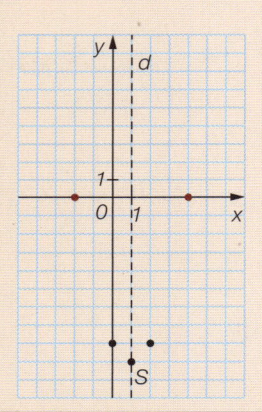	On repère des points supplémentaires ainsi que leurs symétriques par rapport à l'axe de symétrie. Points $(3\,;\,-5)$ et $(5\,;\,7)$ et leurs symétriques 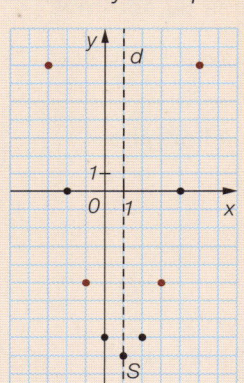	On trace la parabole en reliant tous les points à main levée. 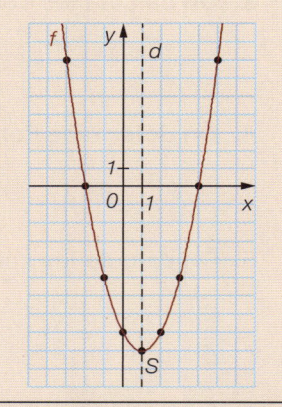

Exercices

Pour chaque exercice, utilise une calculatrice graphique ou un logiciel afin de vérifier ta construction.

1 Réalise l'étude complète de la fonction $f : x \to y = \dfrac{x^2}{2}$.

Concavité : ....

....

Équation de l'axe de symétrie : ....

Coordonnées du sommet : ....

Ordonnée à l'origine : .... Zéro(s) : ....

Coordonnées de points supplémentaires

x					
y					

Étude de la fonction du second degré

2 Réalise l'étude complète de la fonction f : x → y = $x^2 + 4x - 5$.

Concavité : ....

....

Équation de l'axe de symétrie

....

Coordonnées du sommet

....

....

Ordonnée à l'origine : ....

Zéro(s) : ....

....

....

....

Coordonnées de points supplémentaires

x	
y	

3 Réalise l'étude complète de la fonction f : x → y = $-x^2 + 4x - 4$.

6 Étude de la fonction du second degré

4 Réalise l'étude complète de la fonction f : x → y = −x² + 9.

....

....

....

....

....

....

....

....

....

....

....

....

....

5 Entre deux rebonds, l'un avant et l'autre après le filet, une balle de tennis de table suit une trajectoire parabolique donnée par la fonction f : x → y = −0,5x² − 0,25x + 0,25.
Le repère se situe au niveau du filet et les axes sont gradués en mètres.

a) Relie les caractéristiques de la parabole aux éléments de la situation.

- Axe de symétrie : x = −0,25 • • La balle se situe sur la table.
- Sommet : S (−0,25 ; 0,281 25) • • La balle se situe au milieu de sa trajectoire.
- Ordonnée à l'origine : 0,25 • • La balle se situe au-dessus du filet.
- Abscisses à l'origine : −1 et 0,5 • • La balle se situe au point le plus haut.

b) Indique ces caractéristiques sur le graphique ainsi que les points supplémentaires dont tu calcules les coordonnées ci-dessous.

x	−0,2	−0,1	0,1	0,2	0,3	0,4
y						

c) Repère les symétriques des points déjà placés et construis la trajectoire de la balle entre les deux rebonds.

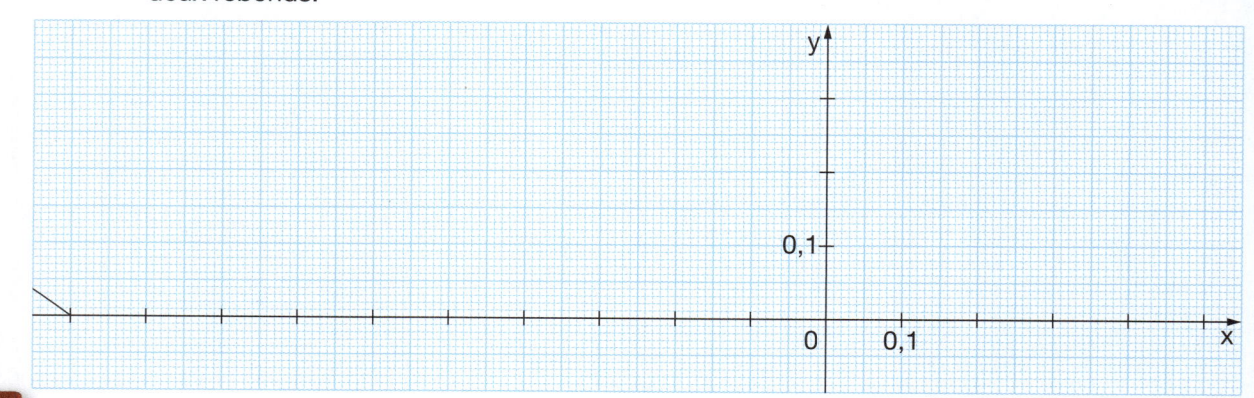

6 Étude de la fonction du second degré

6 Lors d'un match de hockey sur glace, Nicolas, dans un geste désespéré pour égaliser à la toute dernière minute, frappe le palet qui retombe aux pieds d'un défenseur. Ce palet a suivi une trajectoire donnée par la fonction $f : x \rightarrow y = -0{,}125x^2 + 1{,}25x - 2$. Le repère se situe au centre de la patinoire et les axes sont gradués en mètres.

a) Relie les caractéristiques de la parabole aux éléments de la situation.

- Abscisse du sommet • • Hauteur maximale atteinte par le palet
- Ordonnée du sommet • • Positions de Nicolas et du défenseur par rapport au centre de la patinoire
- Abscisses à l'origine • • Position pour laquelle le palet se trouve à égale distance de Nicolas et du défenseur

b) Comment est tournée la concavité de cette parabole ? ....

c) Détermine l'équation de l'axe de symétrie (d) et trace-le sur le graphique.

....

d) Détermine les coordonnées du sommet (S) et repère-le sur le graphique.

....

e) Calcule les zéros et repère les points (N et N') correspondants sur le graphique.

....

f) Détermine l'ordonnée à l'origine et repère le point (E) correspondant sur le graphique ainsi que son symétrique (E'). ....

g) Calcule l'ordonnée du point (F) d'abscisse 4 et repère-le sur le graphique ainsi que son symétrique (F'). ....

h) Trace, en trait plein, la partie de parabole correspondant au trajet du palet et, en pointillés, les parties ne représentant pas la situation réelle.

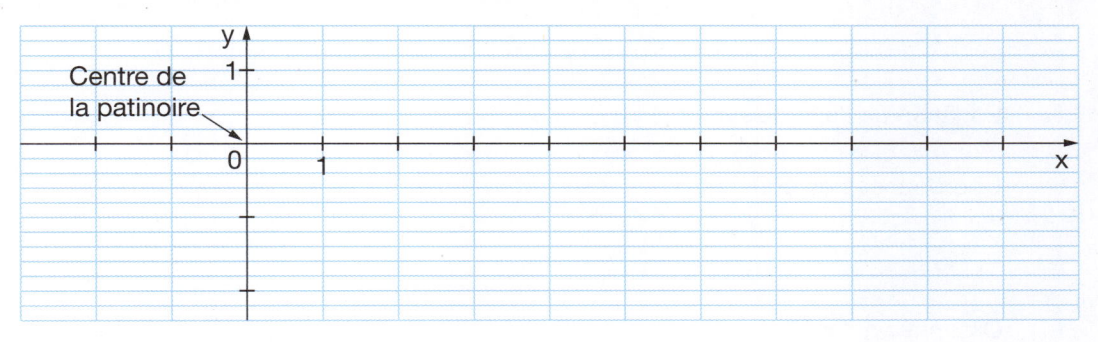

6 Étude de la fonction du second degré

Activité 2 • Problèmes d'optimisation

1 Lors d'un camp d'été, le chef d'une troupe de scouts doit délimiter un terrain de jeu rectangulaire à l'aide d'une corde de 60 m. Il se demande quelles dimensions donner au terrain pour que son aire soit optimale.

Le raisonnement qui suit va te permettre de l'aider à répondre à cette question.

a) (1) Ci-contre, représente à l'échelle 1/1000 un terrain de jeu rectangulaire que le chef pourrait réaliser. Indique les mesures du terrain sur ton dessin.

(2) Calcule l'aire du terrain que tu as dessiné.

....

b) Le tableau suivant fournit les dimensions de quelques terrains de jeu que le chef pourrait construire.

(1) Complète ce tableau.

Numéro du terrain	Mesure du « premier » côté (m)	Mesure du « second » côté (m)	Aire (m²)
1	25		
2	20		
3	17		
4	12		
5	5		

(2) Parmi ces terrains, indique le numéro de celui dont l'aire est la plus grande.

....

c) Si x désigne la mesure du « premier » côté du terrain, écris l'expression algébrique de

– la mesure de son second côté : ....

– son aire : ....

d) Écris l'expression analytique développée de la fonction f représentant l'aire du terrain de jeu en fonction de x.

....

e) Réalise l'étude complète de la fonction f.

Concavité : ....

....

Équation de l'axe de symétrie : ....

Coordonnées du sommet : ....

....

Ordonnée à l'origine : ....

Zéro(s)

....

....

....

....

Coordonnées de points supplémentaires

x	
y	

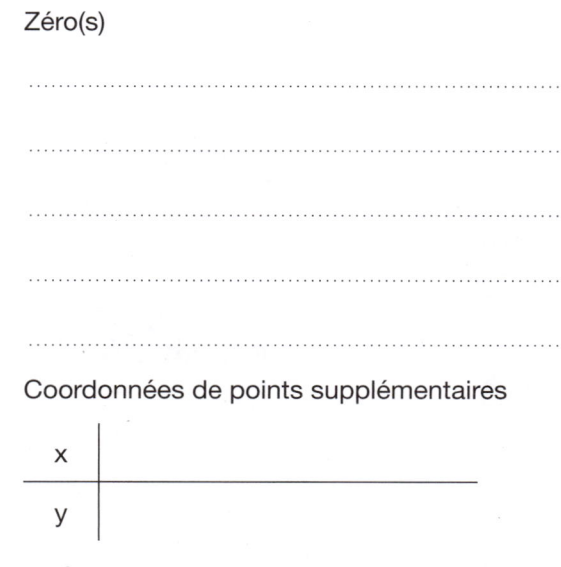

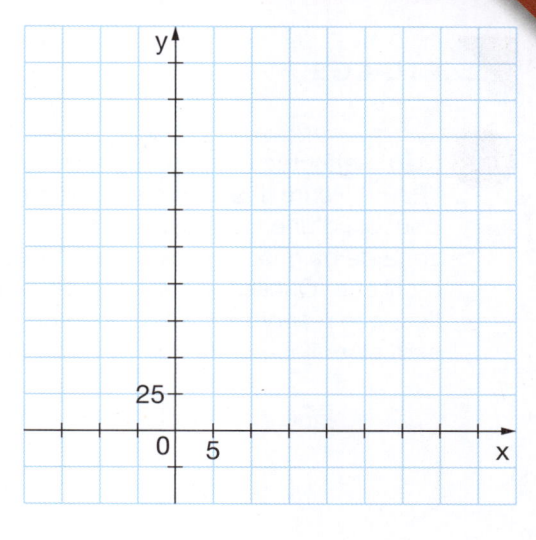

f) (1) À partir du graphique, détermine les éléments ci-dessous.

– La mesure du « premier » côté du rectangle que le chef scout doit tracer pour obtenir une aire maximale : ....

– l'aire de ce rectangle : ....

(2) Quelle caractéristique du graphique t'a permis de déterminer les dimensions demandées ?

....

g) Détermine les dimensions du rectangle que le chef scout doit tracer pour obtenir une aire maximale. Quelle est la particularité de ce terrain de jeu ?

....

Problèmes d'optimisation

A. Définitions

Optimiser une grandeur (maximiser un profit, minimiser des dépenses) consiste à obtenir les valeurs les plus favorables dans un contexte donné.

Pour obtenir la valeur optimale d'une grandeur, il suffit de trouver le minimum ou le maximum d'une fonction.

B. Comment résoudre un problème d'optimisation ?

a) On choisit l'inconnue qui sera notée x et on exprime les autres éléments utiles du problème en fonction de x.

b) On écrit la fonction qui représente la grandeur à optimiser en fonction de l'inconnue x.

c) On détermine si le sommet est un maximum ou un minimum en étudiant la concavité afin de vérifier la cohérence du problème.

d) On calcule l'abscisse du sommet à l'aide de la formule $x = \frac{-b}{2a}$.
On calcule si cela est demandé, l'ordonnée du sommet

– soit à l'aide de la formule $\frac{4ac - b^2}{4a}$,

– soit en remplaçant x par l'abscisse du sommet dans l'expression analytique de la fonction.

e) On répond à la question posée dans le problème par une phrase correctement construite.

6 Étude de la fonction du second degré

Exercices

1 Martin effectue un stage de maître nageur aux Lacs de l'Eau d'Heure. Il a à sa disposition une corde, munie de bouées, d'une longueur de 150 m. Il doit concevoir une zone de baignade rectangulaire adossée à une digue rectiligne. Quelles dimensions doit-il lui donner pour que l'espace réservé à la baignade soit maximal ? Quelle sera alors l'aire cette zone ?

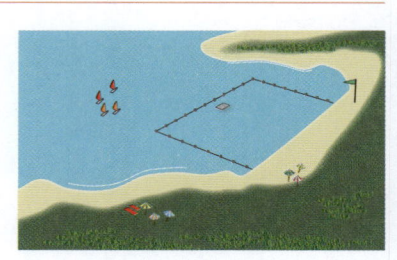

2 On dispose d'un fil rectiligne de 60 cm de longueur représenté ci-contre par le segment [AB]. On le plie en un point C selon un angle droit.
Détermine à quelle distance du point A il faut plier le fil de fer pour que l'aire du triangle ABC soit maximale. Quelle sera alors l'aire de ce triangle ?

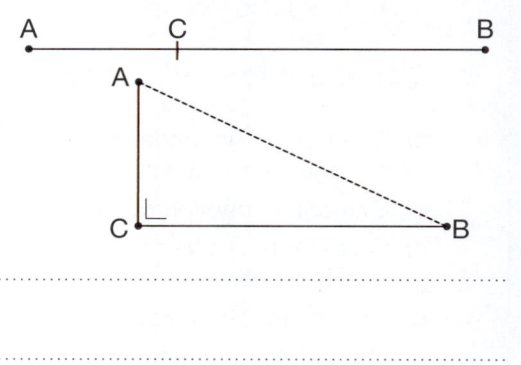

Étude de la fonction du second degré   6

....

....

....

....

....

....

....

Quelle est la nature de ce triangle d'aire maximale ? ....

3 Une classe décide de vendre des porte-clés humoristiques au profit d'une association caritative. Une étude de marché a permis de connaître deux éléments essentiels pour déterminer le prix de vente :
– s'il est fixé à 5 €, 300 porte-clés seront vendus ;
– à chaque diminution du prix de 0,10 €, le nombre de porte-clés vendus augmentera de 10 unités.

a) (1) Complète le tableau ci-dessous.

Diminution du prix de vente (€)	0	0,10	0,20	0,30	0,40
Prix de vente (€)	5	5 – .... = ...	5 – .... = ...	5 – .... = ...	5 – .... = ...
Nombre de porte-clés vendus	300	300 + ... = ...	300 + ... = ...	300 + ... = ...	300 + ... = ...
Chiffre d'affaires (€)	....	....	....	....	....

(2) Si x représente la diminution du prix de vente, détermine l'expression algébrique réduite

– du prix de vente : ....

– du nombre de porte-clés vendus : ....

– du chiffre d'affaires : ....

....

....

b) Détermine l'expression analytique de la fonction à optimiser.

....

c) Étudie la concavité de cette fonction.

....

6 Étude de la fonction du second degré

d) Détermine les coordonnées du sommet.

....

....

e) (1) Calcule le prix à appliquer pour obtenir un chiffre d'affaires maximal.

....

(2) Calcule le nombre de porte-clés qui seront vendus avec ce prix.

....

(3) Détermine le chiffre d'affaire obtenu avec cette vente.

....

Exercices supplémentaires

1 a) Détermine la forme générale de l'expression analytique de la fonction f sachant que le sommet S et un des points A de la parabole qui la représente ont pour coordonnées respectives S (–3 ; 8) et A (–4 ; 6).
b) Réalise l'étude complète de cette fonction.

2 Dans chaque cas, détermine la (les) valeurs de m.
a) L'équation de l'axe de symétrie de la parabole $p \equiv y = 2x^2 + mx + 6$ est $x = 4$.
b) La concavité de la parabole $p \equiv y = 2mx^2 + 3x + 4$ est tournée vers le haut.
c) Les abscisses des points d'intersection de la parabole $p \equiv y = x^2 + mx$ avec l'axe x sont 0 et –4.

Vérifie ensuite ta solution à l'aide d'une calculatrice graphique ou d'un logiciel.

3 Pour leur voyage de fin d'année, les élèves d'une section de 4ᵉ technique de qualification consultent une société d'autocars. Cette dernière leur proposant un prix de 35 € par personne, 28 élèves prévoient de participer à ce voyage.
D'après son statisticien, la société de transport estime que pour chaque diminution de prix de 0,50 €, un élève supplémentaire se déciderait à participer au voyage.

Détermine le prix auquel la société doit fixer le voyage afin d'optimiser son profit.
Dans ce cas, combien d'élèves pourraient prendre part au voyage ?

4 Albert est content car la récolte de choux-fleurs de son potager est prometteuse cette année. Il hésite à attendre encore quelques jours pour que ces derniers grossissent ou à les récolter dès à présent alors que leur cours est au plus haut.
Pour l'aider dans sa décision, son fils, Pierre, lui propose d'utiliser ses connaissances mathématiques et s'enquiert des données suivantes :

– le cours actuel est de 1,11 €/kg avec une diminution de 0,03 € par jour;
– la récolte actuelle est d'environ 50 kg et augmente d'environ 2 kg par jour.

Relève le même défi que Pierre.

Chapitre 7
Inéquations du second degré

Compétences à développer

- Traiter un problème en utilisant des fonctions du deuxième degré.

Processus

Connaître
- Interpréter graphiquement les solutions d'une équation ou d'une inéquation du deuxième degré.

Appliquer
- Associer l'expression analytique d'une fonction du deuxième degré à son graphique et réciproquement.
- Rechercher des caractéristiques d'une fonction du deuxième degré.
- Rechercher des caractéristiques d'une parabole d'axe vertical.
- Résoudre une équation du deuxième degré.
- Établir le tableau de signe d'une fonction du second degré.
- Résoudre une inéquation du deuxième degré.

Transférer
- Modéliser et résoudre des problèmes issus de situations diverses.

7 Inéquations du second degré

Activité 1 • Signe de la fonction du second degré

1 Voici les graphiques de six fonctions du second degré.

a) Pour chacune d'elles, complète leur tableau de signes.
Pour cela, complète la première ligne du tableau en y indiquant les zéros éventuels, classés par ordre croissant, et la seconde en y indiquant leurs images.
Ensuite, complète les espaces vides de la seconde ligne du tableau avec le symbole « + » lorsque les ordonnées des points correspondants sont positives et le symbole « − » lorsqu'elles sont négatives.

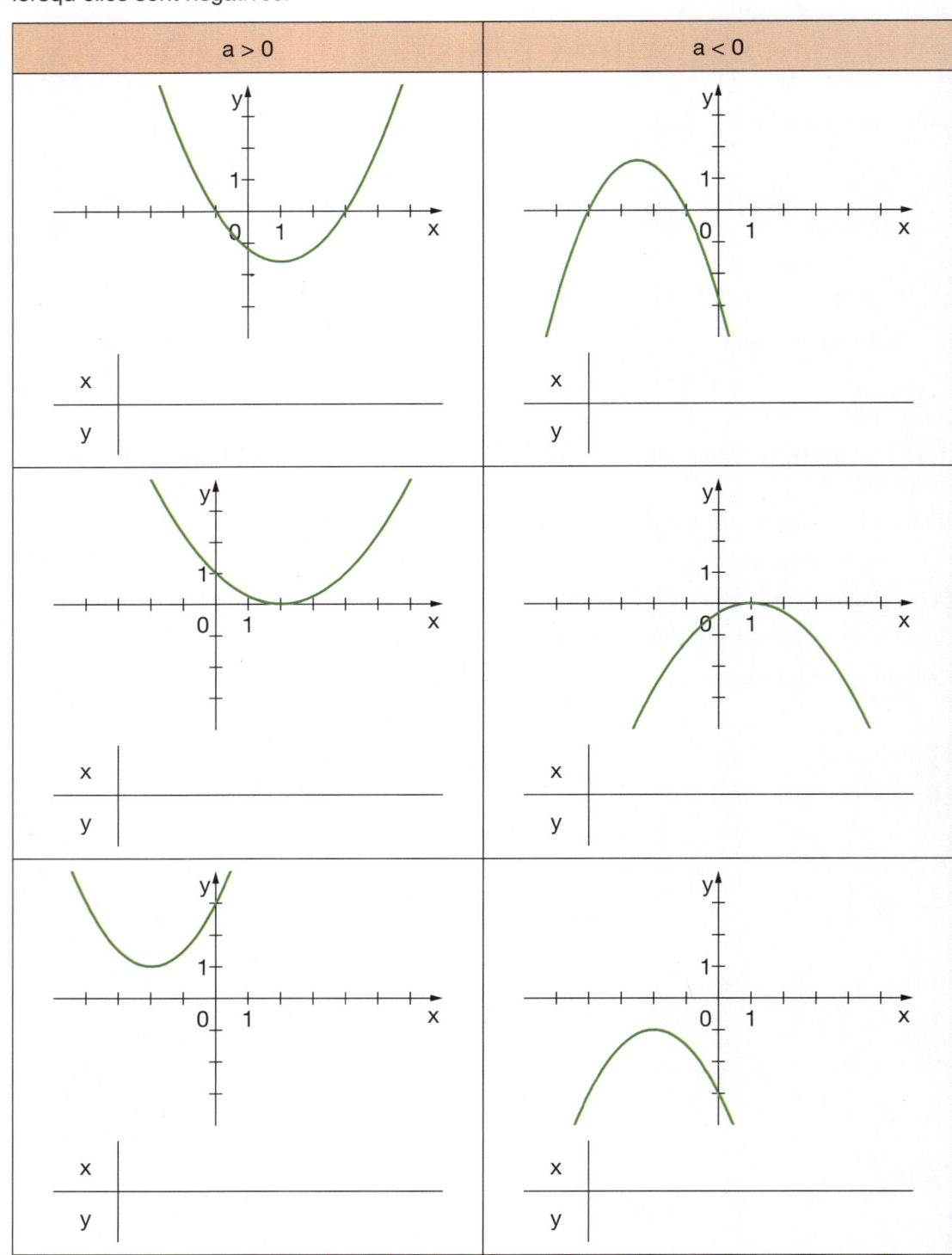

a > 0	a < 0
graphique	graphique
x | | | | y | | |	x | | | | y | | |
graphique	graphique
x | | | | y | | |	x | | | | y | | |
graphique	graphique
x | | | | y | | |	x | | | | y | | |

Inéquations du second degré   7

b) Détermine les abscisses des points des paraboles qui ont une ordonnée de même signe que a.

....

....

2 a) Dans chaque cas, schématise le graphique d'une fonction du second degré répondant aux conditions demandées; complète ensuite son tableau de signes.

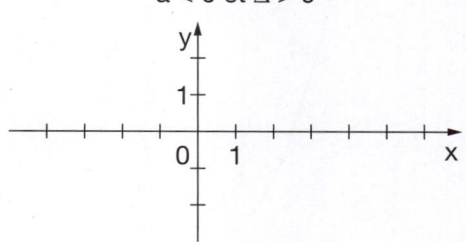

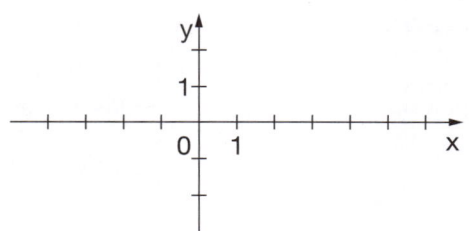

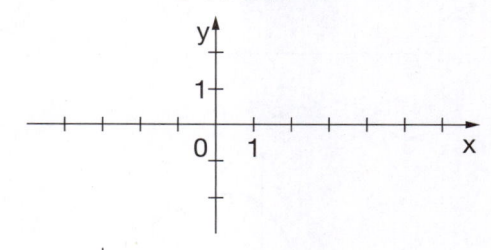

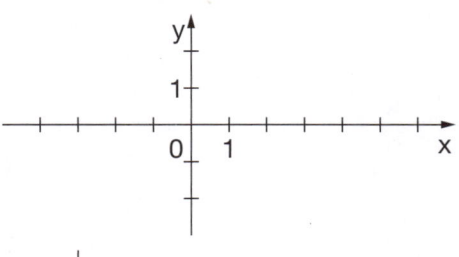

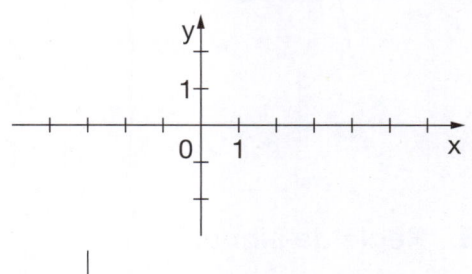

a > 0 et Δ > 0	a < 0 et Δ > 0
x |	x |
y |	y |

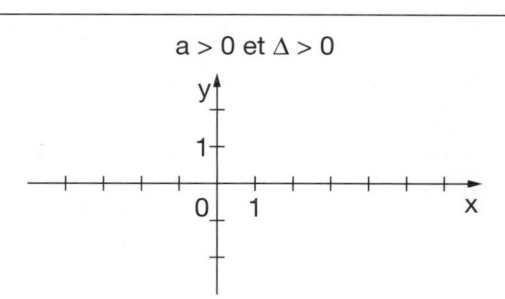

a > 0 et Δ = 0	a < 0 et Δ = 0
x |	x |
y |	y |

a > 0 et Δ < 0	a < 0 et Δ < 0
x |	x |
y |	y |

b) Confirmes-tu la conclusion émise à la question 1.b) ?

....

....

7 Inéquations du second degré

Signe de la fonction du second degré

A. Étude du signe de la fonction du second degré

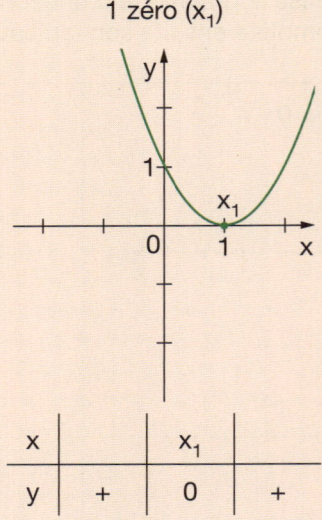

a > 0 : concavité tournée vers le haut		
$\Delta > 0$ — 2 zéros (x_1 et x_2)	$\Delta = 0$ — 1 zéro (x_1)	$\Delta < 0$ — Pas de zéro

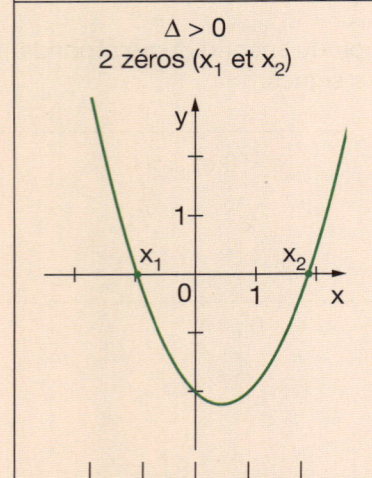

Tableaux de signes (a > 0) :

x		x_1		x_2	
y	+	0	−	0	+

x		x_1	
y	+	0	+

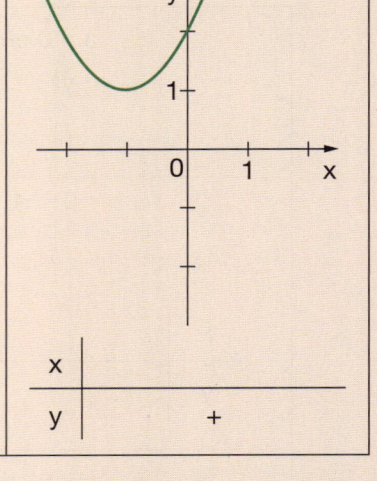

x	
y	+

a < 0 : concavité tournée vers le bas		
$\Delta > 0$ — 2 zéros (x_1 et x_2)	$\Delta = 0$ — 1 zéro (x_1)	$\Delta < 0$ — Pas de zéro

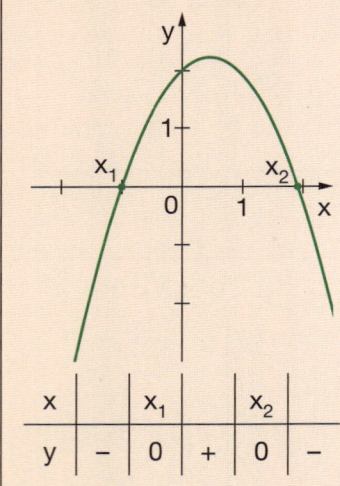

Tableaux de signes (a < 0) :

x		x_1		x_2	
y	−	0	+	0	−

x		x_1	
y	−	0	−

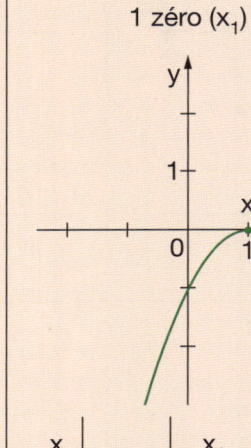

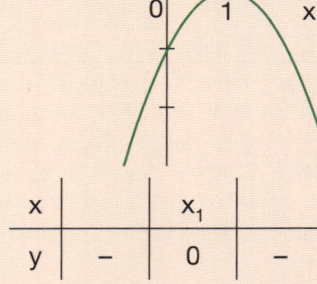

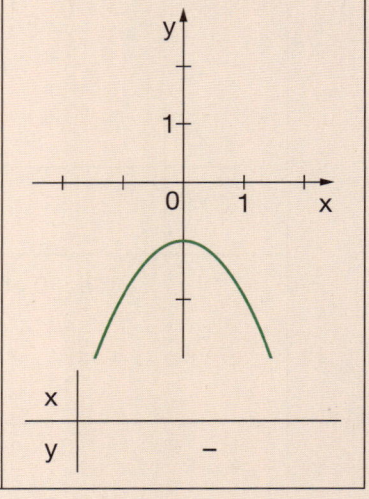

x	
y	−

B. Règle de signes

Le signe d'une fonction du second degré $f : x \to y = ax^2 + bx + c$ est toujours le signe de a sauf pour les éventuels zéros de la fonction et entre ces zéros.

C. Comment déterminer le signe d'une fonction du second degré $f : x \to y = ax^2 + bx + c$?

1) On recherche les zéros éventuels de f.

2) On construit le tableau de signes :
   – on place sur la première ligne les zéros de f dans l'ordre croissant,
   – on complète la seconde ligne en utilisant la règle de signes.

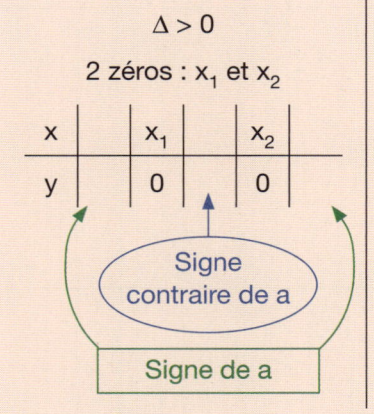

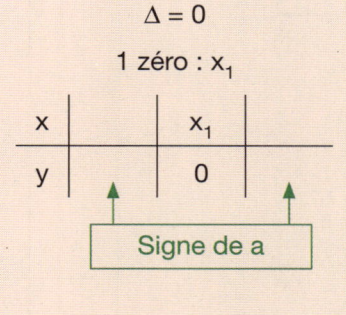

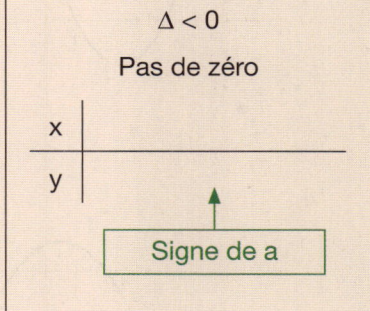

$\Delta > 0$	$\Delta = 0$	$\Delta < 0$
2 zéros : x_1 et x_2	1 zéro : x_1	Pas de zéro

Pour $\Delta > 0$: entre x_1 et x_2, signe contraire de a ; à l'extérieur, signe de a.
Pour $\Delta = 0$: signe de a de part et d'autre de x_1.
Pour $\Delta < 0$: signe de a partout.

Exemples

Exemple 1 : $f : x \to y = x^2 + x - 2$

Recherche des zéros de f

$x^2 + x - 2 = 0$

$\Delta = 1^2 - 4 \cdot 1 \cdot (-2)$

$= 1 + 8 = 9 > 0$

$x_1 = \dfrac{-1 + \sqrt{9}}{2 \cdot 1}$

$= \dfrac{-1 + 3}{2} = \dfrac{2}{2} = 1$

$x_2 = \dfrac{-1 - \sqrt{9}}{2 \cdot 1}$

$= \dfrac{-1 - 3}{2} = \dfrac{-4}{2} = -2$

Les zéros de f sont 1 et –2.

Tableau de signes (a = 1 > 0)

x		–2		1	
y	+	0	–	0	+

Exemple 2 : $f : x \to y = -x^2 - 4x - 4$

Recherche des zéros de f

$-x^2 - 4x - 4 = 0$

$-(x^2 + 4x + 4) = 0$

$-(x + 2)^2 = 0$

$\Updownarrow$

$x + 2 = 0$

$x = -2$

Le zéro de f est –2.

Tableau de signes (a = –1 < 0)

x		–2	
y	–	0	–

Exemple 3 : $f : x \to y = 2x^2 + x + 1$

Recherche des zéros de f

$2x^2 + x + 1 = 0$

$\Delta = 1^2 - 4 \cdot 2 \cdot 1$

$= 1 - 8 = -7 < 0$

Pas de solution

f n'admet pas de zéro.

Tableau de signes (a = 2 > 0)

x	
y	+

7 Inéquations du second degré

Exercices

1 Étudie le signe des fonctions représentées ci-dessous.

a)

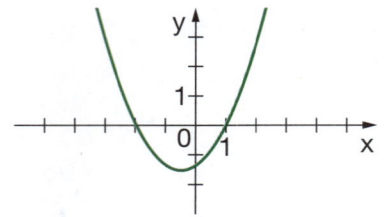

x	
y	

b)

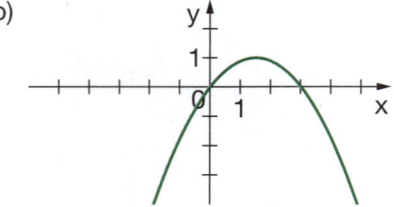

x	
y	

c)

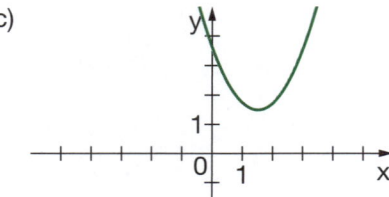

x	
y	

d)

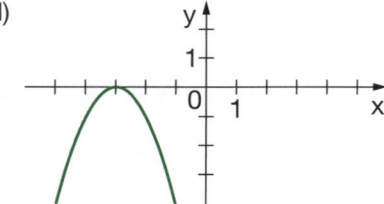

x	
y	

e)

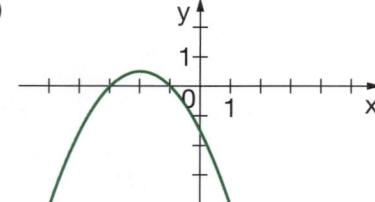

x	
y	

f)

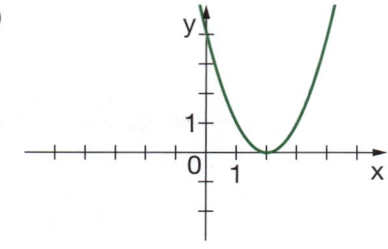

x	
y	

2 Étudie le signe des fonctions suivantes.

a) $f : x \to y = 2x^2 - x - 3$

b) $f : x \to y = -3x^2 - 12x - 12$

c) $f : x \to y = x^2 + 4$

d) $f : x \to y = 10x^2 + x - 2$

7 Inéquations du second degré

e) $f : x \to y = 4x - 4x^2 - 1$

f) $f : x \to y = 9 - x^2$

g) $f : x \to y = \dfrac{2}{3}x^2 + \dfrac{4}{3}x + \dfrac{2}{3}$

h) $f : x \to y = x - 3x^2 - 5$

3 Écris, sous sa forme générale, une fonction correspondant aux différents tableaux de signes.

x		−2	
y	+	0	+

x		−4		3	
y	−	0	+	0	−

x	
y	+

7 Inéquations du second degré

4 Les fonctions f_1, f_2 et f_3 sont représentées graphiquement tandis que les fonctions f_4, f_5 et f_6 sont définies par leurs expressions analytiques. Associe à chaque tableau de signes la fonction qui lui correspond.

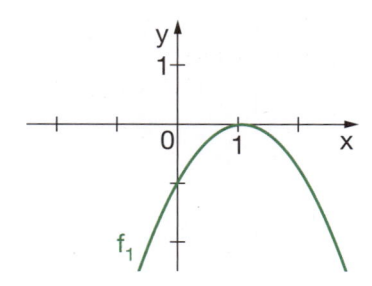

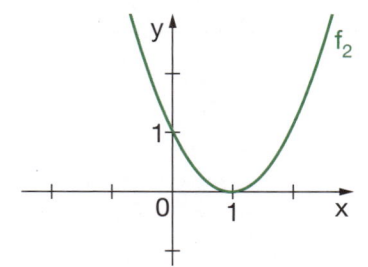

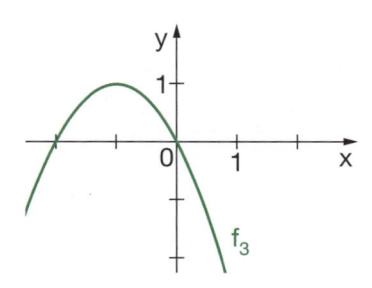

(graphique de f_1 : parabole tournée vers le bas, passant par 0 et 1)

(graphique de f_2 : parabole tournée vers le haut, sommet en (1, ...))

(graphique de f_3 : parabole tournée vers le bas, passant par 0 et 1, maximum à peine au-dessus de l'axe)

$f_4 : x \to y = x^2 + x + 1$

$f_5 : x \to y = -x^2 + x - 1$

$f_6 : x \to y = x^2 + 2x$

x		-2		0	
$f_{...}$	$-$	0	$+$	0	$-$

x		-2		0	
$f_{...}$	$+$	0	$-$	0	$+$

x		1	
$f_{...}$	$+$	0	$+$

x	
$f_{...}$	$+$

x	
$f_{...}$	$-$

x		1	
$f_{...}$	$-$	0	$-$

Note, éventuellement, ta recherche personnelle.

7 Inéquations du second degré

Activité 2 • Inéquations du second degré

1 En t'aidant de l'exemple, complète le tableau.

Inégalité	Notation	Représentation
x ⩽ −1	← ; −1]	(ligne verte de −∞ jusqu'à −1 inclus)
x ⩽ 3		
		(ligne verte de −∞ jusqu'à 2 inclus)
	[−2 ; →	
0 < x < 2		
	[2 ; 3]	
		(ligne verte de −1 exclu à 2 inclus)
x ⩽ −2 et x ⩾ 3		

2 Lors d'un show aérien, un pilote réalise une acrobatie suivant une trajectoire définie par la fonction

$f : x \rightarrow y = 0{,}1x^2 - 2{,}2x + 52{,}1$.

Pour éviter que le public soit exposé inutilement au danger, le « plafond de sécurité » se situe à 50 m de hauteur. L'origine du repère se trouve au poste d'observation du juge et les axes sont gradués en mètres.

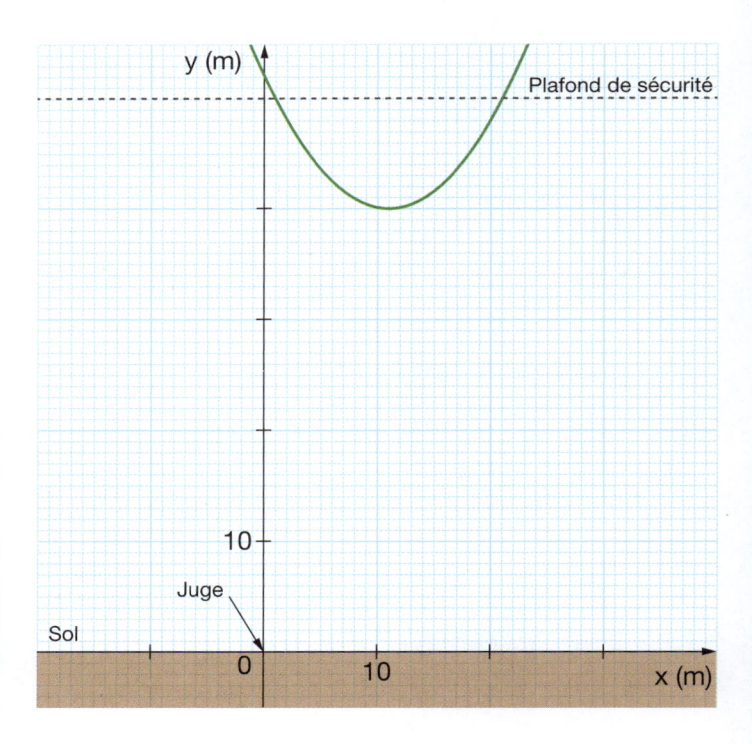

Inéquations du second degré

7

La démarche qui suit va t'aider à déterminer algébriquement les abscisses des points pour lesquels l'avion se situe sous le plafond de sécurité.

a) Écris l'inégalité exprimant que l'avion se situe sous le plafond de sécurité.

  ....

b) Regroupe tous les termes dans le premier membre et réduis-le.

  ....

  ....

  ....

c) Le premier membre de l'inéquation que tu viens d'écrire est une expression du second degré. Construis son tableau de signes.

  ....

  ....

  ....

  ....

  ....

  ....

  ....

  ....

d) Détermine l'intervalle des abscisses pour lequel les ordonnées correspondent à la condition découverte au point b).

  ....

  ....

  ....

e) Vérifie graphiquement que ta solution correspond à l'intervalle pendant lequel le pilote réalisant la cascade se trouve en dessous du plafond de sécurité.

f) Quelle distance horizontale parcourt-il lorsqu'il met les spectateurs en danger ?

  ....

7 Inéquations du second degré

Inéquations du second degré

Comment résoudre une inéquation du second degré ?

Exemple

1) On **regroupe** tous les **termes** de l'inéquation dans le **premier membre** afin d'y faire apparaître une expression de la forme $ax^2 + bx + c$.

$$5x - 4 \leq x^2$$
$$-x^2 + 5x - 4 \leq 0$$

2) On **détermine** le **signe** de la **fonction** du second degré $f : x \to y = ax^2 + bx + c$ créée à l'aide de l'expression que l'on vient de découvrir.

Solutions de $-x^2 + 5x - 4 = 0$

$\Delta = 5^2 - 4 \cdot (-1) \cdot (-4) = 25 - 16 = 9 > 0$

$$x_1 = \frac{-5 + \sqrt{9}}{2 \cdot (-1)} = \frac{-5 + 3}{-2} = \frac{-2}{-2} = 1$$

$$x_2 = \frac{-5 - \sqrt{9}}{2 \cdot (-1)} = \frac{-5 - 3}{-2} = \frac{-8}{-2} = 4$$

Tableau de signes

x		1		4	
$-x^2 + 5x - 4$	−	0	+	0	−

3) On **écrit** l'**ensemble des solutions** en déterminant l'**intervalle des abscisses** qui répondent à la condition donnée.

L'ensemble des solutions se note :

$S = \leftarrow\, ;\, 1\,] \cup [\,4\, ;\, \rightarrow$

Exercices

1 Résous les inéquations suivantes.

a) $x^2 + 7x + 12 > 0$

....

....

....

....

....

....

b) $x^2 \leq 9$

c) $9x^2 + 6x \geq -1$

d) $-4 - 3x^2 > 8x$

e) $x^2 + 3 > 0$

7 Inéquations du second degré

f) $-5x^2 \leqslant -20$

g) $10x + 6x^2 \geqslant 7x^2 + 25$

h) $x^2 - x + 7 < 2x + 2$

Inéquations du second degré — 7

2 Les élèves de la section menuiserie sont très fiers de pouvoir exposer leurs réalisations dans la galerie marchande d'une grande surface. Le responsable leur propose de délimiter un espace d'exposition rectangulaire à l'aide de quatre poteaux et d'une corde de 60 m. Si les élèves souhaitent disposer d'un espace d'au moins 125 m², détermine les dimensions possibles de celui-ci.

7 Inéquations du second degré

Exercices supplémentaires

Vérifie chacune de tes solutions à l'aide d'un logiciel ou d'une calculatrice graphique.

1 Dans un magasin multimédia, le prix d'un téléviseur est de 600 €. La première semaine des soldes, le commerçant diminue le prix affiché d'un certain pourcentage. La semaine suivante, il diminue le prix déjà réduit du même pourcentage en souhaitant toutefois que ce nouveau prix reste supérieur à la moitié du prix avant soldes.
Détermine ce pourcentage.

2 Trois amis se sont inscrits à un stage d'initiation à la plongée dans une piscine dotée d'une fosse d'une profondeur de 20 mètres.
À la fin du stage, un brevet est remis aux participants qui ont effectué une descente à une profondeur d'au moins 15 mètres. Sur ce brevet, figure un nombre d'étoiles dépendant de la durée passée à une profondeur supérieure ou égale à 15 mètres durant la plongée. Pour une durée inférieure ou égale à 5 secondes, le brevet est muni d'une étoile, deux pour une durée comprise entre 5 et 20 secondes, et trois pour une durée supérieure ou égale à 20 secondes. 
Les fonctions f, g et h décrivent dans le repère représenté ci-contre la profondeur, en mètres, de chaque stagiaire en fonction du temps, mesuré en secondes depuis leur immersion.

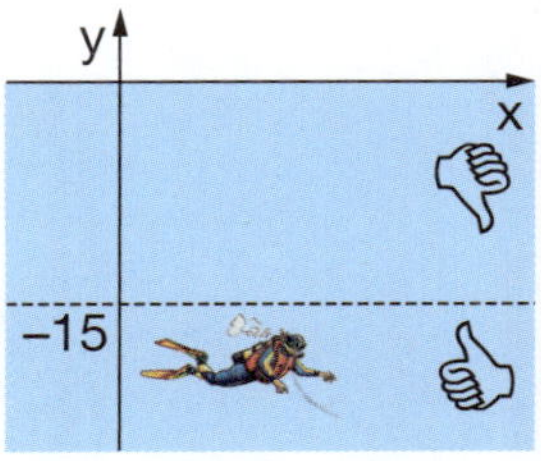

Florence $\quad$ f : x $\to$ y = $0{,}06x^2 - 2x$
Gabriel $\quad$ g : x $\to$ y = $0{,}05x^2 - 2x$
Hélène $\quad$ h : x $\to$ y = $0{,}04x^2 - 1{,}5x$

Détermine si ces stagiaires ont obtenu leur brevet et le nombre d'étoiles de celui-ci.

3 Le produit de deux naturels consécutifs est compris entre 1500 et 2000. Détermine ces deux nombres.

4 On donne deux fonctions :
– la fonction f : x $\to$ y = $2x^2 - x - 2$;
– la fonction g dont on sait que le graphique est une parabole de sommet S (1 ; 5) et comprenant le point A (2 ; 4).
Détermine l'ensemble des réels x tels que g(x) < f(x).

5 Détermine les valeurs de x telles que l'aire du triangle soit inférieure ou égale à celle du rectangle.

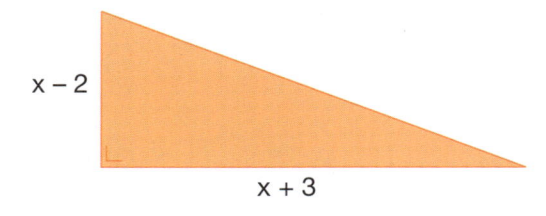

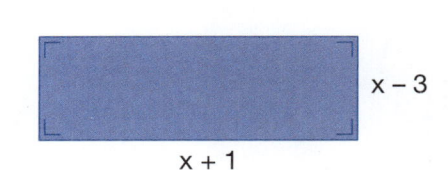

Triangle : côtés $x - 2$ et $x + 3$
Rectangle : côtés $x - 3$ et $x + 1$

Chapitre 8
Fonction x² et sa réciproque

Processus

Connaître
○ Expliquer le lien entre les fonctions $x \to x^2$ et $x \to \sqrt{x}$.

Appliquer
○ Construire un graphique à partir d'un tableau de nombres ou d'une formule.

8 Fonction x² et sa réciproque

Activité 1 • Fonction « carré » et sa réciproque

1 Pour chacune des paraboles ci-dessous, indique si elle représente une fonction. Si ce n'est pas le cas, justifie ta réponse.

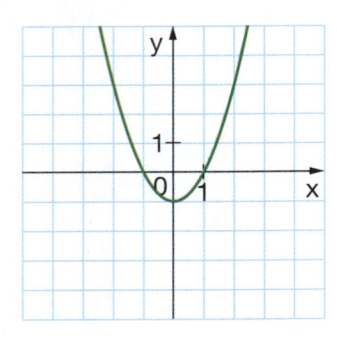

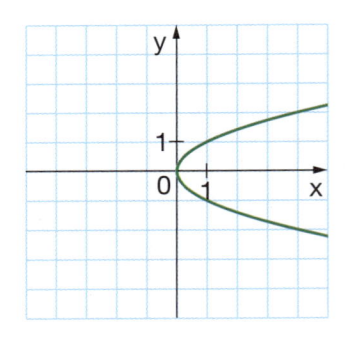

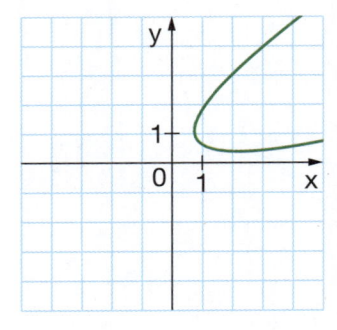

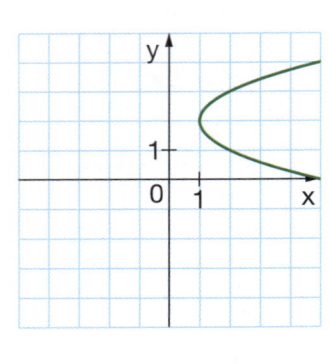

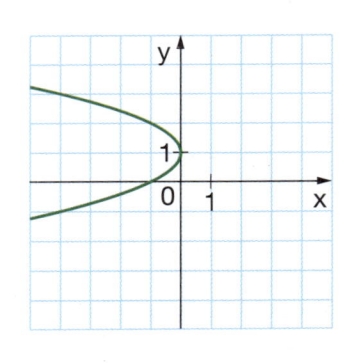

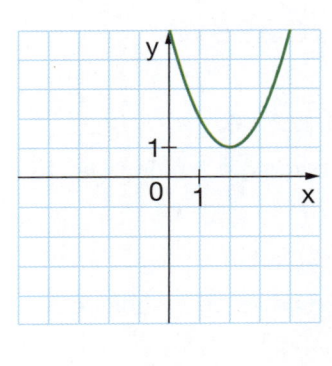

....

....

....

....

....

....

....

....

....

....

....

....

....

....

....

....

....

....

2 a) (1) Complète les coordonnées des points ci-dessous si tu sais qu'ils appartiennent au graphique de la fonction $f : x \rightarrow y = x^2$.

A (–3 ; ....) B (–2 ; ....) C (–1 ; ....)

D (–0,5 ; ....) E (0 ; ....) F (0,5 ; ....)

G (1 ; ....) H (2 ; ....) I (3 ; ....)

Fonction x² et sa réciproque   8

(2) Place les points dans le repère cartésien ci-dessous et trace la parabole f, graphique de la fonction f.

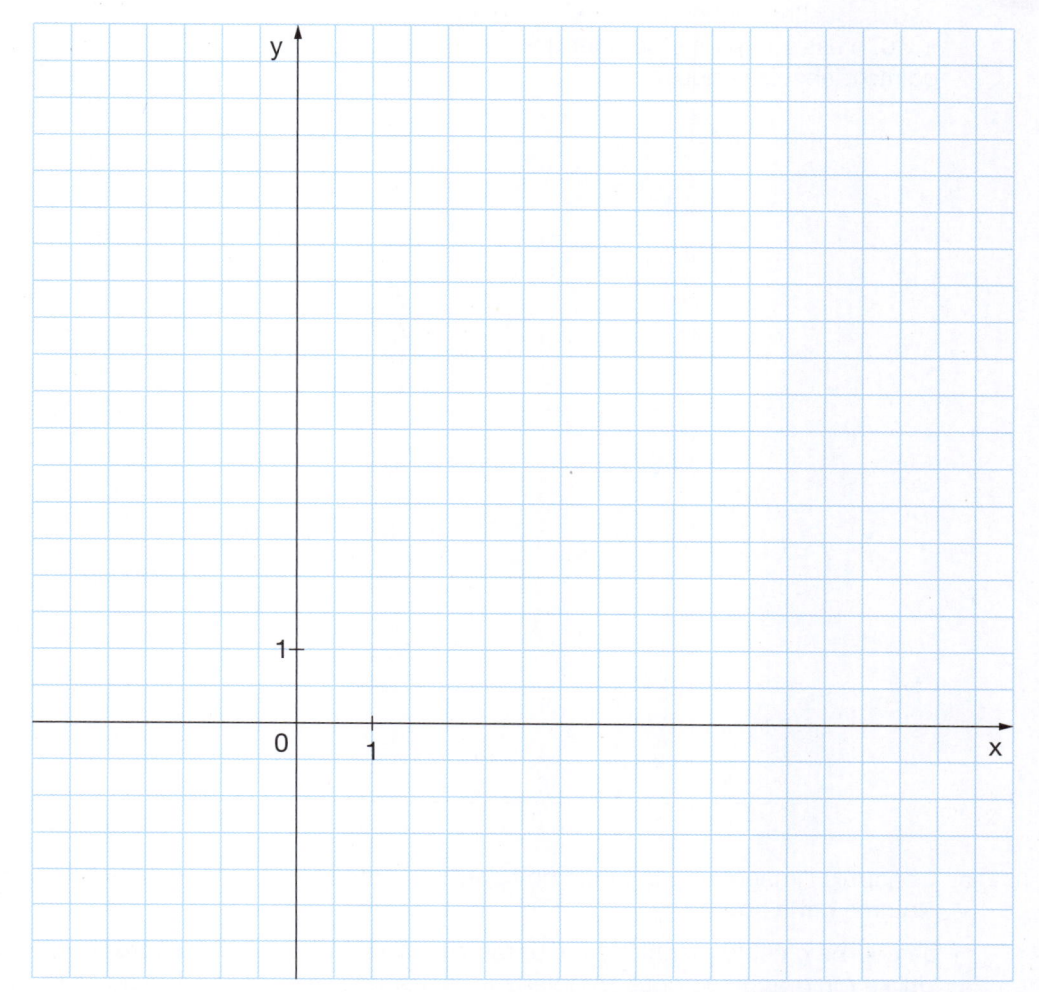

b) (1) Dans le même repère, représente la droite d ≡ y = x après avoir complété le tableau de valeurs.

d | x | |
  | y | |

(2) Quelle est l'image de l'axe x par la symétrie orthogonale d'axe d ? ....

Quelle est l'image de l'axe y par la symétrie orthogonale d'axe d ? ....

c) Par la symétrie orthogonale d'axe d, construis l'image
 – des points A, B, C, D, E, F, G, H et I;
 – de la parabole f; appelle-la g.

d) La parabole g est-elle le graphique d'une fonction ? Justifie.

....

....

....

....

8 Fonction x² et sa réciproque

3 a) Représente dans le repère cartésien ci-dessous la fonction f : x → y = x² pour x ⩾ 0, c'est-à-dire en n'utilisant que des points d'abscisse positive.

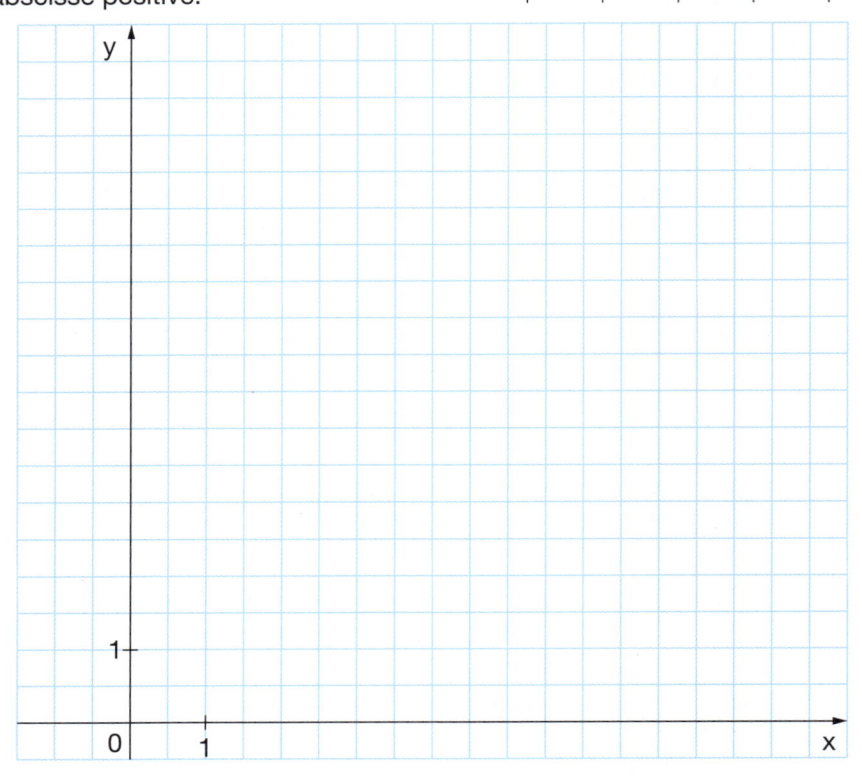

f	x	0	0,5	1	2	3
	y					

b) Construis l'image du graphique de f par la symétrie orthogonale d'axe d ≡ y = x. Nomme cette courbe g.

c) La courbe g est le graphique d'une fonction appelée fonction **réciproque** de f. Utilise ton graphique pour compléter le tableau de valeurs de cette nouvelle fonction.

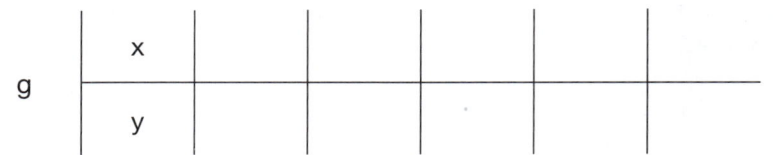

g	x					
	y					

Observe le tableau de valeurs que tu viens de compléter et retrouve le nom de cette

nouvelle fonction. ....

d) Observe les tableaux de valeurs des fonctions f et g. Comment aurais-tu pu construire rapidement le tableau de valeurs de g à partir de celui de f ?

....

....

4 a) Complète les nombres manquants en recherchant les images proposées.

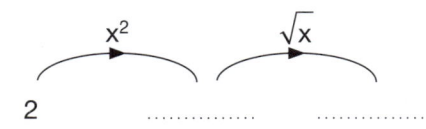

$$\xrightarrow{x^2} \xrightarrow{\sqrt{x}} \qquad \xrightarrow{\sqrt{x}} \xrightarrow{x^2}$$

2   9   ....

4   25   ....

1,1 ....   2,25 ....

Fonction x² et sa réciproque

Que constates-tu ? ....

....

b) Les fonctions sur les flèches ont été effacées. À toi de les retrouver !

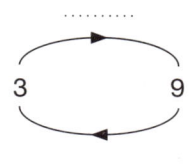

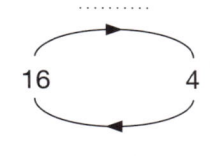

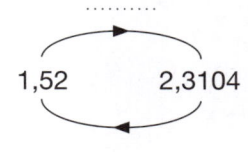

$3 \rightleftarrows 9$ $\qquad$ $16 \rightleftarrows 4$ $\qquad$ $1{,}52 \rightleftarrows 2{,}3104$

Fonction « carré » et sa réciproque

A. Notion

Les fonctions $f : x \to y = x^2$ (pour $x \geq 0$) et $g : x \to y = \sqrt{x}$ sont des **fonctions réciproques**. Si on les **applique successivement** à un nombre **réel** positif, on **retrouve ce** nombre **réel**.

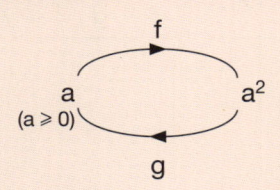

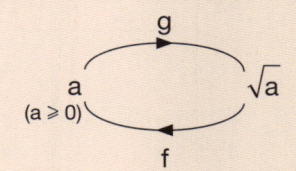

$a \;(a \geq 0) \underset{g}{\overset{f}{\rightleftarrows}} a^2$ $\qquad$ $a \;(a \geq 0) \underset{f}{\overset{g}{\rightleftarrows}} \sqrt{a}$

Exemples

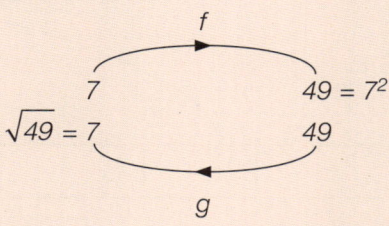

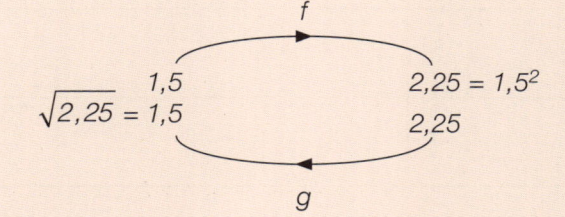

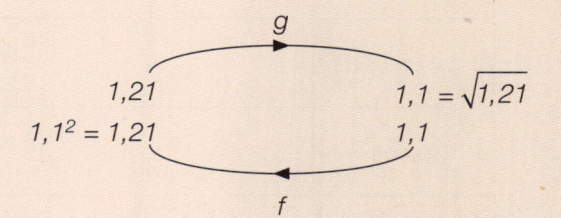

$7 \underset{g}{\overset{f}{\rightleftarrows}} 49 = 7^2$, $\sqrt{49} = 7 \;\; 49$

$25 \underset{f}{\overset{g}{\rightleftarrows}} 5 = \sqrt{25}$, $5^2 = 25 \;\; 5$

$1{,}5 \underset{g}{\overset{f}{\rightleftarrows}} 2{,}25 = 1{,}5^2$, $\sqrt{2{,}25} = 1{,}5 \;\; 2{,}25$

$1{,}21 \underset{f}{\overset{g}{\rightleftarrows}} 1{,}1 = \sqrt{1{,}21}$, $1{,}1^2 = 1{,}21 \;\; 1{,}1$

B. Graphiques

Les graphiques des fonctions

$f : x \to y = x^2$ (pour $x \geq 0$) et

$g : x \to y = \sqrt{x}$

sont **symétriques** par rapport à la **droite** d'équation $y = x$.

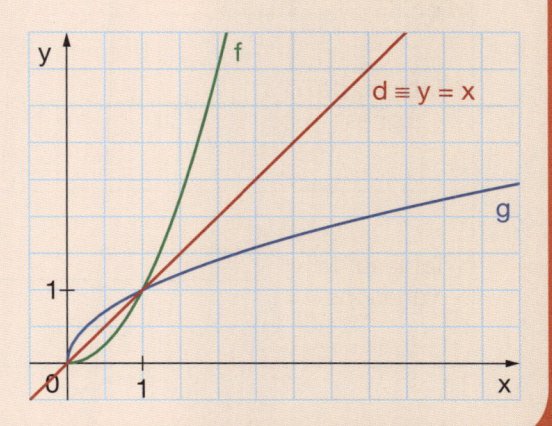

8 Fonction x² et sa réciproque

Remarque

Le tableau de valeurs d'une de ces fonctions peut être obtenu à partir du tableau de valeurs de l'autre en permutant les valeurs de x et de y.

x	0	0,5	1	1,5	2	3	4	5
y = x²	0	0,25	1	2,25	4	9	16	25

x	0	0,25	1	2,25	4	9	16	25
y = √x	0	0,5	1	1,5	2	3	4	5

Exercices

1 Voici les graphiques des fonctions $f : x \to y = x^2$ (pour $x \geq 0$) et $g : x \to y = \sqrt{x}$.
Utilise-les pour compléter les informations demandées.

	$f : x \to y = x^2$	$g : x \to y = \sqrt{x}$
dom f		
im f		
Zéros		
Ordonnée à l'origine		
Tableau de signes	x | y |	x | y |
Tableau de variations	x | y |	x | y |

Fonction x² et sa réciproque   8

2 a) Complète le tableau de valeurs de la fonction f : x → y = $\sqrt{x-1}$ et représente-la dans le repère ci-dessous.

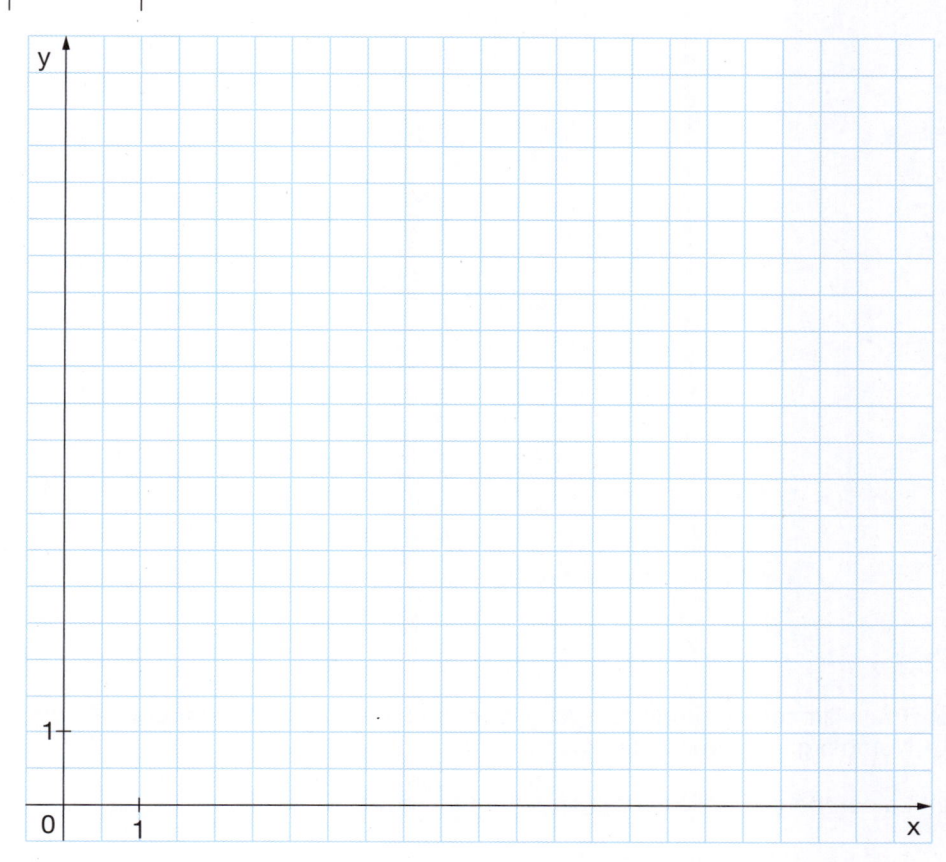

f	x					
	y					

b) Trace l'image du graphique de la fonction f par la symétrie orthogonale d'axe d ≡ y = x. Nomme g la courbe obtenue.

c) La courbe g est-elle le graphique d'une fonction ? Justifie. ....

d) Complète le tableau de valeurs de la fonction g, réciproque de la fonction f.

g	x					
	y					

e) Écris l'expression analytique de la fonction g.

8 Fonction x² et sa réciproque

3 a) Complète le tableau de valeurs de la fonction f : x → y = x² − 1 pour x ⩾ 0 et représente-la dans le repère ci-dessous.

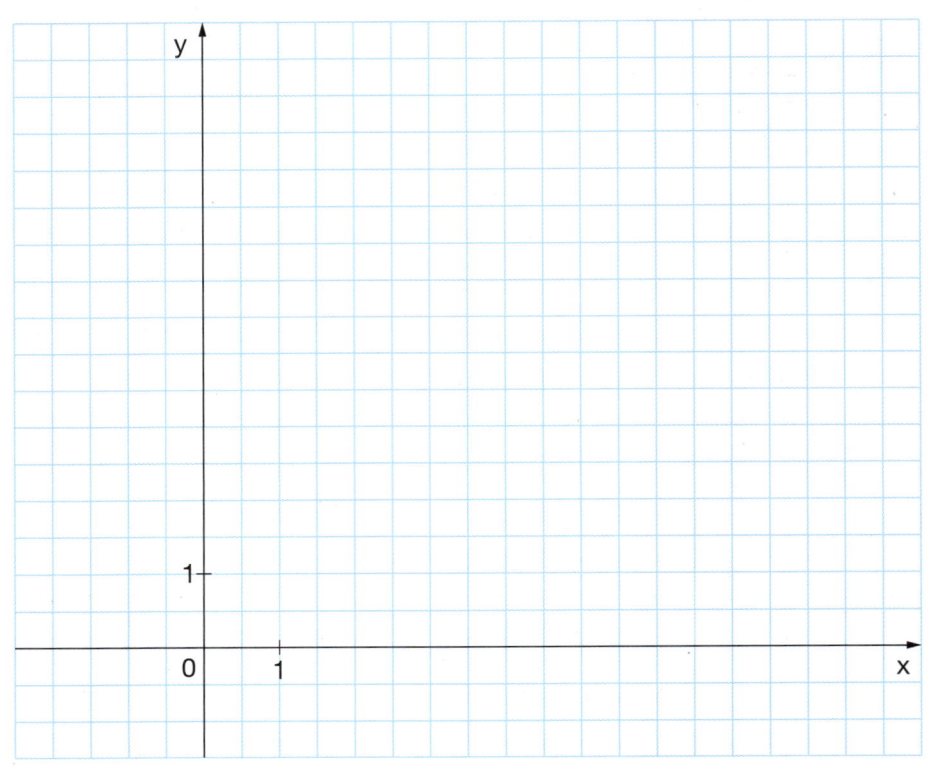

f	x	
	y	

b) Trace l'image du graphique de la fonction f par la symétrie orthogonale d'axe d ≡ y = x. Nomme g la courbe obtenue.

c) La courbe g est-elle le graphique d'une fonction ? Justifie. ....

d) Complète le tableau de valeurs de la fonction g, réciproque de la fonction f.

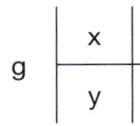

g	x	
	y	

e) Écris l'expression analytique de la fonction g.

f) Explique pourquoi on a dû restreindre la fonction f à l'ensemble des réels positifs, c'est-à-dire ne construire que les points d'abscisse positive du graphique de la fonction f.

Index

Les renvois de page en vert gras concernent les pavés théoriques.
Les titres en gras italique renvoient aux pages titres des chapitres et aux compétences.

A
amplitude d'une parabole.................... 103 – **104**
axe de symétrie d'une parabole.............. 98 – **98**

B
boîte à moustaches................... 59, 65 – **61, 67**

C
caractéristiques d'une parabole.............. 98 – **98**
caractéristiques de la fonction
    $f : x \rightarrow y = ax^2$.................... 103 – **104**
caractéristiques de la parabole d'équation
    $y = ax^2 + bx + c$................... 121 – **123**
caractéristiques du graphique de la fonction
    $f : x \rightarrow y = a(x - \alpha)^2 + \beta$ ....106, 109 – **107, 110**
choix de la valeur centrale.................... 40 – **44**
classe .... 28 – **30**
classe médiane .... 49 – **51**
classe modale .... 49 – **50**
classement de données .... 16 – **20**
composée de deux translations d'une
    parabole.............................. 112 – **113**
concavité d'une parabole..................... 98 – **98**
coordonnées du sommet .... 166 – **169**

D
diagramme circulaire .... 17 – **21**
diagramme en bâtonnets .... 17 – **22**
diagramme en ligne brisée .... 29 – **31**
discriminant (delta) .... 139 – **142**

E
écart interquartile .... 70 – **73**
écart type .... 70 – **73**
échantillon .... 10 – **11**
effectif .... 16, 28 – **20, 30**
effectif cumulé .... 18, 28 – **20, 30**
enquête **84**
équation de l'axe de symétrie............... 166 – **169**
équation de la forme
    $ax^2 + bx + c = 0$ ....133, 138 – **134, 142**
équation de la forme $ax^2 + bx = 0$ .... 130 – **134**
équation de la forme $ax^2 + c = 0$ .... 131 – **134**
équation du second degré (plan de
    résolution) .... 146 – **147**
équations du second degré............... **127**
étendue.. 70 – **73**
étude de la fonction du second degré...... **165**
étude la fonction
    $f : x \rightarrow y = ax^2 + bx + c$ .... 166 – **168**

F
factorisation d'une expression du second
    degré .... 130, 149 – **134, 153**
fonction « carré »............................ 196 – **199**
fonction « racine carrée » .... 198 – **199**
fonction du second degré (graphique) ...... 96 – **98**
fonction x^2 et sa réciproque.................. **195**
fonctions du second degré et caractéristiques de leurs graphiques........................ **95**
forme canonique de la fonction du second
    degré .... 118, 151 – **119, 154**
forme factorisée de l'expression du second
    degré .... 149 – **153**
forme générale de la fonction du second
    degré .... 96 – **98, 119**
formes de l'expression analytique de la
    fonction du second degré .... 118 – **119**
fréquence .... 16, 28 – **20, 30**
fréquence cumulée....................... 18, 28 – **20, 30**

G
graphique d'une fonction du second
    degré .... 96 – **98**
graphique en escaliers .... 19 – **22**

H
histogramme.................................. 17 – **22**

I
indices de dispersion............................ **57**
indices de dispersion.......................... 69 – **73**
individu .... 10 – **11**
inéquations du second degré................ **179**
inéquations du second degré .... 188 – **190**
intervalle interquartile........................ 70 – **73**

M
maximum d'une parabole................... 168 – **168**
médiane .... 37, 49 – **42, 52**
minimum d'une parabole................... 168 – **168**
modalité .... 16, 28 – **20, 30**
mode .... 36, 49 – **41, 52**
moyenne .... 36, 49 – **42, 52**

N
Notions de statistiques............................ **7**

O
ordonnée à l'origine d'une
    parabole..................... 122, 167 – **123, 169**

P
parabole...................................... 98 – **98**
plan de résolution d'une équation du second
    degré .... 146 – **147**

point d'intersection d'une parabole avec
    l'axe y .... 98 – **98**
point(s) d'intersection d'une parabole
    avec l'axe x .... 98 – **98**
population .... 10 – **11**
problèmes d'optimisation .... 174 – **175**
problèmes simples du second degré.... 159 – **160**
produit nul .... 128 – **128**

Q
quartile .... 58, 65 – **60, 66**

R
réciproque de la fonction « carré » .... 196 – **199**
résolution d'une équation du second
    degré .... 138 – **142**
rôle de β dans la fonction du second
    degré .... 106 – **107**
rôle de α et β dans la fonction du
    second degré .... 112 – **113**
rôle de α dans la fonction du second
    degré .... 109 – **110**
rôles de a dans la fonction du second
    degré .... 104 – **104**
rôles de a, x_1 et x_2 dans l'expression
    $f : x \to y = a(x - x_1)(x - x_2)$ .... 151 – **155**

S
sens de la concavité d'une parabole .... 103 –
signe de la fonction
    $f : x \to y = ax^2 + bx + c$ .... 180 – **18.**
sommet d'une parabole .... 98 – **98**
statistique .... 8 – **11**

T
tableau de distribution .... 16, 28 – **21, 31**
traitement de données .... 8 – **11**
translation horizontale d'une parabole.. 109 – **110**
translation verticale d'une parabole ..... 106 – **107**

V
valeur de a à partir du graphique de
    $p \equiv y = a(x - \alpha)^2 + \beta$ .... 115 – **116**
valeurs centrales **35**
variable statistique .... 10 – **11**
variable statistique qualitative .... 10 – **12**
variable statistique quantitative .... 10 – **12**
variable statistique quantitative continue .. 11 – **12**
variable statistique quantitative discrète ... 11 – **12**
variance .... 71 – **74**

Z
zéro(s) d'une fonction du second
    degré .... 167 – **168**